JN258374

南北朝遺文

月報 7
関東編第7巻
付録
2017年3月

株式会社 東京堂出版
〒一〇一-〇〇五一
東京都千代田区神田神保町一ノ一七
電話 東京 〇三（三二三三）三七四一
振替〇〇一三〇—七—二七〇

「称名寺文書」と「金沢文庫(古)文書」

西岡芳文

『南北朝遺文・関東編』では、神奈川県立金沢文庫が管理する金沢称名寺伝来の古文書を「称名寺文書」という出典注記で表示している。『鎌倉遺文』で「金沢文庫文書」と表示されたものが、それを引き継ぐこの遺文で異なった表記をされていることに違和感を抱かれる方は多いのではなかろうか。実は金沢文庫に所属する小生もその一人であった。

『南北朝遺文』の編集委員の方々が、古文書に出典注記をつけるにあたって、伝来した寺社や家を重視した考え方によってこのような形になったのではないかと推察されるが、今後の誤解を払うためにも、そのへんの定義をしっかりと踏まえておく必要があると思う。

金沢文庫が管理する中世文書について、研究者の間で周知されている名称には、「金沢文庫古文書」と「金沢文庫文書」の二つがある。前者は、昭和五年に県立金沢文庫が発足してから整理され、戦前・戦後の二度にわたって別の形式で刊行された古文書群を示す用語である。相田二郎・佐藤進一氏の監修によって、史料編纂所の『大日本古文書』に準じた形式で刊行された戦前の『金沢文庫古文書』は、称名寺伝来の所務文書に、新出の金沢貞顕書状などの紙背文書を加えて、一、一二六通を二冊にして一九三七・一九四三年に刊行されたが、戦争のため中断している（同時に金沢文庫古典保存会の名義で、コロタイプ版の古文書影印も七〇六通分が予約頒布されている）。

現在定本とされている『金沢文庫古文書』は、一九五二〜六四年にかけて、神奈川県から全十九冊として刊行されたもので、うち中世文書は第一〜九輯にわたって総計六、九八七通が収録されている。この中には、典籍・聖教の紙背に残る文書をはじめ、他所に流出した文書や、金沢貞顕が公務として発給した文書、写本によって知られる文書なども含まれており、称名寺・金沢文庫・金沢北条氏に関する総合的な資料集となっている。つまりこれは広義の「金沢文庫文書」ということになる。

いっぽう狭義の「金沢文庫文書」と称する場合は、一九九〇年に国の重要文化財に指定された四、一四九通の古文書をさす。これは一通ずつ裏打をほどこし、平らな形で（続紙の資料は折畳みないし巻子装にして）抽斗形式の文書箪笥に整然と保管されているものである。金沢文庫の前田元重・福島金治氏による紙背聖教まで追跡したデータは、重文指定台帳として作られた『金沢文庫文書目録』（一九九〇年）に収録され、元来の形態も理解できるように配慮されている。（なお、二〇一六年八月一七日付で『称名寺聖教・金沢文庫文書』という連名で、聖教一六、六九二点を併合し、一括して国宝に指定された）

これらの古文書が称名寺に伝来したにもかかわらず、「称名寺文書」と呼ばれなかった理由は、その大半が一九三〇年に県立金沢文庫が発足してから見いだされ、関靖・熊原政男氏らの複雑なパズルを接合するような作業の結果日の目を見たものだからであり、以来八五年にわたって県立金沢文庫が管理していることによる。重文指定の際にも、名称については議論があったと仄聞するが、「金沢文庫文書」という呼び方が世間で定着していることも大きな理由であったのだろう。

それでは「称名寺文書」というものは存在しないのだろうか。その謎を解く手がかりは、江戸時代の記録にある。享保十五年（一七三〇）に、恐らく公儀へ提出するために編纂された寺宝目録『当山霊宝記』（『金沢文庫図録・絵画編』一九七一年、県立金沢文庫刊、所収）には、「文永六年十一月三日の證文」から「天正十九年の制札」まで二八通の伝来文書が収録されており、これが当時、称名寺の来歴を証拠づける古文書と見なされていたらしい。およそ百年をへて、文政七年（一八二四）に幕命によって編纂された『新編武蔵風土記稿』には、総計六七通の中世文書が収録されており、その分量は倍以上に増加している。子院の大宝院伝来の三通も加えられ、その内容は『武州文書』に引き継がれている。それらの文書のうち、新見正路が編んだ「賜蘆文庫古文書」に影写が残るもの十五通、東京国立博物館に現存するものが一通、戦前に柳瀬福市氏が所有し、空襲で烏有に帰したと言われるものが一通、千葉市の医家・武本家に伝来し、戦後金沢文庫の所蔵となったものが一通あり、行方不明のものと合わせて合計二八通が幕末以降の混乱期に流出してしまったようである。ちなみに新見の「賜蘆文庫古文書」に収録され、行方不明となっていた資料が、昭和四〇年代に称名寺から追加寄託された資料の中から再発見された事例もあり、新見が全てを寺外に持ち出したと見るのは濡れ衣かも知れない。

公儀に申告した古文書については巻子に仕立てられていた形跡が残るが、室町時代までに手を離れた寺領関係の文書などは、江戸時代の称名寺住僧にとっては、もはや無用の存在であり、整理もされずに放置されていたものらしい。膨大な聖教と合わせて、俵に詰めて仏殿の天井裏にあげていたという伝承もある（関靖『金沢文庫の研究』一九五一年刊、三九五頁）。

現在も時折古書市場に登場することがある称名寺伝来文書・聖教は、幕末の嘉永元年（一八四八）に出入りの経師屋の手代が反故紙として寺外へ持ち出しかけたという事件などの折に散逸したものであろう。こうした経緯を考えると、整然と保管された一般寺院の相伝文書とはだいぶ異なった形で伝来してきたことが分かる。「称名寺文書」というカテゴリーで、どこまで含めるかというのは難しい問題である。

近代以降の刊本も、まだ紙背文書という資料の性格が明確に理解されていない時代の編集になるため、膨大な氏名未詳書状が無秩序に配列されていることなど、そのままでは史料として使えない状態である。新たに編集しなおすとすれば、相伝文書と、紙背文書に大別し、紙背文書は紙背聖教ごとにまとめるべきであろう。たとえば『宝寿抄』紙背文書については『金沢文庫資料図録・書状編1』（一九九二年刊）のように立派な形で公刊されているが、残念ながらそれに続く作業は行われていない。当面は、重文指定の際に作成された『金沢文庫文書目録』（一九九〇年）によって、紙背聖教を確認し、同じ聖教の紙背に属する古文書をグルーピングしてから研究を進める方法が必要である。こうした作業を丹念に繰り返すことによって、中世の鎌倉・金沢周辺の生き生きとした姿を浮かび上がらせることができるようになるだろう。

（神奈川県立金沢文庫学芸課長）

乱世、それぞれの生き残り方

小国浩寿

仕事柄、勤務地が数年ごとに東京都内を巡る。そして昨年度は、大田区より世田谷区への異動と相成った。新天地に赴くと、決まってすること。それは、その地元の史跡や文化的諸施設に身を置くなり、歴史関係の資料館や図書館において、中世を中心に、あれこれと資料を括るなりしながら、そこの地域史に浸ることである。

そしてその度に、様々な出会いや発見があるものだが、今回も、印象に残る〝ある〟中世領主「主従」の〝生き様〟に遭遇した。そこで、その史料並びに史実も既出のものではあるが、ここに、その一例を紹介することで、責を塞ぐことしたい。

それは、中世の世田谷郷を領した、ある領主とその重臣達のそれである。次の史料は、その一端を示している。

今朝直ニ申付候蒔田殿（吉良氏朝）浦賀御移之事、能々思案候ニ、遠慮多候、自余之人数を浦賀え者申付候、蒔田殿をは如二入簾之首尾一、早々玉縄へ移可レ被レ申候、其方致二逗留一、来廿八必々御着城御供可レ申候、兵糧肝要候、各家中衆御乗馬可レ付由、堅可二意見一候、此度候間、無足之者迠、被二

馳集一、せめて三百人之首尾、御調此時二候、御譜代人共、
可レ有二数多一候間、能々可二申付一候、謹言、
（永禄四年）二月廿五日　氏康（花押）
高橋郷左衛門尉殿

これは、永禄四年（一五六一）、北条氏と対立する里見氏や佐竹氏などからの要請による、上杉謙信の関東侵攻に対する北条方の対応の一環で、三代氏康から、吉良氏被官の高橋郷左衛門尉に出された命令書であり、その内容は、北からの攻撃に備えて、蒔田《まいた》城より海岸寄りの浦賀城へ蒔田殿をお移りいただく予定であったが、よくよく考えると、それ以前に、対岸の安房からの里見水軍の攻撃の方が早そうな情勢においては、当地方最大の拠点である玉縄城へ、まずは、避難していただいた方が良さそうなので、騎馬の上、身分を問わず、とにかく最低三〇〇人をかき集めて護衛せよ、との旨を命じたものである。一見すれば、作戦変更上の単なる軍隊の配置換えに過ぎないが、やはり、その主旨は、「蒔田殿」の護衛に関する命令であろう。

さて、ここで注目されるのは、やはり、非常に丁寧に扱われている蒔田殿こと、吉良氏朝の存在である。彼は、南北朝期より、鎌倉府の御料所と想定される世田谷郷を本拠としながらも、ある時期より、蒔田郷にも拠点を有するようになり、この時期に至っては、専ら蒔田殿と通称されるようになっていた。吉良氏の当主であるが、前当主頼康の実子ではない。実際は、東海随一の有力大名たる駿河今川（吉良氏の庶流）氏の出身である彼は、継嗣として吉良氏に養子に入った上で、当時の北条氏において隠然たる実力を有していた、宗哲（伊勢宗瑞四男、幻庵）の娘を、わざわざ氏綱（宗瑞嫡男）の養女という形で室に受け入れた、つまりは、北条―今川同盟の堅固な鎹と位置づけられた、極めて重要な政治的存在なのである。

周知の如く、そもそも吉良氏は、足利義氏の嫡子泰氏の庶兄たる長氏と義継が、三河国吉良荘の西条・東条を、それぞれ継承したのに始まり、鎌倉期までは「足利」を名乗り、室町期には「御一家筆頭」、江戸期においては「高家筆頭」と称された足利一族随一の名族である。ここで扱われている吉良氏は、義継系または東条系と称される、主は東国で活躍した一族であるが、その当初から「家格」だけで存在感を示していたわけではない。

まず、東条吉良氏の貞家は、建武政権による関東統治のため、足利直義によって組織された軍事・行政機関である、六組構成の関東廂番において、嫡流で西条吉良氏の満義とともに、それぞれ一方の頭人を務めたことを初めに、南北朝の動乱期においては、陸奥管領職をも務め、奥羽安定の要として圧倒的な存在感を示した。また、それを引き継ぐ子息治家も、奥州を中心に、多くの足跡を遺している。しかし、室町期に入って東国が、鎌倉府体制の下で、安定性を見せるようになると、その子息頼治以降は、「御一家」として鎌倉公方に寄り添うよう形で、宗教・文化関係の史料に散見するにとどまってくる。

そして、永享十年（一四三八）の永享の乱を起点とする、関東の動乱の濁流は、否応なくこの一族をも巻き込むが、関東吉良氏の真骨頂はここからである。室町将軍家に密着する京の同族吉良氏を横目にこの一族は、その高貴性を生かしつつ、その後の成氏の古河への移転には追従せず、文化人ネットワークを生かして、独自の地位を形成しながら在地にとどまり、相模から南武蔵を手中にした太田道灌を核とした、扇谷上杉氏の動静にも順応し、ついで北条氏の支配下においては、右の例でみるように政治的「駒」と化しつつも、足利「御一家」の地位を確立し、拠点は主に蒔田に移しつつ、ともかく北条氏の滅亡まで、世田谷郷を所有し続けた。

そして、右の史料には姿を見せないが、かの家に相応する筆頭重臣がいた。それが、主家が拠する多摩川中流域の喜多見に本拠を有する、喜多見江戸氏である。この一族は、武蔵の名門たる江戸氏の一流であるが、有力国人たる惣領家が、南北朝期の平一揆の乱等で没落し、その後、鎌倉府の奉公衆となった他流も、多摩川河口に拠した蒲田（六郷）江戸氏を例外としては、多くが永享の乱を契機にその姿を消していった中で、関東吉良家の支柱として、財政・外交を取り仕切りながら、主家を近世まで導いている。

その際、この主従には共通した武器があった。それが、その出自の由緒だけではなく、その過程で体得した、文化力であったと言える。

まず、主家からすれば、前にも少しく触れたように、伊勢、今川、細川、小笠原と相並ぶ、武家作法の一流派を構築し、近世に至っても、領地こそ、世田谷郷は井伊家に譲るも、三河吉良家が赤穂事件によって断絶の後は、その由緒から、この関東吉良家が、「高家」を継嗣しているのである。

一方、重臣の喜多見江戸氏も、主家の文化的環境の影響下、様々な教養を身につけたと見られ、それは近世になって記録上に表出している。天正十八年（一五九〇）の小田原の役後、沢庵、古田織部、小堀遠州らとの縁もあって、家康から勝忠が呼び出された当家は、その子息重勝が、喜多見流という茶道の一流をも成すに至っているのである。これらから、同時代の一次史料で確認することはできないが、室町・戦国期においても、その伝統の源泉は有し、それは、「由来の地」たる江戸を再開発した扇谷上杉氏家宰の太田道灌、又は、前に見た幻庵など、当代を代表する文化人との困難な政治的交渉にも寄与したことは、容易に「想像」されよう。

つまり、かの主従は、家格の高さを有効に活用した、文化人とのネットワークの形成と内実化を重ねつつ、一方で、その特権を足掛かりとした、過度な勢力拡大を図ることは敢えてせず、その時々の地域権力によって、その「特性」を露骨に利用されるなど、ある種の忍従を伴いながらも、それを〝しなやか〟に受容し、実権はともかく、南北朝期以来の領地と家を守り切ったのである。

さて、中世領主の生き様を観る時、とかく低い身分から勇ましく成り上がるか、又は、義理と人情によって潔く花と散る「類」の者に、自然の事として脚光が当たり勝ちであるが、一方で勿論の事、日の当たらない所で人々は、唯々、家を後世に遺すために、一寸先も見えない激流の中を、「葦」の如く生き延びることに、日々必死になっていたのである。

さてその意味で、一見、特殊で風変わりに映る、右のような主従のあり方に対しては、どの様な評価が為されるべきなのであろうか。

（東京都立高等学校教諭）

編集部から

▼『南北朝遺文』関東編第七巻をお届けいたします。本巻には、無年号文書と年月日未詳文書の計七〇七点を収録いたします。

▼本遺文の編纂が本格的に始まったのは二〇〇一年ですので、一六年の歳月が経ったこととなります。史料集の編纂は一筋縄でいかないことも多く、本遺文も例外ではなく、編者の先生方のご努力によってここまでたどり着くことが出来ました。

南北朝遺文 九州編 全七巻 瀬野精一郎編
A5判 平均四〇〇頁 ①③本体七五〇〇円 ②⑦一四五六三円
④⑤⑥(オンデバンド版)本体一五〇〇〇円

南北朝遺文 中国四国編 全六巻 松岡久人編
A5判 平均四〇〇頁 ①③④本体九〇〇〇円 ⑤⑥一二六二一円
②(オンデマンド版)本体一五〇〇〇円

南北朝遺文 東北編 第一・二巻 大石・七海編
A5判 平均三五二頁 本体各一六〇〇〇円

古記録による **14世紀の天候記録** 水越允治編
A4判 五四六頁 本体三〇〇〇〇円

日本荘園絵図集成 全二冊 西岡虎之助遺著刊行会編
A4判 計六五四頁 揃三五〇〇〇円

相剋の中世 佐藤和彦先生退官記念論文集刊行委員会編
A5判 三四八頁 本体七五〇〇円

中世の内乱と社会 佐藤和彦編
A5判 六〇八頁 本体一〇〇〇〇円

佐藤和彦
山田邦明
伊東和彦
角田朋彦
清水亮
編

南北朝遺文

関東編　第七巻

東京堂出版刊

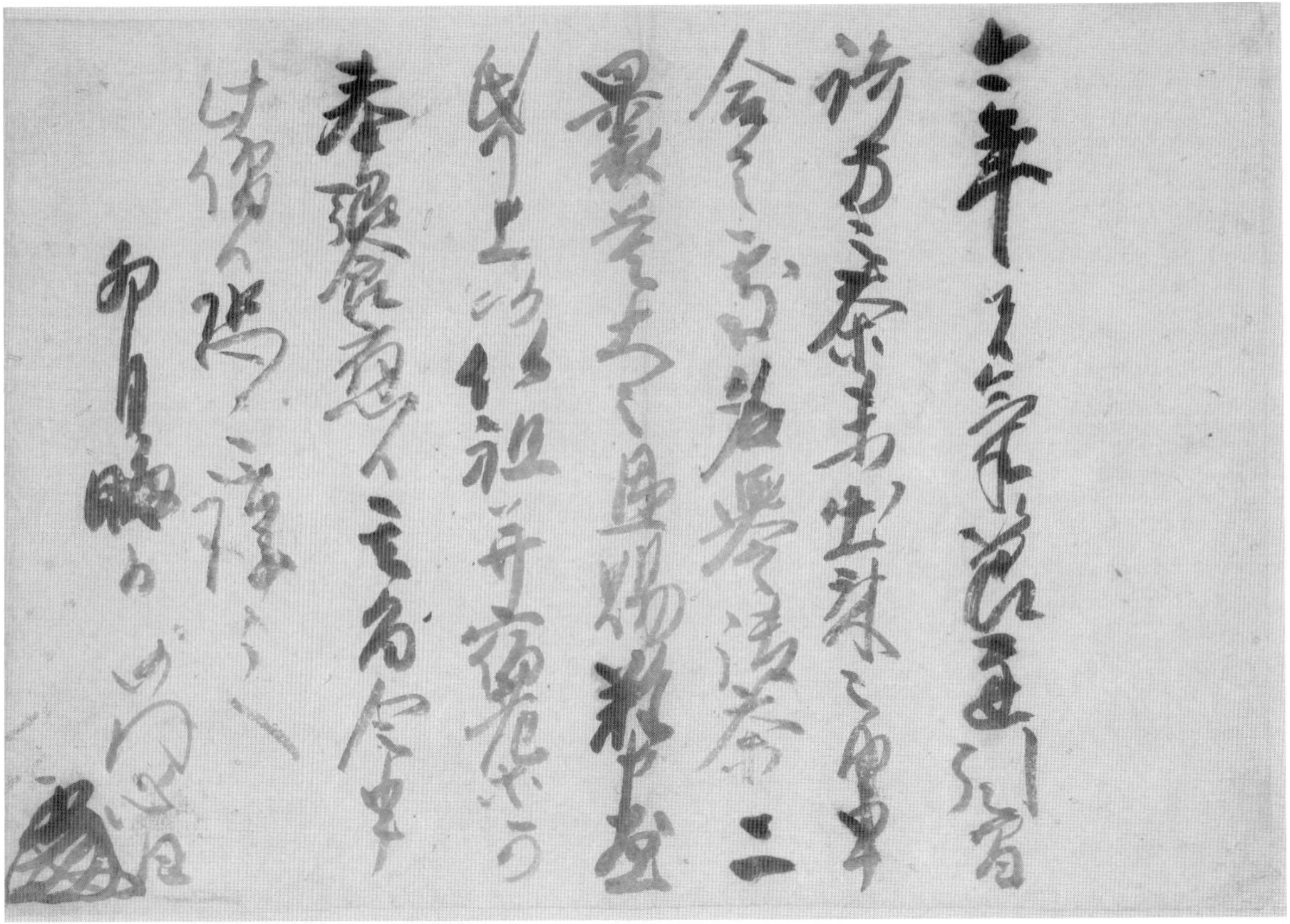

心日書状（早稲田大学図書館所蔵称名寺文書）　本文45頁（4779号文書）

序

南北朝遺文関東編の七冊目にあたる本巻には、南北朝期に作成された（あるいはその可能性がある）史料で、年次の明らかでないものを収めた。まず①史料に月日あるいは月が記されているもの（無年号文書）、②日のみ記されているもの（年月未詳）、③日次の記載がないもの（年月日未詳）の三種類に分類し、①については月日順、②については日の順、③については文書群（所蔵者）ごとに都道府県別に配列した。

証文類などには年月日が記されることが多く、書状などで年次がない文書でも、政治過程にかかわるものなどは、内容から年次を特定できる場合が多い。本巻に収めたのは、文書に年次が記載されず、内容から年次を特定することも難しいもので、日常的に作成された書状類が中心となる。とくに武蔵国金沢の称名寺で作成され、現在は神奈川県立金沢文庫に保管されている文書（聖教の紙背文書が中心）は膨大で、本巻収載の文書の過半を占める。

本巻に収められた文書の過半は書状類で、当時の人々の日常生活にかかわるものが多いのが特徴といえる。まず目を引くのは茶にかかわる文書である。たとえば四月八日の俊海書状（四七四五号）に「新茶一桶賜候訖」、四月九日の某書状（四七四六号）に「新茶送賜候之条悦入候」とみえ、四月の初旬に「新茶」が送られていたことがわかる。四月晦日の心日書状（四七七九号）も新茶にかかわる書状だが、気候の影響で茶がなかなか出来ない状況の中で「名誉御茶二裹」をもらったことに感謝している。年月日未詳の某書状（五二一一号）は茶の生産と進上にかかわった人物の書状で、一番茶を四斤弱、二番茶を二斤取ったが、三番茶は全く萌えず、簸屑は一斤余りだったと記している。この書状には去年の茶の販売にかかわる記述もあり、茶が広く売買されていたことがわかる。ただ茶の売買が滞る場合もあったようで、六月九日の唯寂書状（四八一六号）には「売茶」をしてくれる人がいないので、まず一袋を借用して進上したと記されている。称名寺の所領の中には茶を上納するところもあり、下総の赤岩郷では毎年十斤を納めていたが、使者が路次で二斤を他人に取られてしまい、八斤だけ進上したということもあった（某書状、五三二〇号）。

僧侶たちの食生活や食品について記した文書もみえる。四月四日の常然書状（四七三五号）は「御時料」の白米を三か月分まとめて進上したときの書状だが、「前に進上した時、いつの分まで納めたか覚えていないけれども、指示に従い四月分から納めます」といった面白い一文もある。年月日未詳の某書状（五一九二号）には、豆の代金として二百文を給わったので、今日市で豆を買うつもりだと書かれていて、市で豆が売買されていたことがわかる。体蓮が湛睿に宛てて出した書状（五一九三号）の追而書には「一日の菜のありかたさなん、そのさうめん（素麺）のあたゝかさハ、乃至雑菜の汁ニ至まて、珍重候へく候」という一文があり、当時の僧侶の食生活の一端をうかがえる。

病気にかかわる記事のある史料もある。七月五日の某書状（四八四八号）には、湯による療治と膏薬のことがみえ、「膏薬ハ令付給候之後、薬力の候之程ハ、いかにし候へとも、はなれす候、薬用尽候時、をのれとはなれ候」といった面白い記載もある。年月日未詳の某書状（湛睿あて、五一八八号）は「めくすし」（目薬師）のことにふれ、近くの房主も彼の療治で目がよくなったと物語っていたと記している。これらは一般的な病気にかかわるものだが、時には流行病によって人々が苦しむ事態になることもあった。四月三日の唯寂書状（四七三三号）には、「世間平均大病」で寺中の人々も病気に冒されているが、赤斑瘡のようだと書かれている。

病気と並んで人々を苦しめたのが飢饉だった。年月日未詳の某書状（五一五五号）は飢饉の中で遠方の寺に助けを求める内容で、「これのやうハ申ハかりなき御事ニて候ほとニ、はやかつゑしに（餓死）候ハんするやうにて候、いかニとし候ても、御てら（寺）ゑまいり候て、御時かゆ（粥）も給ハり候て、いくほと候ハんするニて候へく候」と、切迫する事態を伝えている。年未詳の某書状（五二五九号）は飢饉で娘を亡くした父親の書状で、宛先の僧侶に供養を頼んだものと考えられる。

称名寺の僧侶たちは仏典の書写や校正にも携わっていた。五月九日の円琳書状（四七八八号）は探玄記の校正や筆写にかかわるもので、一行十九字のものを二十字に書き直す予定だといった記載もある。十一月三日の某書状写（五〇〇九・五〇一〇号）は称名寺の「文庫」にかかわるもので、下総の下河辺の関係文書はあったが、「沙石集」はみつからないので、今度の「虫払」の時に捜してみるつもりだと書かれている。

この時代は荘園や郷が支配の単位で、百姓は領主に年貢を納めていたが、地域の有力者が「代官」となって年貢徴収を請け負う形が広がっていった。五月十五日の上野介胤守書状（四七九五号）は称名寺領下総国埴生荘山口郷の代官に任命された胤守が寺の僧衆に提出した書状だが、「前任の代官の時には年貢は十八貫文で、百姓が「請取」を見せてくれたが、私は二十貫文を納めるつもりです」と誓約している。代官の地位を確保するために、前任者の実績を上回る年貢上納を約束したのだろうが、代官の交替にあたって郷の百姓たちが年貢の「請取」を提示して、前例を理解させていることは注目すべきであろう。十一月二十七日の熙允書状（五〇三九号）には「当郷」の代官の正本房が百姓の訴訟によって代官職を改易させられたという記事がみえる。荘園や郷の百姓たちは、代官の非法を領主に訴えて改易に追い込むといった政治的行動を時には起こしていたのである。

二〇一七年三月十日

山田邦明

目次

目次

凡例

一　本書は、南北朝遺文―関東編―第七巻として無年号文書および年月日未詳七〇七通の文書を収めた。

一　文書名は、原則として、正文・案文・写などの別を示し、記録や編纂書物から採録したものは写とした。

一　無年号文書は、年代比定可能なものは、その年代の所に挿入し、比定不可能であるが、内容・差出人・充名・同収文書等により関連場所に便宜収めた場合は、文書名の下に※を附して、その旨を示した。

一　収録文書で検討の要ある文書は、文書名の下に△を附した。

一　原文には、原則として常用漢字体もしくは正字を用い、読点「、」、並列点「・」を加え、真仮名・変体仮名は、原則として現行仮名に改めた。

一　原文の磨滅・虫損等は字数を推定して□または［　　］を示し、また文書の首欠は［　　　　、尾欠は　　　　］で示した。

一　本文中の異筆・追筆は「　」、朱書は『　』で示し、合点は形状により⌒・○で、朱の合点は⌒で示した。原文の墨抹は▨で示し、その文字を読むことができたものは、文字の左側に〻〻を加えて、右側に書き改めた文字を加えた。

一　文字の欠落部分や誤字の場合、推定可能の時は（　）内に編者の案を示し、当て字などを元のまま示す必要があると認めた場合は（ママ）と注した。また本文中の人名・地名・寺社名などの説明傍注も、ともに（　）内で示した。その他編者が加えた文字や文章には、その頭に必ず○を附して、本文と区別した。

南北朝遺文

関東編　第七巻

無年号文書

正月

○四六三五　千葉胤貞書状※　○下総中山法華経寺文書

新春御吉事、以殊幸々千万〱畏入候、是思様ニ候へハ、喜悦□□(御事カ)候、抑原郷(下総国香取郡)妙見御神田元作(見)・中村之郷(同郡)御神田、此代分候しかとも、原分も又重進候、此旨可有御申候、又茶・くり(栗)のかし(菓子)、定使者仰付候て、道にてそむせぬ様候、人仰付候て、したゝめて預候、其節含此旨、可有御披露候、恐惶謹言、

正月六日　平胤貞(千葉)（花押）

○千葉胤貞は、一五一号・六一四号・六九〇号文書などにみえる。

○四六三六　知事某書状※　○神奈川県立金沢文庫保管律宗要義抄紙背文書

畏申入候、改年之御慶賀自他申籠候畢、殊貴寺人法共に御繁昌之由承候者

［　　］候、餅二、［　　］茶一斤、竹筒一令進覧候、又其後御心地如何御坐候覧、無心本相存候、如去年之御状者御平喩無疑候歟、委細示給候者畏入候、以此旨令披露給候、恐惶謹言、

正月九日　知事（花押）

進上　東禅寺(下総国香取郡)侍者

○本文書以下五点は、湛睿が東禅寺住持であった嘉暦元年～暦応二年の間の湛睿充文書とみられる。

○四六三七　左衛門尉宗景書状※　○東京国立博物館所蔵称名寺文書

如仰、新春御慶賀向貴方旁申籠候了、尚以珍重〱、抑、上洛事、明日十日に候、此間御祈禱事、参着候者、最前可令披露候、毎事自京都可申候、恐々謹言、

正月九日　左衛門尉宗□(景)（花押）

謹上　土橋寺侍者御中(下総国香取郡東禅寺)

○四六三八 智蔵書状※ ○神奈川県立金沢文庫保管称名寺文書

企参上諸事可申入□、恐々謹言、

正月十日　智蔵（花押）

謹上　本如（湛睿）上人御侍者

○智蔵は、一五五〇号・四九四七号文書にみえる。

○四六三九 知事某書状※ ○神奈川県立金沢文庫保管湛稿戒律関係紙背文書

雲堂極月廿八日ニ勧請申候了、供養者奉待御下向候、猶々今
度御下向畏入候、委細事等、戒円御房之御方より可令申給候、
恐惶謹言、

正月十三日　知事（花押）

東禅寺（下総国香取郡）御侍者

○戒円は、四七一五号文書にみえる。

○四六四〇 綱維某書状※ ○神奈川県立金沢文庫保管湛稿戒百四紙背文書

□以此旨可然之体、可令入見参給候、恐惶謹言、

正月十三日　綱維（花押）

進上　東禅寺（下総国香取郡）御侍者

○四六四一 湛睿書状※ ○神奈川県立金沢文庫保管湛稿華厳・起信論紙背文書

同御優免候はしと思給候之間、如此令執申候、子細期見参候、
恐惶謹言、

正月十五日　湛睿（花押）

常葉寺（相模国鎌倉郡）侍者御中

○四六四二 心日書状※ ○神奈川県立金沢文庫保管華厳演義抄十七上裏紙紙背文書

今春必参賀之志、雖不浅候、不一方之指合、恐恨与無念相兼
候之処、重恩問弥為悦候、剰殊勝之御茶ニ裏伝給候、真実々
々不知所奉謝候、毎事期面拝、恐々謹言、

正月十六日　心日（花押）

○心日は、七八九号・二四〇〇号・四七七九号文書にみえる。

○四六四三 湛睿書状※ ○神奈川県立金沢文庫保管湛睿随自意抄巻五ヵ紙背文書

□□毎事期後信候、恐々謹言、

正月十七日　沙門湛睿（花押）

謹上　法義御房御報

○本文書は、墨線で紙面を抹消している。なお、法義は、四八一五号文書にみえる。

○四六四四　武田氏信書状写※ ○安芸福王寺文書

不動堂建立事、尤可然候、仍為彼寺領、始府中（安芸国安南郡）之堤興行事、在所絵図加一見畢、不可有子細候、且当堂被取立候後、寄附状等者重可進候、先以此状可有御興隆候也、恐々謹言、

正月十七日　光誠（武田氏信）判

御返事

（安北郡）福王寺坊主

○武田氏信は、一三四四号・一八九五号・三四四二号文書などにみえる。

○四六四五　道恵書状※ ○伊藤一美氏所蔵文書

去年秋比より、当山（伊豆山）（伊豆国田方郡）にて候なから、今日始山臥御湯下てこそ候へ、

年始御吉慶、申籠事旧候了、尚以不可有尽期候、珍畳（重）々々、幸甚々々、抑御悦共目出候御事共、可□□入之由相説云々、此間疵□仕、其憚不少候、乍恐御憚時分を仰かふり候て、懸御目、心事申入度存候、自由申状恐入候、恐々謹言、

正月廿日　道恵（花押）

進之候

○本文書は、三三〇三号文書の第二紙目の紙背文書である。

○四六四六　俊海書状※ ○神奈川県立金沢文庫保管題未詳紙背文書

炎旱過法候之間、祈雨事被仰出候、御同心候、令致精誠給候者、為国土為門徒、尤可為本望候、相構々々（可脱カ）令致懃（懇カ）祈給候哉、恐惶謹言、

正月廿日　俊海（花押）

称名寺方丈

○俊海は、四七三七号・四七四五号文書にみえる。

○四六四七　湛睿書状※ ○神奈川県立金沢文庫保管湛稿戒百五紙背文書

新春御吉慶、於今者事已旧候了、猶以幸甚々々、

抑其後御心地如何御坐候覧、無御心本候、属陽気定令復本給
候歟、兼又仙茶二褁令進上候、可令入見参給候、恐惶謹言、

正月廿日　　沙門湛睿（花押）

進上　浄妙御房

○四六四八　湛睿書状※　○神奈川県立金沢文庫保管四分律行事抄上四見聞集紙背文書

以僧申入旨候、委細被尋聞食候者、悦存候、又雖下品候、仙
茶一裹令推進候、乏少之至、其憚不少候、恐々謹言、

正月廿二日　　湛睿（花押）

謹上　中村弥六（聖阿カ）殿

○中村弥六入道聖阿は、一二七三号・三六四二号文書にみえる。

○四六四九　沙弥蓮一書状※　○神奈川県立金沢文庫保管四分律行事抄中一見聞集紙背文書

□□自愛無申計存候、又春□□在国之由承候之間、
連々処□□由存候、毎事期後信□□言、

正月廿四日　　沙弥蓮一

□（土カ）橋御寺（下総国香取郡東禅寺）御返事　　（花押）

○本文書は、湛睿が東禅寺住持であった嘉暦元年～暦応二年の間の湛睿充文書とみられる。なお、蓮一は、四八六九号文書にみえる。

○四六五〇　某書下写※　○国立国会図書館所蔵集古文書巻三十二所収文書

当国（甲斐国）安村別符地頭職事、雑訴決断所催（牒カ）副中状如此、早停止武田孫（長高）
五郎已下輩濫妨、可被沙汰居代官之状如件、

正月廿四日

甲斐国小目代殿

○武田長高は、一二九三号・一五二二号文書にみえる。

○四六五一　春屋妙葩書状※　○相模円覚寺文書

貴寺（相模国鎌倉郡円覚寺）仏殿宝額、□（染）
勅筆降賜候、誠山門千歳恩沢、叢林万方光輝候哉、珍重々々、
恐惶謹言、

正月廿五日　　妙葩（春屋）（花押）

拝覆　円覚寺方丈禅室

「(追而書)逐啓候、
御祝鞍馬等料伍千匹、
天奏万里小路中納言殿御方伝達候畢、重恐惶謹言、」

○追而書は、相州文書により補う。

○四六五二　什蔵書状※

○神奈川県立金沢文庫保管湛稿戒七十五紙背文書

又松室坊主入滅之由承候条、浅猿令存候、併面上可申候、

戒壇院方丈□

之志候、第一第二両巻可申請之由被申候、付此使者借預候者、
尤可然候、又一日御返事、廿日到来候間、廿一日ニ計形調候
て、廿二日松谷坊主誂申候了、恐惶謹言、

正月廿五日　什蔵（花押）

「(ウハ書)(切封墨引)
(湛睿)本如上人御房御侍者　什蔵」

○松谷坊主は、四九二八号文書にみえる。

○四六五三　某書状※

○神奈川県立金沢文庫保管湛稿戒百三十七紙背文書

猶々申入候、御下向之後、久無御談儀候之条、返々歎入
候、当寺之修学者、各々如此歎申候、御上之事を念願仕
候、
新春之御吉事等申籠候了、抑久無便宜候て、連々不申入案内
候之条、其恐不少候、兼又坊中無殊事候、諸事期後信候、恐
惶謹言、

正月廿六日　▨▨

進上　(下総国香取郡)東禅寺御侍者

○本文書は、湛睿が東禅寺住持であった嘉暦元年～暦応二年の間の湛睿充文書とみられる。

○四六五四　復菴宗己書状※

○開山大光禅師語録

(足利)答于尊氏将軍之御書

清音復菴宗己大光禅師

御問之趣研味再三、不勝感激之至候、凡雖倣工夫、当疾病之
時、不得力者、以平生工夫不純一故也、病苦之時不能作主、
至生死岸頭、則必不得自由矣、永嘉曰仮使鉄輪頂上旋、定恵

円明終不失此語、可為学道人亀鏡也、父母未生已前、那箇是吾本来面目、日用十二時中、就此話頭上猛著精彩、念々深切如救頭燃、可令自参自究給候、工夫熟時節到、忽然穿透虚空、便是本来面目現時節也、正当是時何迷可滅、何悟可存、何生可度、何仏可成、生死涅槃猶如昨夢、天堂地獄逍遥自在、有什麼閑工夫純一不純一乎、但在猛決耳、至祝至祝、以此趣可令申入給候、恐々謹言、

正月二十八日

○常陸法雲寺開山復菴宗己は、延文三年九月二十六日に示寂した。また、足利尊氏は同年四月三十日に没した。

○四六五五　左兵衛尉某書状※　○伊藤一美氏所蔵文書

尚々□様ニ御はからい候ハヽ、恐悦候、愚身ハ自貴方様御口入候者、日向方へ罷立候、又六兵衛尉御山(伊豆山)へ参候間、御山の御かけと申候、法写候時ハ可写候、御所よりおほせかふり候間、心ならす日向へ罷立候、

改年御吉慶自他申籠候了、尚以幸甚〳〵、抑むかしのことく御座のよし、民部卿律師御房御物語候間、返々一身の喜申ハかりなく存候、付其候てハ左右の一の物、左の御由(油カ)の免ハ吉田郷(武蔵国秩父郡)ニ急給候也、其外楽人等分ハ御存知のことく、吉田郷より拾石米を給候て、彼人数等ニ下行仕候、去年若宮殿御善願之時、吉田のし□(よカ)む(所務)以後御請取候し程ニ、別儀以十石分ニ十貫文下行候し、今年ニおき候てハ、本のことく十石たるへきよし、ふかくあんしよを給候了、又当御方しよむ以後、御うけとり候間、如此申入候了、十石分ニ十貫を下行あるへく候、かやうに候ハてハ楽人等不可参候、こと〳〵く当時ハはうはい(傍輩)も候ハて、しらうと(素人)をやとい(雇)申候間、如此の料足候ハてハ、時としてへんかい(変改)ある事にて候、相構々御心得候て、よきやうに御さた(沙汰)あるへく候、かねて給候ハてハ、此人数等ふつとまいりましく候、御ことわけぬと存候間、かやうに委細申入候事、此使くハしく申入候へく候、恐々謹言、

正月卅日　　左兵衛尉□□（花押）

○本文書は、三三〇三号文書の第四・第五紙目の紙背文書で、二紙は連続すると思われる。なお、若宮殿は、四六七〇号文書にみえる。

○四六五六　唯寂書状※　○神奈川県立金沢文庫保管湛稿戒百一紙背文書

所示給□□□候地蔵□（談カ）上中下三巻令借進之候、御用終候者、
相構早速可返給候、恐々謹言、

正月晦日　　唯寂

○唯寂は、四七三三号・五〇一九号・五一七〇号文書などにみえる。

二月

○四六五七　什尊書状※　○神奈川県立金沢文庫保管聞書阿公口伝紙背文書

能州御発向、先以恐悦無極存候、抑御祈禱事、取別雖不承候、
御祈禱致精誠候之由、可有御披露候、恐々謹言、

二月二日　　沙門什尊（玄寥房）（花押）

謹上　弾正少弼殿（河越直重カ）御宿所

○什尊は、一八〇三号・二六〇六号・四二六七号文書などにみえ、応安六年十月一日に没している。また、河越直重は、二四六七号・三〇六五号文書などにみえる。

○四六五八　良樹書状※　○神奈川県立金沢文庫保管初心成覚文集下紙背文書

畏捧愚状候、抑拝預□八転声勘文、令進上候□可持参仕候（処脱カ）、
路次之間、悪□候程ニ、以使者令進候条、恐□□（入候カ）、恐惶謹言、

二月二日　　沙門良樹（花押）

本如御房（湛睿）侍者御中

○四六五九　実有書状※　○神奈川県立金沢文庫保管湛稿袋綴華厳・起信論紙背文書

□（誠カ）久不申承候処、御音信返々悦入候、
抑承候光明真言間事、為一身御返事□中ニ候ハぬ間、和上の
門徒達ニ申合候へハ、評定候て、御返事可申とて□（候カ）者、去年
光明真言事、非時者不可住之事にて候之間、以前被勤□（候カ）し体
ハ、皆依被退散候、光明真言□に退転候了、今年二月彼岸よ
り□候てハ、御沙汰ニテ勤仕候へき事にて□（こカ）そ候へ、加様候
し上者、去年の□（供）米いまた御勤仕も候ハぬ時ニ、其へ□（ま）いり
候ハんする事も候まし、又以前被勤仕て候人々すて、のかれ
□ぬる間、供料をも不被取候也、加□（様）ニ候上ハ、去年供米
ヲハ知足院（武蔵国久良岐郡称名寺カ）の□（道）場のつくりあひかいたふきにて、□□

□□□定候、阿弥陀堂ふきて候し□けうの残まきのく(榑)
た《れ》なんと知足院ニをきて候、これにかひ□(まカ)して、忩々ふくへ
き《ミ》やう、同□(評)定候也、
□(頭カ)人数事、非時者ハ、不可住云事□て候し間、以前の人々ハ、
皆々□退散候上者、これよりして、人□(数カ)ヲ治定仕候ハん事ハ、
難治の事候、律僧の御止住候へき事にて候へハ、それよりこ
そ、なにとも御はからひ候ハめ、事々期見参之時候、恐々謹
言、

二月二日　　実有

「(切封墨引)」(ウハ書)

○実有は、一二三六九号・一二三七〇号・一二七〇六号文書などにみえる。

○四六六〇　堯円書状※ ○神奈川県立金沢文庫保管律宗要義抄常爾一心紙背文書

御使上下向粮物悉下給候条、無物無物体恐入候、何度に
て候とも、上用途ハ自田舎沙汰仕候ハんすと、返々恐入
候、

畏令言上仕候、
抑山河殿(景重カ)方へ御秘計状等、謹下給候了、急速ニ彼所へ罷向候
て、秘計可仕候、自何事金山郷(越後国蒲原郡)事、驚歎入候、哀々無子細御
事にて候へと念願仕候、土方□(塔カ)
之事一身辛労無申計候へとも、何度にて候とも、可随御意候、
ゆめ〳〵等閑あるましく候、赤岩(下総国葛飾郡)御百姓等ふるまい、ふしき
に候間、難治無申計候、此等子細、参上之時可申開候、以此
旨可御申進候、恐惶謹言、

二月二日　　小比丘堯□(円カ)（花押）

進上　了乗御房

○山川景重は六二二号・六六二号・七四四号文書、堯円は一〇一七号・一五五〇号・二〇二二号文書など、了乗は一一二六号・一五五三号・一六三三号文書などにみえる。

○四六六一　妙寂書状※ ○神奈川県立金沢文庫所蔵武本為訓氏旧蔵文書

申候とて、性全(乗均)御房彼人はかなふましきよし承候間、重不及
申次第候、性全御房坐香取(下総国香取郡)候之間、委細不申承候、又これほ
とに不落居物を口入申候ける事、返々所存之外存候、将又自

熊野(紀伊国牟婁郡)御下向申候て、愚身無子細候ハヽ、面拝之時、委細可申
承候、毎事期其時候、恐々謹言、

二月二日　　　沙門妙寂（花押）

謹上勧学院(相模国鎌倉郡極楽寺)御侍者

○性全房は三〇〇六号・三〇〇七号・三二九七号文書、妙寂は二八六四号・二九二五号・三二九七号文書にみえる。

○四六六二　持円書状※　○神奈川県立金沢文庫保管湛稿冊子四紙背文書

参上候、儀憲房(元範)方へも此由可被仰付候、此旨を可有御申候、
恐惶謹言、

二月三日　　　持円上

了乗御房

○儀憲房元範は八六五号・一五五〇号・二五四七号文書など、持円は九六四号・一六三九号・二六八八号文書など、了乗は一二二六号・一五五三号・一六三三号文書などにみえる。

○四六六三　山名時氏書状写※　○国立公文書館所蔵諸家文書纂所収三刀屋文書

無為ニ西伯耆ニ罷着候、こなたの事ハ御心やすく可被思食候、
その方さまの御事こそ、無心元存候、いかにもしてつよく御
踏候へく候、関東事も承る儀候て候へハ、返々目出候、なに
ともしてつよく可有御踏候、又国事いかにもしてくハしく可
承候、御渡候之間、そなたの事ハ心安存候、恐々謹言、

二月三日　　　時氏(山名)判同前

諏方部弥三郎殿

○四六六四　日輪書状※　○山城妙顕寺文書

三春御慶賀、広宣流布、自他祝着目出度候、抑彦三郎・妙善
両度御返報承候了、上洛之間事申候し、御芳志之至難尽候、
又比企谷(相模国鎌倉郡)造営事候、春之比ハ隙不可有候、何様治定之時、自
是可申候、又彼仁当信者にて、中務入道芳輩に成候へく候、
御目かけられ候ハヽ、為悦候、毎事期後信候、恐々謹言、

二月三日　　　日輪（花押）

謹上　寺主上人

(ウハ書)「(切封墨引)」

○彦三郎は四九七八号文書、妙善は四六九九号文書にみえる。また、日

輪は、二七七一号・二八五二号・四九七八号文書などにみえ、延文四年四月四日に八十八歳で示寂している。

○四六六五　朴艾思淳書状※　○尊経閣文庫所蔵玉燭宝典第十裏文書

司事御吹挙之由候、旁《可》得御意候也、仏殿《(相模国鎌倉郡覚園寺)》幷御等身薬師像、近日可始企之由相存候也、心事期後信候、恐々謹言、

二月四日　沙門思淳《(朴艾)》（花押）

謹上御宿所

○本文書は、一三五五文書にみえる覚園寺造営にかかわるものと思われる。

○四六六六　尊静書状※　○神奈川県立金沢文庫保管称名寺文書

□明印房迎、可被□僧之由承候、先以□存候、就其挙状事、□《(承カ)》候、雖何時候、其時分可調進之候、恐々謹言、

二月四日　尊静（花押）

称名寺《(武蔵国久良岐郡)》僧衆中御返事

○明印房は、一一二六号・二九二五号・五二二八号文書などにみえる。

○四六六七　湛睿書状※　○神奈川県立金沢文庫保管律宗要義抄形終戒謝紙背文書

去比可有光臨之由、令申候之処、于今無其儀候、頗失本意候、抑此腫物ハ、今ハ十之七八までに得減候間、悦喜無極候、雖然下□ことに難平喩之体□覚候、さこそ諸方御計会候て、無御隙御事候らめとも、暫時御立還に入御候て、病相之有様被御覧候て、療治之様［　　］得減［　　］あはき葉なとをハ□□□《(つカ)》す候歟、さようの事も入見参可申承候、御隙の時、早朝ニ可有入御候、若又定日被思食定候者、此御返事可承候、恐々謹言、

二月四日　湛睿（花押）

二位法眼御房

「《(ウハ書)》(切封墨引)」

○四六六八　唯心書状※　○神奈川県立金沢文庫保管八千枚用意紙背文書

候へく候、又としより候て、何事書もかなハす候、いのちのうちに御見参に入まいらせたく存候、地蔵院へも御ものか

□（たカ）り候へく候、あまりに〳〵御見参に入まいらせたく相存候〳〵、又々申入候へく候、恐々謹言、

二月五日　　唯心（花押）

謹上　神物御房御方

○地蔵院は、四七〇二号文書にみえる。

○四六六九　朴艾思淳書状※　○尊経閣文庫所蔵玉燭宝典第二裏文書

当寺（相模国鎌倉郡覚園寺）微運之至、歎入候、以関東御注進□申候歟、折節合戦中難道行候之間、相待静謐候也、功銭於関東之任人者、少々候とも、相構当寺造営料ニ申御沙汰候者、可為御興隆候、近日梶原次郎衛門（景寛カ）も状を所望候之間、申入候し也、当寺造営事等、両管領（上杉憲顕・高師冬カ）被入心候之間、為悦候也、又和泉芸州入心候、不思議ニ存候、彼仁当寺事、入心之条、神妙之由、御感之内御書なんと申御沙汰候なんや、第一ニ造営速疾の可為秘術之由、面々申候、不可苦候ハヽ、以便宜可得御意候、当寺事可為御奉行由、直ニ蒙仰候上ハ、興隆の事ニ候へハ、可被廻御意候、恐々謹言、

二月六日　　沙門思淳（朴艾）（花押）

謹上　中御門（二階堂道本カ）御宿所

○本文書は、一三五五号文書にみえる覚園寺造営に関わるものと思われる。なお、二階堂道本は、一三二五号・一七五九号・四九三九号文書にみえる。

○四六七〇　慎定書状※　○伊藤一美氏所蔵文書

楽所の人々御事、先度委細如申入候し、公事なり候てハ、御神事いらん（違乱）になり候、所詮、去年若宮殿より御沙汰候ける半分を是に□□□（て又六カ）兵衛殿へ進置候、いそき〳〵面々如先々御登山（伊豆山）（伊豆国田方郡）あるへく候、定此分又六兵衛殿よりも御申て候歟、諸事可期面拝時候、恐々謹言、

二月七日　　法眼慎定（花押）

六郎兵衛殿

辻殿

○本文書は、三三〇三号文書の第三紙目の紙背文書である。なお、若宮殿は、四六五五号文書にみえる。

○四六七一　専恩書状※　○神奈川県立金沢文庫保管探玄記第二疏抄類聚紙背文書

入御候者恐悦候歟、兼又梅（栂）尾上人（明恵高弁）御行状、令返進之候、未終功候之間、重可申請候、毎事期面拝之時候、恐々謹言、

二月七日　専恩（花押）

「（ウハ書）（切封墨引）

本如（湛睿）御房御侍者　専（恩）」

○専恩は、四七四〇号・四八九九号・四九九一号文書などにみえる。

○四六七二　烟田時幹書状写△※　○田山景子氏所蔵文書

今度小山（下野国都賀郡）出陣之面々、被疵之忠節雖有之、対陣及数日、依之、早々出陣可致候、謹言、

二月七日　平時幹（烟田）（花押影）

田山駿河殿

○四六七三　煕道書状※　○神奈川県立金沢文庫保管初心成覚文集下紙背文書

之趣、御得意候て、可有御披露候、恐々謹言、

二月八日　煕道（花押）

謹上　劉禅（恵璆）御房

○劉禅は、一五五〇号文書にみえる。

○四六七四　祐尊書状※　○神奈川県立金沢文庫保管律宗要義抄形終戒謝紙背文書

来臨□□（僧カ）中、開白結願導師可被奉差候、企参上候、可申入候処、捧愚状候、其恐不少候、抑依行忍房所労候、為祈禱、大般若一日可奉転読由令申候、就其候衆（ママ）僧御中七人、可奉請旨存申候、明後日十日、早旦入御候者、恐悦□幷貴寺　大般若可奉□入候、可進人夫候、以此旨可有御披露候、恐惶敬白、

二月八日　祐尊状（花押）

称名寺（武蔵国久良岐郡）侍者御中

「（ウハ書）（切封墨引）

称名寺侍者御中　祐尊上」

○行忍は四九一三号・五二四五号文書、祐尊は一五五〇号・二五六二号・三七五二号文書などにみえる。

○四六七五　高梨経頼書状※ ○相模極楽寺文書

去十二月十一日御芳札、委細承候訖、如仰雖未懸御目候、以事次申承□□（道カ）習候歟、抑示給候之間事、吉良刑部左衛門尉申入□（旨カ）候、無相違候者、可道行之由申付□、巨細延寿寺別当可被申候、事々期後信候、恐々謹言、

二月九日　　能登守経頼（高梨）（花押）

謹上　□□□方丈侍者

○高梨経頼は、四八八・二〇一二号・四五五九号文書などにみえる。

○四六七六　顕智書状※ ○神奈川県立金沢文庫保管戒疏見聞集紙背文書

愚身も喜入候、四室坊主義憲房（元範）方へ恐入□御悦候て給ハり候へく候、愚身も悦申候へと□よりハ何事にても申て候こそ、喜申候か□其儀なく候間、愚状計ハ心本なく候、此□たひて候茶を以候てこそ、近江守（加地景綱）にもさな□人々にも、常ニいかにとも申候いて候へ、返々□後々のために候へハ、態四室坊主義憲房ニ御□ハり候へく候、

一当国体者未定候、御敵も御方へ参候□て、近江守方へ内通仕候なれとも、与洲発□きら〱しからす候間、又雪消候ハ、合戦□申候、いかさまも与洲の発向遅々仕候ハヽ、□打越候なんと存候、何事に付候ても、心苦申□なく候、

一今年ハ末（抹）茶をも不用意候間、近江守の方□不出候、其上衣も、内衣も、散々之体ニ候□先々よりも莫大ニふりて候、よくあし□はたらかれす候間、方々難儀候間、便□時ハよひ候へとも、いてす候、御茶候ハヽ、大□茶すこしよく候ハん御茶下給ハり候□これにて茶候ハて、事かけて候し間、人の茶はかり借用仕て候、返進仕度候、

一これにて入事常に候間、申入候、武洲厚紙□広厚候紙にても候へ、自然ニいる事のミ候、□領候ハヽ、悦入候、幷ニ御筆候ハヽ、二三巻（管）給ハ□田舎にて候間、全分不得尋候間、恐なから□

御茶もさこそ入御事のミ候ハんと御いたハ□存候へとも、これも私ならぬ事に候間、所□物をあまた申入候、

一加地近江守の御返事、よく〳〵御はからい□御返事候へく候、きりからも今年中ニも国□なり候ハ、、さのミハ人もあいにくをハ申候ハし□存候、大概御はからい候て、御返事候へ□又近江守の内ニ、殿原にて候人の候か、等円房と□寺僧にて候しか、千葉の元空（恵釼カ）御房の寺に□それへ此人の状の候、便宜之時、御こと□給候へく候、此仁ハ等円房の縁者にて□申候、これにもつねに申うけ給はり候□此使者によく〳〵御尋候へく候、又愚□体をもよく〳〵御覧候へく候、何事も□事も御返事委細ニ仰かふり候へく候、
一近江守紫染物令進候けに候、随□事にて候、愚身も喜存候、恐惶謹言、

二月九日　　顕智（花押）

進上　称名寺（武蔵国久良岐郡）御侍者

○義憲は八六五号・一三四九号・一八三一号文書など、加地景綱は三八九号・五八八号・一九八四号文書など、元空は一五五〇号・五二一一号・五二六二号文書、顕智は四八九五号・四九一二号・五二四七号文書などにみえる。

○四六七七　照恵書状※

○神奈川県立金沢文庫保管行位章釈残紙背文書

今日作法、丁寧事候間、於門出者殊勝候、
守護方之事ハ、於路次、小西彦太郎令見参候、内々此子細可被伝之旨、重申候了、然上（者不）可有御方便候也、恐惶謹言、

二月十一日　　照恵上

○照恵は、四八二五号・四九九二号文書にみえる。

○四六七八　広乗書状※

○神奈川県立金沢文庫保管華厳探玄記巻第二疏抄類聚第一紙背文書

態令申候、於多宝寺（相模国鎌倉郡）承候し静春房渡御之間事、内々令申房主候へハ、入御候ハん事こそ本意にて候へとも、御寺の要人にて御坐候へハ、奉成其憚候計にて候、是人渡御候ハん事、付于物別其苦あるましく候ハ、、御入候はん事□
□被□□（申候カ）、能様□（にカ）御秘計候て、可有御同道候歟、御寺之役の被差定候は□（ぬ）以前ニ申と候之程、態いそき申候也、又入御候ハん人々、明後日夕方ハ、皆御入候様計御沙汰候へく候、毎事期面拝之時候、恐々謹言、

二月十二日　広乗（花押）

本如《湛睿》御房

「（ウハ書）
（切封墨引）

本如御房御方　広乗」

○静春は、四六九〇号文書にみえる。

○四六七九　空本書状※　○神奈川県立金沢文庫保管四分律行事抄中四聴書紙背文書

先日参拝之時、入見参、委細申承候条、殊々難忘存候、兼又章外題出来候事、悦入存候也、是まて御煩罷成候事、恐入存候、委細見参之時、可申入候、尚々先度御煩恐存候也、恐々謹言、

二月十二日　空本《実祐》

「（ウハ書）
（切封墨引）

正光御房　空本」

○空本は、二〇二二号・四〇六五号・四四二三号文書などにみえる。

○四六八〇　覚証書状※　○神奈川県立金沢文庫保管随自意抄巻十ヵ紙背文書

又寺中者、付物別候て無別子細候、又寂妙御房者、日大事成候て、下ニ小房を造被坐候、不便無極存候、又浄乗房こそ、随日いよ〳〵わかやきて見候へ、尚々此賢覚房事《学》文事、能様御秘計候者、悦入候、恐々謹言、

二月十二日　沙門覚証（花押）

謹上　本如《湛睿》御房御侍者

○浄乗は四七四七号文書、賢覚は四六八二号・四七二六号・五二五〇号文書、覚証は四九五五号文書にみえる。

○四六八一　足利義詮御内書※　○尊経閣古文書纂東寺宝菩提院文書

地蔵院《山城国醍醐寺》僧正《覚雄》被申候法花堂《相模国鎌倉郡》別当職事、無相違之様、可有申沙汰候也、謹言、

二月十二日　（花押）《足利義詮》

畠山阿波守《国清》殿

○覚雄は二五四〇号・四九八一号・四九八二号文書、畠山国清は二五四〇号・二七九二号・四九八二号文書などにみえる。

○四六八二　証道書状※　○神奈川県立金沢文庫保管随自意抄摂論十義紙背文書

恐入候、是ハ五百文にて候、のこ□《りカ》候五十文ハかへ《返》し進候、

返々此御料紙いか、候ハすらんと、心もとなう存候、よろつ
賢覚御房可被申候、恐惶謹言上、

二月十三日　証道（花押）

本如（湛睿）御房侍者御中

「（ウハ書）（切封墨引）
本如御房侍者御中　証道」

○賢覚は四六八〇号・四七二六号・五二五〇号文書、証道は四八七六号・四九一一号・四九二四号文書にみえる。

○四六八三　足利基氏挙状案※　○山城八坂神社文書

成田下総守泰員申播磨国須富（加西郡）庄事、令参洛候、可被経御沙汰
候哉、以此旨可有御披露候、恐惶謹言、

二月十三日　左馬頭基氏（足利）御判

進上　御奉行所

○足利基氏は、延文四年正月二十六日に左馬頭から左兵衛督に転任している。なお、成田泰員は、四〇五九号・四六〇七号・五〇七八号文書にみえる。

○四六八四　日輪書状※　○山城妙顕寺文書

三春御吉事申籠候、
抑鎌倉（相模国）中年内動乱申計なく候之処、正月廿一日御仏事無為勤
行仕候、目出度悦存候、又御諷誦送給候、御廟奉申上候、御
心安可召食（思カ）候、泉谷左衛門入道御本尊事承候、追申へく候、
此度者便宜ニ候間、態自是可申候、恐々謹言、

二月十三日　日輪（花押）

謹上寺主上人

○日輪は、二七七一号・二八五二号・四六六四文書にみえ、延文四年四月四日に八十八歳で示寂している。なお、「正月廿一日御仏事」とは、元応二年正月二十一日に示寂した日朗の法事のことである。

○四六八五　日道書状写※　○駿河大石寺文書

旧冬十二月廿四日御札、二月十三日到来、委細拝見仕候了、
抑御使交名事、三迫（陸奥国栗原郡）ニハ下妻九郎岩崎（同郡）地頭、柳戸保（岩井郡カ）ニハ米谷八
郎・後藤壱岐八郎ト御教書にハ成候也、加賀野（登米郡）からハ廿里
にて候、一迫（栗原郡）ニハ大掌甲斐守・大掌周防九郎左衛門為広、
登米郡にハ桁淵孫三郎行宗、此人々そよく候へく候、仰か
たしけなく候つるよし、御披露あるましく候、

一去年度々連歌会紙給候事、何よりも恐悦無極候、猶も可給
候、
一大坊への御請取ハ如仰申て候、墨の未進ハ今度の土産に進
候、
一今度思立て候つるを、あまりに、あまりに、人々留られ候
間、逗留仕て候、来八月の御まちくし候也、季陵様のもの
持参すへく候、諸事期拝謁、恐々謹言、

二月十三日　　　　僧日道

謹上　民部阿闍梨房御返事

逐申
猶々御使交名事御披露あるましく候、彼人々うら
みこれへも進候へく候、

○日道は、駿河大石寺の第四世住持で、四一五号文書にみえる。

○四六八六　妙本書状※　○神奈川県立金沢文庫保管湛稿冊子百九紙背文書

無年号文書二月

若御他行ハし候ハヽ、可為難治候之間、不参候、何様ニも、
早々入見参候て、申承候へく候、又此便不慮外候之間、不委
細候、恐々謹言、

二月十五日　　　　妙本

(ウハ書)「ほんによ御房（切封墨引）　なすのめうほん
本如(湛睿)御房御寮　　妙本　」

○妙本は、四七一〇号・四九五七号・五〇六一号文書などにみえる。

○四六八七　今川泰範書状写※　○国立国会図書館所蔵古簡雑纂

不例事、不思儀取直令喜悦候、兼又半済分事、二字蠹　沙汰始
候者、何様面面談合仕候而可申候、将又割筗(符)弐給一字蠹　悦喜候、
諸事期後信候、恐惶謹言、

二月十五日　　　　前上総介泰範(今川)（花押影）

○今川泰範は、三五〇八号・四三六一号・四三七三号文書などにみえる。

○四六八八　湛睿書状※　○神奈川県立金沢文庫保管湛稿袋綴華厳・起信論紙背文書

（端裏ウハ書）「（切封墨引）」

了厳御房

さた（沙汰）すへきやうをハ、ない〳〵（内々）これら二御たつね（尋）候へく

候、□条ハ□かく申候□はす□とも、さも候てハ□

申候、

今朝以良通房申入候□地下代官以外□なく候程ニ、無

力□内々かへして□ものともよく〳〵たつね□

しめし候て、百姓等め（召）され候て、よく〳〵したゝめ（認）てこれへ

可承候、良通房やかて可帰寺候、其便宜ニ可承候、恐々謹言、

二月十七日　湛睿（花押）

了厳御房

○了厳は三二九七号・四八四〇号・四八九五号文書、良通は四九〇四号・五〇三四号文書にみえる。

○四六八九　什尊書状※　○神奈川県立金沢文庫保管聞書阿公口伝紙背文書

依寺訴事、去年不慮罷下、入見参候之条、尤本望相存候、入（マヽ）

申子細候、被聞食候者、恐悦存候、事々期後信候、恐々謹言、

二月十八日　沙門什尊（花押）

謹上　大宇豆入道殿

○什尊は、一八〇三号・二六〇六号・四二六七号文書などにみえる。

○四六九〇　浄与書状※　○神奈川県立金沢文庫保管探玄記巻第二疏抄類聚第二紙背文書

一日心閑罷入見参候条、悦入候、貴寺惣別御悦喜悦之外無他

事候、廿二日管絃事、可為一定候、其日殊無御指合候ハ、静

春御房と御同道、尤本望候、彼仁御同道、返々悦入候、

何事も又々可申承候、恐々謹言、

二月十九日　浄与（花押）

（湛睿）本如御房

（ウハ書）「（捻封墨引）本如御房　浄□」

○静春は、四六七八号文書にみえる。

○四六九一　某持時書状※　○神奈川県立金沢文庫保管湛稿戒百五十六紙背文書

御下向候者、最前参上仕候、可入申事令存候処、折節労中候、

今于（マヽ）延引仕候条、不少其恐候、兼又、所労体得少減候間、何様

月間者参上仕候、此間恐も可入申之由、可有御披露候、恐惶

謹言、

二月廿日　持時（花押）

進上東禅寺（下総国香取郡）御侍者

○本文書は、湛睿が東禅寺住持であった嘉暦元年～暦応二年の間の湛睿充文書とみられる。

○**四六九二**　沙弥光照書状※　○神奈川県立金沢文庫保管 随自意抄託事門紙背文書

自京都替用途拾結内五貫□（文カ）進候、相残候分者、麦出来候□（者カ）、可致沙汰候、其程御引候者□（畏カ）入候、此段以先度使者申て候へとも、重か様令申候、御□（請カ）取者、御文ニあそハし候ハて、別紙可給候、心事併期後信之時□（候）、恐々謹言、

（異筆）「廿三日到来」

二月廿一日　沙弥光照

進上　称名寺（武蔵国久良岐郡）侍者御中

○光照は、五〇三九号文書にみえる。

○**四六九三**　千葉満胤書状※　○下総香取大禰宜家文書

不懸思雖所望候、折節空歴（瀝）時分候之間申候、栗毛駮馬候由聞及候、給候者喜入候、尚々珍毛馬之由、聞候之間、如此令申候也、恐々謹言、

二月廿五日　平満胤（千葉）（花押）

謹上　大禰宜殿

○千葉満胤は、三六九六号・四一七九号・四六二八号文書などにみえる。

○**四六九四**　乾峰士曇書状※　○日向大光寺文書

自東関帰西洛之後、絶無音信、老恨只此事候、抑御瑞世之事、宣徳尼長老委細可申候、相構々々可有上洛候也、恐々敬白、

二月廿五日　士曇（乾峰）（花押）

大光長老（日向国那珂郡）（嶽翁長甫）

○乾峰士曇は、一八〇五号・二二九七号文書にみえ、康安元年十二月十一日に示寂している。また、長甫は、二二九七号文書にみえる。

○**四六九五**　日輪書状※　○山城妙顕寺文書

其後久書絶、御音信不通候間、何条御事候哉、承度存候、兼又赤塚殿便宜之時、御状給候し、参付て候けるやらん、去年より、はや在鎌倉（相模国鎌倉郡）仕候へハ、常申承候へく候、此身格へち（別）の

事なく候へハ、御心安おほしめさるへく候、恐々謹言、

二月廿六日　　　日輪（花押）

○日輪は、二七七一号・二八五二号・四六六四文書などにみえ、延文四年四月四日に八十八歳で示寂している。

○四六九六　足利尊氏御内書※　○松平基則氏所蔵文書

小山左衛門佐氏政申下野国阿曾沼民部大輔跡事、宜有計御沙汰候哉、恐々謹言、

二月廿七日　　　尊氏（足利）（花押）

左馬頭殿（足利基氏）

○足利基氏の左馬頭任官は文和元年八月二十九日で、小山氏政は同四年七月に没している。なお、小山氏政は、二〇二九号・二三八九号・二五〇一号文書などにみえる。

○四六九七　評定始交名※　○尊経閣文庫所蔵玉燭宝典巻一紙背文書

□□□□（御評定始ヵ）□□□
二　廿八

当参

霜台（上杉朝定）　豆州（上杉重能）

予州（大高重成）　縫殿頭（長井高広）

公禅　中刑部（中条挙房）

□州　行直（二階堂）

奏事

□藤左衛門大夫

御荷用

□（寺）岡弥七

□久孫二郎

伊勢四郎兵衛尉

伯耆五郎

秋山新蔵人（光政）

海老名彦三郎

問注所信乃七郎

山城次郎左衛門尉

○本文書は、貞和年間のものと推定される。

○四六九八　唯専書状※　○神奈川県立金沢文庫保管湛稿袋綴華厳・起信論紙背文書

「不参候、被申候と蒙仰難安令察候、雲富(下総国香取郡大慈恩寺)御免候者、可為御利益候歟、去年之冬も、三ケ谷(上総国埴生郡永興寺)よりも雲富へ御免候けるやらん、此旨承て候、極楽寺(相模国鎌倉郡)にては、受戒用途風情も、彼尼衆とも難安候ハんすらん、御免候ハんするに可被宜候歟と奉思候、田舎御免候ハすは、且者不得〔可〕上候之由、面々にも歎申て候、自田舎者状、此旨者中々不申之由、被申て候、恐惶敬白、

二月廿九日　唯専上（花押）

「(ウハ書)　(切封墨引)
称名寺御侍者　」

○唯専は、四七九〇号・四八六一号・四八七〇号文書にみえる。

三月

○四六九九　日輪書状※　○山城妙顕寺文書

閏二月八日御返事、同廿八日到来承候了、此之際者、下総国在国仕候、雖無何事候、便宜之時者、承可申候、又田舎之体者、大切候、甘草・高良香給候、御芳志之至難尽候、又本尊料紙絵所へ仰候ける、悦入候、妙善房又上洛之由承候之間、御返事国より申候、毎事期後信候、恐々謹言、

三月一日　日輪（花押）

謹上　寺主上人
御返事

○日輪は、二七七一号・二八五二号・四六六四号文書などにみえ、延文四年四月四日に八十八歳で示寂している。閏二月があるのは、永仁三年・元弘三年・康永三年・文和元年。なお、妙善は、四六六四号文書にみえる。

○四七〇〇　空観書状※　○神奈川県立金沢文庫保管探玄記第二疏抄類聚第一紙背文書

態可持参候処、此□無間事等候間、以使□令申候、其恐不少□借賜候説草三十帖、□王尺十帖、表白集二帖、□要集二帖、地蔵伝記一□(帖カ)、官位相当一帖、已上四十□
「志難申尽候、近□之程参候て、細々可申入候、恐惶謹言、

三月二日　空□(観)

(湛睿)本如上人御房御禅室

「《ウハ書》(切封墨引)」

○空観は、一五五〇号・一五五三号・二四四七号文書などにみえる。

○四七〇一　空観書状※　○神奈川県立金沢文庫保管湛稿冊子三十六紙背文書

悦便宜令申候、性円《長尊》御房所労、大体万事一切ニ見候、当時在家被坐候、彼岸之中日ニ対面申候し□《か》、無申計候、被損候無御存知や候らんとて、加様令申候、兼又被借召候し玄談、随終候、便宜之時、可伺候、少々入事候間、加様申候、恐惶謹言、

三月六日　空観状

本如《湛睿》上人御房

「《ウハ書》(切封墨引)

本如御房御禅室　空観」

○性円は、一五五〇号文書にみえる。

○四七〇二　聖仙書状※　○神奈川県立金沢文庫保管八千枚用意紙背文書

尚々如是申状、御馴々敷申候事、無申計恐入候、さりなから申へき方なく候之間、乍恐令申候也、腰文之体、可有御免候、

喜便宜令申候、一日入御、乍物忩、懸御目候之条、悦存候、兼又是体申状、雖憚存候、灌頂之時、屣闕如仕候、此方様入御折節御着替候者、借預候者、畏入候、自是使者進候度候之処ニ、全分使者候ハす候之間、如是令申候事、返々憚入候、内外之衣装無用意候、是非めしかへの余残罷預候やうに御計候者、喜悦存候〳〵、恐々謹言、

三月六日　聖仙《覚英》状（花押）

「《ウハ書》(切封墨引)

地蔵院御方　聖仙状」

○聖仙房覚英は、二三〇二号・二四四七号文書にみえる。

○四七〇三　兵庫助某書状※　○神奈川県立金沢文庫保管初心成覚文集下紙背文書

すこし《守護使》のけたい《解怠》候□ハしちの□候間、けふさめ《興醒》たる事候、さりなから、在国之本意者□《今カ》年之末ニそミへ候ハんする□保

入道事承候、うらやまし（羨）く相存候、良印（亮順）御房御在京之事、去
年便宜之時承候し、□（仍カ）一両年御在京、今度こそ承候へ、是も
明年故典厩之七年之忌相当候間、物□し候之間、上洛仕事も
候ぬと存□当国四五日之程ニて候、又それの老□の作法、
何体候哉らん、帰参まて無別事候へかしと相存候、事々期後
信候、恐々謹言、

三月八日　　　兵庫助□□

謹上御寺

○良印房亮順は、一五五〇号・四七五四号・四八〇一号文書などにみえる。

○四七〇四　今川泰範書状※　○武蔵美吉文書

度々芳札先為悦候、兼又益頭（駿河国益頭郡）庄事、惣法可為引懸候之旨、令
注進候之処、御料所上者、難准余所候之由、被仰下候之間、
無是非令遵行候、其段定御代官方より可被申候歟、於向後者、
連々蒙仰、自是可申通候、恐々謹言、

三月十八日　　上総介泰範（今川）（花押）

謹上　摂津左馬助（能秀）殿

○今川泰範は、三五〇八号・四三六一号・四三七三号文書などにみえる。

○四七〇五　聖如用途請取状※　○神奈川県立金沢文庫保管称名寺文書

（異筆）「□箱」

塔方代金五結、所渡給也、

三月十日　　　聖如（花押）

浄地参

○四七〇六　独芳清曇書状※　○豊後入江文書

大智寺（豊後国大分郡）領武蔵郷（岡崎郡）内得永以下処々済物御公事、被懸御意、御寄
進状送賜候、悦入候、此間態以僧、其子細可申入候、京都・
関東無為、公私目出候、不審等定自御代官方可被申候、令省
略候、委細今度便宜可令申候、恐惶敬白、

三月十日　　　清曇（独芳）（花押）

進上　田原殿人々御中

○独芳清曇は、明徳元年八月八日に示寂している。

○四七〇七 斯波兼頼挙状写※ ○古簡雑纂五

江戸宮内少輔房重、於当国（出羽国）多年致忠節候、被懸御意、可有御
披露候哉、恐々謹言、

三月十日　　修理権大夫兼頼（斯波）（花押影）

謹上　上杉兵部少輔入道（道謹、能憲）殿

○江戸房重は二七二七号文書、斯波兼頼は九三八号・三三〇一号・三八八一号文書にみえる。

○四七〇八 円理書状※ ○神奈川県立金沢文庫保管初心成覚文集下紙背文書

雖不少候、此事被懸□（御カ）意候之上者、一日以御慈悲御光臨候ハ、、
定十羅刹も御納受候歟、愚僧生前所望只此事候、即預御助候
ハ、、可為現当二世面目□□（以此）旨可令申□□（給候カ）、恐惶謹言、

三月十一日　　円理上

御侍者御中

（ウハ書）
「御侍者御中
（切封墨引）」

○四七〇九 東乗書状※ ○神奈川県立金沢文庫保管随自意抄巻六カ紙背文書

被借召候行事鈔下二抄物被召寄候て、智鏡房之方へ可令遣給
候、被借用候之□　□□　□心事期面拝之時候、恐々謹
言、

三月十一日　　東乗（花押）

本如（湛睿）御房

○四七一〇 妙本書状※ ○神奈川県立金沢文庫保管湛稿冊子九紙背文書

つかハしたる子細等候へとも、此便乍立被仰候程ニ、相残候、
相構〱便宜之時□蒙仰候、恐々謹言、

三月十一日　　妙本

（ウハ書）
「（切封墨引）　普門寺より」

○妙本は、四六八六号・四九五七号・五〇六一号文書にみえる。

○四七一一 光厳上皇院宣※ ○常陸護国院文書

（封紙ウハ書）
「頸真房　　権中納言宗経（平）」

常陸国護摩堂御祈禱事、殊抽梵行之懇誠、可祈宝祚之安全者、
依

院（光厳上皇）御気色、執達如件、

三月十一日　　権中納言宗経

顕真房

○顕真は、一四四二号・一六七八号・二六三七号文書などにみえる。平宗経は、一三七号・七三八号・一六九一号文書にみえ、貞和五年二月十三日に没している。

○四七一二　等空書状※　○神奈川県立金沢文庫保管湛稿戒一紙背文書

路次間、至海上難儀無申計候、乍存虚（空）罷過候之条、失本意候、世間之虚説千万候、可有御推察候歟、又庵室坊主観心房正月九日他界候了、忍証房年内死去候了、寺中惣別無子細候、毎事期後日便候、恐惶謹言、

三月十二日　　等空（良祐カ）（花押）

進上東禅寺（下総国香取郡）御侍者

○本文書は、湛睿が東禅寺住持であった嘉暦元年～暦応二年の間の湛睿充文書とみられる。なお、等空は、一五五〇号・四九三二号文書にみえる。

○四七一三　朴艾思淳書状※　○相模覚園寺文書

覚園寺（相模国鎌倉郡）造営事、大功之□不及半作候、本尊薬師像亦以同前候、被付常陸国棟別□（由カ）□其功相存候、且先年雖被付当国相摸国、折節動乱無其実候き、常州事、御免無相違候様ニ申御沙汰候者、可為恐悦候、猶々可得御意候、恐惶謹言、

三月十四日　　思淳（朴艾）（花押）

安芸前司殿（二階堂成藤）

○朴艾思淳は一七七三号・三〇九九号・四九三九号文書など、二階堂成藤は一三七二号・一九七〇号・三九〇一号文書などにみえる。

○四七一四　輪如書状※　○神奈川県立金沢文庫保管註法界観釈文集紙背文書

三月十五日　　小比丘輪如（花押）

進上　東禅寺（下総国香取郡）御侍（者）□

○本文書及び次号文書は、湛睿が東禅寺住持であった嘉暦元年～暦応二年の間の湛睿充文書とみられる。なお、輪如は、二三四号・四九一四号・五〇五九号文書などにみえる。

○四七一五　戒円書状※　○神奈川県立金沢文庫保管註法界観釈文集紙背文書

□注文、進上之候、可然之仁候者、仰

付候て、召下給ハり候者、畏存候、薬代分不存知候間、用之薬を注進候、随代任注文取下せと可被仰下候也、返々如此自由申状、恐存候、以此等之趣、可然之様ニ可令啓上給候、恐惶謹言、

三月十五日　　沙門戒円（花押）

進上東禅寺（下総国香取郡）御侍者御中

○戒円は、四六三九号・五一七九号・五二九二号文書にみえる。

○四七一六　安倍某書状※ ○神奈川県立金沢文庫保管求聞持一印口伝紙背文書

先度もミくるし（見苦）けに候しかとも、ふうき（蕗）・はらひ（蕨）進候し、又これもほそく（細）ミしかく（短）候へとも、これならてハ当事ハミゑす候へとも、ふうき二かこ（籠）、ほしはらひ（干蕨）二かこ送進候処、乏少恐入候、

一ぬか（糠）二駄・はら（藁）十束令進候也、長老の御かたへも、ひんき（便宜）の御とき（時）ハ御申入候ハヽ、ことに〳〵畏入候、又上ほん（品）の炭三十こ、かい（買）候て進候、代銭ハ壱貫二百九十文にて候、此使下給候事候、これよりもわるく候、八百文ニ三つ、う（売）り候しに、又四うりて候へとも、御茶炭にて候へき、うけ給候し程ニ、わろき（悪）すミをハ返候て、よき（善）を山物ニあつら（誂）へ候て、かい候ハヽ、令進候也、定めてたかく（高）そおほしめ（思召）し候やらんと、はち（恥）入候程に、おうくもかい候ても不進候也、

□（一）いた（板）の事さきに申候しハ、はやうり候しに、それよりすこしうすく（薄）候か、七八尺いたの候よし、うけ給候ハヽ、き、候て、是より態申入候へく候、恐惶謹言、

三月十五日　　安倍□□（花押）

進上　御知事御寮

○四七一七　円鏡書状※ ○神奈川県立金沢文庫保管探玄記巻第二疏抄類聚第二紙背文書

何事かわたらせ給候らん、さて此ほと大日経のしよ（疏）のたんき（談義）候、住心品御たつね（尋）候て、かし給はり候ハヽ、かしこまり入候、毎事このほとにまいり候て、申うけ給ハリ候へく候、恐々謹言、

三月十五日　　円鏡状（花押）

本如（湛睿）御房

「（ウハ書）（捻封墨引）本如御房　円鏡状」

○四七一八　綱維某書状※　○東京国立博物館所蔵称名寺文書

知事方御札、委細拝見仕候畢、

抑御憚畢候御下向之条、可為喜悦候之処、如仰沙汰延引之条、

非本望候、御逗留候、御秘計候之条、尤可宜候之由、僧衆一

同令申候、以此趣可令入見（参）給候、恐惶謹言、

三月十五日　綱維状（花押）

進上　東禅寺（下総国香取郡）御侍者

○本文書及び次号文書は、湛睿が東禅寺住持であった嘉暦元年～暦応二年の間の湛睿充文書とみられる。

○四七一九　輪定書状※　○早稲田大学図書館所蔵称名寺文書

畏令啓案内候、

抑今度細々令参拝候条、于今恐悦無極候、何様度充者、企参

上、又可致参拝候乎、兼又、付私（公）私御寺無為、面々令坐賜候

者喜入候、毎事以此旨可有御披露候、恐惶敬白、

三月十七日　小比丘輪定（花押）

進上　東禅寺（下総国香取郡）御侍者

○四七二〇　足利基氏御内書※　○鎌倉国宝館所蔵神田孝平氏旧蔵文書

大田美作孫七郎邦康申上野国山上保（勢多郡）内田部・蒲井・葛塚村等

事、退違乱輩、全知行様ニ可有計沙汰候、謹言、

三月十八日　基氏（足利）（花押）

宇都宮下野守（氏綱）殿

○四七二一　足利義詮御内書※　○三河総持尼寺文書

越後将監（高師世）女比丘尼申三川国所領（菅生郷カ）違乱之由、歎申候、無相違可

被相計候也、謹言、

三月十八日　（花押）（足利義詮）

新田殿（大島義高）

○大島義高の三河守護在職は、延文五年十月から永和三年十一月まで確認でき、三二四七号・三三三一号・三五四二号文書などにみえる。

○四七二二　恵釼書状※ ○神奈川県立金沢文庫保管湛稿冊子四十四紙背文書

「以外に少分ニ候、□□進候ハん時にハ、莫大ニ可令進候、自何事も世上乱難静候之条、歎存候、委細僧達可被申候、恐惶謹言、

三月廿二日　恵釼（花押）

御報

（ウハ書）
「　（切封墨引）

御報　□□」

○恵釼は、三一九号・六一一号・一五五〇号文書などにみえる。

○四七二三　千葉満胤書状※ ○下総香取大禰宜家文書

烏検杖跡田地四帳内事、無主地候之間、相尋器用仁、神事当役等無退転候者、可然候、恐々謹言、

三月廿三日　平満胤（千葉）（花押）

謹上　香取大禰宜殿

○四七二四　俊光書状※ ○神奈川県立金沢文庫保管心用双持双犯事紙背文書

返々御用物なく候事、失本意候、別事なく候よし、此間極楽寺（相模国鎌倉郡）より便宜うけ給候、悦入候、

御札旨令拝見候了、

抑先度御状給候処、時節物まかりたかひ候て、御返事不中候事、無心本存候、兼又先度三下鈔出事承候、此ひけい（秘計）仕候へとも、不尋得候（不）進候条、失本意候、何事よりも、御寺たんき（談義）御うらやましくこそ存候へ、いかさまひま時者、可□候也、又僧たち方への御事つて、皆可申候也、便宜いそき間、委細不申候、恐々謹言、

三月廿五日　俊光（花押）

義覚上人御房

（ウハ書）
「　（切封墨引）

義覚御房　俊光」

○四七二五　足利尊氏御内書※ ○松平基則氏所蔵文書

小山左衛門佐氏政申秦蔵人行氏以下家人等事、尋捜在所可誅罰之由、先度被仰候処、隠居宇都宮（下野国河内郡）之由有其聞云々、厳密可

致沙汰之旨、可被仰伊与守（宇都宮氏綱）候、謹言、

三月廿六日　　　尊氏（足利）（花押）

左馬頭（足利基氏）殿

○足利基氏の左馬頭任官は文和元年八月二十九日で、小山氏政は同四年七月に没している。

○四七二六　源然書状※　○神奈川県立金沢文庫保管湛稿戒十九紙背文書

畏令申候、

抑毎年雖企参上候、世間忩々之間、空送年月候之条、浅増無申計候、兼又起信論疏抄御治定之由承候て、幸相存候之処ニ、自時料分は難叶候、宿なんとも難艱に候之間、罷上候てもいかに候ハんすらんと思労候て、いまに不令参候条、生涯歎不過之候、せめては状をもても、常には可啓案内を候へとも、たよりまれなるところに候之間、無其義候之条、畏恐不少候、若秋之比までも、なかくつれなく候は丶、是非企参上候て、せめて起信疏計と念願仕候、わつかに承候分を、小御房達にあい候て、申談候に付ても、いよ〳〵いま一返もと、朝夕はそれのミねかはれ候へとも、貧は諸道のさまたけニ候之間、空送年月候之条、歎入候、諸事短筆難尽候、誠惶誠恐謹言、

三月廿七日　　　源然（花押）

進上　賢覚御房申させ給へ

○賢覚は、四六八〇号・四六八二号・五二五〇号文書にみえる。

○四七二七　称名寺評定事書案※　○神奈川県立金沢文庫保管称名寺文書

□田被成家人給分事、於□不便之次第也、輙不可
□之外重被取員数米敷米事□後者、可為停止事
□事、如百姓等之愁訴、尤有□彼仁者、可改易
之由、代（官カ）□□之事
□度々歎申之、無其謂間、□今度者、依歎（難）義之時分
□於向後者、不可致如此等無□忠輩者、堅可加
治罰者也、百□還住本宅、急速可全耕作□評定
事書如件、

□年三月廿八日

実真
胡楽房良▨思
思禅房賢俊
法円房義雲

○本文書の端裏に某の花押がある。この花押は一八七五号・二五四七号文書の異筆部分にみえる花押と同じものである。なお、定真は五七号・二五六八号・二六〇七号文書など、賢俊は一五五〇号文書、法円は、九一〇号・二四四七号文書にみえる。

○四七二八　湛睿書状※　○神奈川県立金沢文庫保管湛稿巻子華厳・起信論紙背文書

相構可蒙哀愍之□□(仰カ)、毎事期後信候、恐惶謹言、
三月廿八日　湛睿（花押）
覚道御房御侍者

○四七二九　足利直義御内書※　○出羽上杉文書

小笠原弥次郎長綱当奉公之処、彼所領上野国臼井郡牧田村内田畠在家等事、混闕所之地、預給軍勢之由歎申、事実候乎、委細可有注進候、恐々謹言、
三月廿九日　（花押）(足利直義)
上杉(憲顕)民部大輔殿

○足利直義の花押形から、建武四、五年頃のものと推定される。

四月

○四七三〇　千葉カ胤重書状※　○下総香取大禰宜家文書

香取(下総国香取郡)九ケ村幷葛原(同郡)・相禰神物以下所務等、長房(大中臣)・実公(同)・実雄(同)等於知行分者、先如前々被沙汰付、至于御神事者、任先例可被行之候、下向之後、於国委細可有沙汰候、恐々謹言、
卯月一日　胤重(千葉カ)（花押）
香取大禰宜殿

○四七三一　明賢書状写※　○賜蘆文庫文書九所収称名寺文書

山内(相模国鎌倉郡)報恩寺敷地等事、為御沙汰、任先規、被渡付之由、承候之条、目出候、彼寺事者、旁由緒之御事候上者、有(為カ)寺務可令

致真俗之興行給候也、恐々謹言、

四月二日　沙門明賢

謹上　円日(祐尊)御房　（花押影）

○本文書は、二九四〇号文書と関連するか。

○四七三二　明寂書状※ ○神奈川県立金沢文庫保管文句私見聞紙背文書

今日ハ可参候之由相存候処、頭風之気いまたなくせ候ハす候て、乍存候不参候、無心本存候、明日ハ必々可参候、子細候ハ、重て可申入候、恐々謹言、

卯月三日　明寂

良達(心慶)御房御奄(庵)室へ

○四七三三　唯寂書状※ ○神奈川県立金沢文庫保管随自意抄摂論十義紙背文書

「可有御伝候、貴辺乍御労候、無別事御渡之旨承候、悦入候、世間平均大病、当寺上下男女老少如大風靡草木候歟、相増赤斑療(病カ)候と申合候也、返々老僧御入寂歎入候、便宜時、乗観(明範カ)御房へも可有御伝候、恐々謹言、

卯月三日　唯寂（花押）

(ウハ書)「　（切封墨引）

□□□□(御房)□□(御方)　」

○乗観房明範は三五六七号文書、唯寂は四六五六号・四八一六号・五〇一九号文書などにみえる。

○四七三四　広橋仲光奉書案※ ○大和東大寺文書第二回採訪七

満寺(大和国添上郡東大寺)群議之趣委細申入候畢、就寺門達鬱訴、有神輿御帰座、苟是君臣之大慶、都鄙之悦予也、就中今度中納言殿御供奉、已相当于初任御奉行、氏社事旁以足祝着、便又為佳模、兼又信州正税事、為寺社興隆、為家門栄昌、所有御奉寄也、仍被申之旨、御本意之由、其沙汰候、仍執達如件、

四月三日　散位仲光(広橋)

○四七三五　常然書状※ ○神奈川県立金沢文庫保管文句私見聞紙背文書

四五六三ケ月分御時料白米二斗四升進候、御請取可給候、たゝし先御時料まいらせ候□(しカ)、なんか月よりなんか月までの事

にて候しやらん、分明ニ不覚候へとも、四月以下分□（とカ）仰候間、
よもたかひ候ハしと存候て、四月ヨリ六月までの分を進候、
先々御請取を結解ために、良空房（頼吽カ）鎌倉（相模国）へ持て上て候間、かや
う申候也、恐々謹言、

卯月四日　　常然

良達（心慶）御房御宿所

「（ウハ書）　（切封墨引）

良達御房御宿所　　常然」

○良空房頼吽は一五五〇号・四七三六号・五〇八三号文書など、良達房心慶は八二五号・一五五〇号・四七三一号文書などにみえる。

○四七三六　平時景書状※　○神奈川県立金沢文庫所蔵武本為訓氏旧蔵文書

少減候て上事候者、最前参候て、可懸□目候、此等子細良空（頼吽カ）
御房申候了、恐々謹言、

卯月四日　　平時景（花押）

謹上　東禅寺（下総国香取郡）御侍者

○本文書以下二点は、湛睿が東禅寺住持であった嘉暦元年～暦応二年の間の湛睿充文書とみられる。なお、五三一六号文書は本文書の前半と考えられる。また、良空房頼吽は一五五〇号・四七三五号・五〇八三号文書など、時景は四七五二号・四七六〇号にみえる。

○四七三七　俊海書状※　○神奈川県立金沢文庫保管湛稿戒百四十九紙背文書

及巡礼候キ、無念無□（申カ）計候、尚々荒見坊主□（事カ）御心中殊察申候、
□□（恐惶カ）謹言、

卯月五日　　沙門俊海（花押）

東禅寺（下総国香取郡）方丈（湛睿）御返事

○極楽寺長老俊海は、元弘三年六月十五日に後醍醐天皇より極楽寺の寺領など当知行地を安堵されている。俊海は、四六四六号・四七四五号文書にみえる。

○四七三八　如賢書状※　○神奈川県立金沢文庫保管題未詳紙背文書

計次第候□□（間カ）大略万倍事停止候了、これをは仏物之由申候
て入て候、若死亡・逃亡以下事候者、来秋可令申入候、
一成田（下総国埴生郡）御百姓幷羽鳥（同郡）大御田作人等、可進退仕之由、先日被仰
下候之条、畏入候〳〵、以此旨可有御披露候、恐惶謹言、

卯月五日　　僧如賢上（花押）

進上　得行御房

○四七三九　足利直義御内書※　○山城醍醐寺文書

故報国寺殿（足利家時）御終焉之時、被遣心仏（高師氏）之御書拝見之処、感激銘肝者也、仍召置之訖、遺案文之状如件、

四月五日　（足利直義）（花押）

高土佐守（師秋）殿

○四七四〇　湛睿書状※　○神奈川県立金沢文庫保管題未詳紙背文書

雖察申候、難去事候之間、不顧無心申入候也、又光明真言講式可書留之由、思給候間、于今不令返進候、定被処于不得心候歟、毎事期後信候、恐々謹言、

卯月六日　湛睿（花押）

専恩御房

（ウハ書）「（切封墨引）

専恩御房　湛睿状」

○専恩は、四六七一号・四八九九号・四九九一号文書にみえる。

○四七四一　湛睿書状※　○神奈川県立金沢文庫所蔵武本為訓氏旧蔵文書

御札御承候了、如仰久不申入候、其恐不少候、今度依寺□沙汰事候、可逗留之由、仰□□申□存□旨候、自何□御風気驚入候、相構能□加御療候、又近日御上候□入見参、諸事可申入候、恐々謹言、

卯月七日　沙門湛睿（花押）

謹上　南殿御報

○四七四二　湛睿書状※　○神奈川県立金沢文庫保管四分律行事抄下四見聞集カ紙背文書

□推進候、比興々々、毎事期後信候、恐々謹言、

卯月七日　湛睿（花押）

大和右近将監殿

○四七四三　足利義満御内書※　○出羽上杉文書

木戸入道（法季カ）方ニ申遣旨候、無相違候者、目出候、

卯月七日　（足利義満）（花押）

上杉安房入道（道合、憲方）殿

○木戸法季は、四〇〇六号・四一六一号・四一九五号文書などにみえる。

畏令言上候、

○四七四四　湛睿書状※　○神奈川県立金沢文庫保管 湛稿巻子戒疏ヵ紙背文書

抑自土橋（下総国香取郡）末（抹）茶□箱令進上候、以此之趣可令申入給候、恐惶謹言、

卯月七日　湛睿上（花押）

道如御房

○四七四五　俊海書状※　○神奈川県立金沢文庫保管大乗起信論疏文義拾遺紙背文書

新茶一甬（桶）賜候訖、莫大候之際、殊自愛賞翫無他候、委細以面謁可申候、恐々謹言、

卯月八日　俊海（花押）

○四七四六　某書状※　○神奈川県立金沢文庫保管 湛稿戒百四十八紙背文書

新茶送賜候之条悦入□（候ヵ）、抑、付供僧免、此間、千田□（殿ヵ）仰子細候之由承り候、且□寄進之施物、且廷弱物□田地候歟、今度

下向候者□入見参、可伺案内之由□（候ヵ）之処、如是逗留候之間、頗□本意候、今者併雖期□□若便宜可然候者、事□可令申入彼御方給候、凡□定不及御疑事候へハ、争□許容哉と遺恩意候、恐々□□（謹言ヵ）、

卯月九日　沙門□□

謹上　東禅寺（下総国香取郡）知事御房

○四七四七　湛睿書状※　○神奈川県立金沢文庫保管 華厳還源観纂釈紙背文書

又障子ニかけて候花厳経の下より第二番□ちひさき経の、花厳経の第十二とかきつけてし□候か、あほへうし（青表紙）にて候、をなしく可給候、自由申状、可有御免候、便宜之時、必々可令立寄給候、恐々謹言、

四月十一日　湛睿上（花押）

浄乗御房

もし他行にて候ハヽ、静雲房□にて御わたりて御覧候へ、

（ウハ書）
「（捻封墨引）
浄乗　□　□」

○浄乗は、四六八一号文書にみえる。

○四七四八　中務丞日奉ヵ書状写△※　○大渕源治氏原蔵庭訓往来

被仰下之旨、畏拝見仕候畢、就先度之御事書、芸才七座之店、諸国商人、旅客宿所、運送売買之津、悉以令遵行候、交易合期、公私潤色、何事如之哉、定役公事、臨時課役、月迫上分、節季年貢、更不可遁避歟、凡京町人、浜商人、鎌倉(相模国)誂物、宰府(筑前国)交易、室(摂津国)・兵庫(播磨国)船頭、淀(山城国ヵ)河尻刀禰、大津(近江国)・坂本(同国)馬借、鳥羽(山城国)・白河(同国)車借、泊々借上、湊々替銭、浦々問丸、以割符進上之、任□(体ヵ)載運送之、次大舎人綾、大津練貫、六条(同国)染物、猪熊(同国)紺、宇治(同国)布、大宮(同国)絹、烏丸(同国)烏帽子、室町(同国)伯楽、手嶋莚、嵯峨(同国)土器、奈良(大和国)火鉢・刀、高野(紀伊国)剃刀、大原(山城国)薪、小野(同国葛野郡)炭、小柴(同国)黛、城殿(大和国ヵ)扇、仁和寺眉作、姉小路針、鞍馬木牙漬、醍醐烏頭巾、東山蕪、西山心太、此外加賀絹、丹後精好、美濃上法(品ヵ)、尾張八丈、信濃布、常陸紬、上野綿、上総鞦、武蔵鐙、佐渡沓、伊勢切付、伊予簾、讃岐円座、同檀紙、幡(播)磨杉原、備前刀、出雲轡、甲斐駒、長門牛、奥州金、備中鉄、越後塩引、隠岐鮑、周防鯖、近江鮒、淀鯉、土佐材木、安芸榑、能登釜、河内鍋、備後酒、和泉酢、若狭椎、府(宰脱ヵ)栗、宇賀(北海道)昆布、松浦(肥前国)鰯、夷鮭、奥染、筑紫穀、或異国唐物、高麗珍物、如雲如霞、交易売買之利潤者、超過四条五条之辻、往来出入之貴賤者、不異京都・鎌倉、凡御領豊饒而、甲乙人令富有、屋作家風尋常而、上下已神妙也、急有御下着、可有高覧歟、須催進御迎夫力者也、恐々謹言、

卯月十一日　　中務丞日奉(日奉ヵ)

進上　采女正殿御返事

○四七四九　智仙書状※　○神奈川県立金沢文庫保管随自意抄宝性論断善闡提紙背文書

労今夜ハ事外大事覚候、自理智光院今朝又被申旨候、其体申談度候、時以後可有入御候、今度者御夜宿之御用意候テ、入御候ハヽ、畏存候、恐惶謹言、

卯月十二日　　智仙

進之候、

○智仙は、一五五〇号・四八四九号文書にみえる。

○四七五〇　霊公書状※　○神奈川県立金沢文庫保管湛稿教十八紙背文書

御帰寺之由承候、悦入候、去年所労全分不愈遣候之間、一向籠居仕候、仍及両年不能参上候事、歎存候、若無為罷成候者、忩々可参謁候、兼又乏少其恐候之上、雖竜門献水候、当所茶一裹令進之候、左道之至、比興候、只一服御試許候也、恐々謹言、

卯月十二日　霊公

進上之候　（切封墨引）

「（ウハ書）
東禅寺《（下総国香取郡）》方丈侍者《（湛睿）》　霊公」

○霊公は、四七九八号・四九五〇号文書にみえる。

○四七五一　湛睿書状※　○神奈川県立金沢文庫保管随自意抄三身常住紙背文書

まかせて沙汰をいたすへきよし、百姓等にもふれ《（触）》らるへく候、又いかやう《（如何様）》にも方便して、今年の年貢をハこれへ下され候へく候、余処へちらすへからす候、又あれ田《（荒）》うちひらか《（打開）》れ候者、ことに〳〵めてたく《（目出度）》候、又なに事よりもこのつかひ《（使）》下され候、返々悦入候、又真如房《（杲照）》のかたへ、ようい《（用意）》のために、状かき《（書）》て
まいらせ候、もしようの事候ハん時ハ、つかハ《（遣）》され候へく候、恐々謹言、

卯《（ママ）》十三日　湛睿（花押）

上総法橋御房

○本文書には、墨線が引かれている。

○四七五二　散位時景書状※　○神奈川県立金沢文庫保管湛稿巻子本戒疏見聞集カ紙背文書

□返事□《（悦カ）》入まいらせ候、此事申□□□にわさと人を進候、諸事物□之間、令省略候、恐々謹言、

卯月十三日　散位時景（花押）

謹上　東禅寺《（下総国香取郡）》御侍者

○時景は、四七三六号・四七六〇号文書にみえる。

○四七五三　後光厳天皇綸旨案※　○常陸法雲寺文書

被綸言併《（称カ）》、迎天下太平之気象、得仏法紹隆之時節、爰卜居於

雲水、馳声於華夏、是以重傾叡心、再命勅黄(之脱カ)、肥遁(堅カ)志雖難、
蘊輝之称何隠、早起蒲坐、速詣丹墀、則協列聖尊崇之洪基、
正為仏祖出興之大旨、嘉会既是一遇、謙譲莫及三詔(ママ)者、綸
言如斯、仍執達如件、

四月十三日　左中弁時光(日野)

宗己(復菴)上人御房

○日野時光が左中弁を務めたのは、文和四年十二月八日から延文三年八月十二日の間である。また、復菴宗己は延文三年九月二十六日に示寂している。

○四七五四　湛睿書状※　○神奈川県立金沢文庫保管華厳演義抄二上纂釈第四紙背文書

不審之処、返々悦入候、抑御在
兼(鎌カ)間令察申候、少分助成申たく候へとも、無可然之便宜候上、
此辺以外難治子細候、若慥の因縁候者、用途五百文可被替召
候、乏少之至、雖恥入候、無力次第候、御留主の僧ニハ常加
詞候、御心安可被思食候、只今余物忩候馳筆候也、▨(毎)事期後
信候、恐々謹言、

卯月十四日　沙門湛睿

謹上　良印(亮順)御房　（花押）

○良印坊亮順は、一五五〇号・四七〇三号・四八〇一号文書などにみえる。

○四七五五　円智書状※　○神奈川県立金沢文庫保管仲文章要文紙背文書

歎とこそ存候へ、毎事□後信之時候、恐々謹言、

卯月十四日　円智

円林(全玄カ)御房

「(ウハ書)（切封墨引）

謹上　円林御房　円智」

○円林房全玄は一一四六号・四八一三号・五二六一号文書など、円智は一五五〇号文書にみえる。

○四七五六　千葉カ長胤書状※　○下総香取大禰宜家文書

長房(大中臣)・実公(同)知行分香取内相(下総国)□□(根村カ)神物以下所務事、如先々致其
□□(沙汰カ)、御神事無退転可令勤仕□□(之旨カ)、自鎌倉所被申下候也、存
其□(旨カ)可有沙汰候、恐々謹言、

卯月十五日　長胤(千葉カ)□□

内山又次郎入道殿

○千葉ヵ長胤は、三四五一～五五号・三四六三号文書にみえる。

○四七五七　道朝書状※（○陸奥阿保文書）

（端裏ウハ書）
「（切封墨引）」
連々典厩《（佐竹義篤ヵ）》奉守京都給候処、不存余儀之段、忠節之至感悦候、
弥被廻計略候者、可然候、定自京都可有御感候也、恐々謹言、
　　四月十六日　　道朝（花押）
　　小野崎美作守殿

○四七五八　浄雨書状※（○神奈川県立金沢文庫保管随自意抄宝性論断善闡提紙背文書）

上落《（洛）》之時、いとま申しに、わさと多宝寺《（相模国鎌倉郡）》へ参り候かとも《（し脱ヵ）》、御
他行とて、空帰候き、其後ハ御在所も未分明候程、于今不申
入候条、恐歎不少候、何事より、御寺之作法、さこそ御心中
浅猿思召候らん、只奉押計□《（候ヵ）》、さりなから十三重無別事御供
養候へハ、悦入候、又連々御造営候由承及候、仏法再興目出
候、あはれ如本被造候て、」
「五教章談義下巻空候事、于今歎思候、いつか寄合まいらせ候
て、又談候ハんと、仏神ニハそれをのミ祈念仕候也、又便宜
常可蒙仰候、自是可申入候、恐々謹言、
　　四月十九日　　浄雨
　　本如《（湛睿）》御房御侍者
（ウハ書）
「（切封墨引）　□　□」

○四七五九　高楚書状※（○神奈川県立金沢文庫保管湛稿花雑六紙背文書）

「参申と相存候之処、此霖雨難儀候之間、且以状令啓候、
抑起信論御抄出自九巻至十七巻九巻、幷筆削記六巻令返進之
候、廿二日必可参上候、心事以其時可申入□《（候ヵ）》、恐惶謹言、
　　四月十九日　　高楚（花押）」

○四七六〇　平時景書状写※（○尊経閣文庫所蔵古書雑記）

御札委細承候了、
抑路次之間、無別御事御上洛喜□、愚身違例□間、無殊子細

平□(癒カ)□併被懸御意候故候歟、為思□兼□心房上洛事、田舎之体事無子細候、為学文之由承候間喜存候、諸事期後信候、謹言、

卯月廿日　　　平時景（花押影）

○平時景は、四七三六号・四七五二号文書にみえる。

○四七六一　足利尊氏書状案写※　○極楽律寺要文録

入洛事承候、為悦候、恐々謹言、

卯月廿一日　　　尊氏(足利)在判

(相模国鎌倉郡)極楽寺長老

○四七六二　恵忍書状※　○神奈川県立金沢文庫保管四分律行事抄下四見聞集紙背文書

自彼僧可被申候哉、若無御所持候者、可預□方便候、難去子細候て、□(如カ)此申入事、其恐不□(少カ)候哉、恐惶謹言、

卯月廿一日　　　恵忍状（花押）

□(土)(下総国香取郡東禅寺)橋寺御侍者中

「(ウハ書)（切封墨引）

土橋寺御侍者中　　　恵忍状」

○本文書は、湛睿が東禅寺住持であった嘉暦元年～暦応二年の間の湛睿充文書とみられる。

○四七六三　足利義詮書状※　○秋山吉次郎氏所蔵文書

当寺舎利会料所相模国毛利庄(愛甲郡)奥三保内若柳・日連・牧野等事、故将軍家(足利尊氏)御寄進状一見候訖、不可有相違候哉、恐々謹言、

四月廿一日　　　義詮(足利)（花押）

(鎌倉郡)極楽寺長老

○四七六四　円妙書状※　○神奈川県立金沢文庫保管随自意抄六千比丘紙背文書

此八日上洛仕候、夏中者当寺止住候、早々入見参、昔物語申致度乍《存》候、夏中之間無其儀候、失本意候、恐々謹言、

卯月廿二日　　　円妙

○四七六五　円妙書状※　○神奈川県立金沢文庫保管随自意抄六千比丘紙背文書

如(高慧)仙房状、便宜悦令進上候、今月八日上洛候、即可参申由存

候之処、無程成夏候之間、無其儀候条、失本意候、夏畢早々
参候て、可遂拝面候、恐惶謹言、
卯月廿二日　　沙門円妙

○四七六六　堯観書状※ ○神奈川県立金沢文庫保管湛稿戒九十二紙背文書

度々大方殿御妻への御事付令申候、悦入候由、被申候、三月
之比、小山殿労以外大事候し、不思儀(議)無別
事存命事にて候、恵源□も大事之労仕候し、中野(武蔵国多摩郡)辺くすし(薬師)な
く候間、当所ハさ様□(のヵ)仁あまた候程、年内罷越て□他所候間、
此便宜俄事候程□、不申遣候、定後日之以便宜入申候歟、諸
事期後信之時□(候ヵ)、恐惶謹言、
卯月廿三日　　堯観（花押）
進上　侍者御中

○四七六七　匝瑳氏泰書状※ ○下総香取大禰宜家文書

喜便宜令申候、
抑烏検校(杖)跡並ニ定額事、社家(下総国香取社)へ可渡申候由、自御陣被申下候、
近日ニ可参候、若又参候も煩にて候へハ、人を一人給候て、
渡状を可進候哉、御返事に委示給候ハヽ、恐悦候、加様ニ御所
存のことくニ候へハ、目出喜存候、恐々謹言、
卯月廿三日　　左衛門尉氏泰(匝瑳)（花押）
謹上　大禰宜殿

○匝瑳氏泰は、四一三六号・四四二〇号・四四二五号文書などにみえる。

○四七六八　下総国津宮村麦畠検注雑事帳※ ○下総香取案主家文書

(端裏書)「□状　神主殿御一分」
卯月廿四日津宮村(下総国香取郡)麦畠□□□
□□□□打敷一枚　借馬一疋　新堂内
□□□役孫大郎殿　当知行定額
小机□□五合五文　検非違使　飯さ、
□□□文□□□□五合五□(文ヵ)　五合五文 孫三郎入道
五合五文　又五郎入道《けんひいし》　田冷机
□□□□□(録ヵ)司□(代)机　検非違使内

□□□□□田所机　ウサキ内当中平（神脱カ）主屋敷
□□□□□安主机　孫四郎内当作孫次郎
　□□子酒日記　一瓶飯篠　　一瓶行吉
一□□□（瓶孫三カ）郎入道　一瓶検非違使　一瓶弥八入道
一瓶ヨコスカ五郎次郎入道跡　当六郎大郎行吉
おりはら一シイタ内一瓶ツヘイタイ大畠　当大郎次郎
一瓶節弘小ヨコスカ次郎三郎入道　一おりはた一安（案）主
　　　　　　　　田所　録司代（花押）

○津宮村は、四二五八号・四二九二号・四四三四号文書などにみえる。

○四七六九　厳性書状※　○伊藤一美氏所蔵文書

定令参着候歟、自元御理運之間、無子細候、寺岡左衛門尉慇懃令申候之間、令注進候き、結句□（御カ）無事可申沙汰候、敵方失色候、先令悦喜候、以此旨、可有洩御披露候、厳性誠恐敬白、

四月廿五日　　権少僧都厳□（性）

○本文書は、三三〇三号文書の第一紙目の紙背である。

○四七七〇　盛誉書状※　○東京国立博物館所蔵文書

発徴録点本御所持之由、承及候、慥便宜之時、借給候者本望候、遼遠之境候間、細々不遂面謁候事、真実失本意候、心事期後信候、恐惶謹言、

卯月廿五日　　盛誉状

「（ウハ書）（切封墨引）
本如上人御房（湛睿）　　盛誉状」

○盛誉は、久米田寺長老明智上人か。

○四七七一　湛睿書状※　○神奈川県立金沢文庫保管行位章釈残紙背文書

□（蒙カ）仰候御祈禱間事、□本望歟、任□（御カ）定之旨□致精誠候、凡自古奉向□内候、不存等閑候之上、自今已後弥可尽忠節候、□（此）条若令偽申候者、可有三宝御照覧候、以此旨可有御披露候、恐々謹言、

卯月廿六日　　沙門湛睿（花押）

謹上　原四郎□

○原四郎は、五一八四号文書にみえる。

○**四七七二**　道賢書状※　○神奈川県立金沢文庫保管四分律行事抄見聞集第二紙背文書

御上之由喜承候、自然鎌倉（相模国）なとへ御出之時、寄立給候ハむハ
為悦存候、態御出なとは不寄思候、又御茶一裹拝預仕候、為
悦之外無他事候、委細者期後信候、恐々謹言、

卯月廿七日　道賢（花押）

本如（湛睿）御房□（御侍者カ）

○**四七七三**　従覚書状※　○神奈川県立金沢文庫保管世尊偈紙背文書

依無差事候、久不令申候之間、無御心本候、又老寄之病気以
外候之間、此一両日に罷越候、諸事懸御目申入度候、当方之
事者、偏に御座をこそ憑被奉思候、相構〳〵千万之事候とも、
心中□（違乱）
令申方も候ハす候ほとに、真実〳〵たのミ申入候、恐々敬白、

四月廿八日　従覚（花押）

了忍上人御房　御寮

（ウハ書）「（切封墨引）」

○従覚および了忍は、四七七六号文書にみえる。

○**四七七四**　孝空書状※　○神奈川県立金沢文庫保管大華厳経疏巻六上裏紙紙背文書

両度御状畏承候畢、
抑老僧他界事、不敢聞食、蒙仰候事、畏存候、老体事にて候
へとも、差当候て、歎存候之処、委細被仰下候事、返々畏入
候、智本房下向之時、老僧労被聞食候て、預御訪御状候之間、
老僧ニ御状之体、見申て候へハ、御状をとていたゝき候し事、
于今思出候、歎存候、何様ニも、夏竟ニハ罷上候て、懸御目、
是等次第可申入候、以此旨可有御披露候、恐惶謹言、

四月廿八日　孝空（花押）

進上　称名寺（武蔵国久良岐郡）御侍者

○智本房は、一六三三号文書にみえる。

○**四七七五**　了堂素安書状※　○相模証菩提寺文書

為法泉寺（相模国鎌倉郡）敷地、亀谷（同郡）常光谷地事、自大蔵卿僧都朝潤方、避給
候之間、可致当寺造営候、以便宜時預御披露候者、畏存候、
恐々謹言、

四月廿八日　素安（了堂）拝（花押）

山下五郎左衛門尉殿

○本文書の裏に四七八四号文書があり、同文書と同年のものであろう。
なお、了堂素安は、二八一二号・三九〇九号文書にみえる。

○四七七六　従覚書状※　○神奈川県立金沢文庫保管世尊偈紙背文書

於今者、人目内無面目事候之間、まさらぬさまにて候や
うにあるへく候、若大事も候ハヽ、何様早々ニ□《可カ》参候、
思之外に、以見参令申候之条、本望候、就夫者、老寄之病気
得少減候之間、今日鎌倉《相模国》罷出候、此病者之体者、俄に決定、
可有大事候、さ様之時者、一向御内を憑入存候、毎事散々之
式候之間、余人にハなか〳〵
□□《令啓》候、返々万事憑入申候、被懸御意候者、本意候、恐々敬
白、

四月廿九日　　従覚（花押）

了忍上人

「《ウハ書》（切封墨引）」

○従覚および了忍は、四七七三号文書にみえる。

○四七七七　長尾景忠書状※　○反町英作氏所蔵三浦和田文書

此間者連々申承候之条、悦入候、世上もとかく申候へハ、御
用心もあるへく候、和田三郎左衛門尉《中条茂資》殿事、此方へも可為召
渡候由、可有御伝候、恐々謹言、

四月廿九日　　左衛門尉景忠《長尾》（花押）

謹上　和田四郎《三浦和田茂実》兵衛《ママ》門尉殿

○三浦和田（中条）茂資は二五八〇号・二五八九号・二七三六号文書など、長尾景忠は一二七八号・一六四〇号・三三九二号文書など、三浦和田（黒川）茂実は四四号・三九九号・二七二〇号文書などにみえる。

○四七七八　そあミふつ書状※　○神奈川県立金沢文庫保管華厳宗信解安心要文集上紙背文書

あるへく候、又いかにほこう《奉公》しほう《志望》候とも、のちわつら《煩》ハし
き事ハ候ましく候、ちたい《地体》こゝろし《志》ひく《低》さにてをハしまして
候へハ、なに《何》事につけ候ても、よくこそをハしまし候ハんす
れ、あいかまへ〳〵てへいれ《ら》まいらせ給候へく候、又くハし
くハこのそう《僧》申給候へく候、

四月卅日　　そあミふつ

ほんによ（本　如）の御房

「（切封墨引）（湛睿）（ウハ書）

ほんによの御房　　　そあミふつ」

○そあミふつは、四八六二号・四九〇八号・五一七〇号文書などにみえる。

○四七七九　心日書状※　○早稲田大学図書館所蔵称名寺文書

今年者気節遅引之間、諸方之茶未出来之由申合候処、名誉御茶二裹、莫大之恩賜難申尽紙上候、仏祖幷宿老等可奉饗応候、其旨令申此僧候、恐々謹言、

卯月晦日　　沙門心日（花押）

○心日は、七八九号・二四〇〇号・四六四二号文書にみえる。

五月

○四七八〇　綱維某書状※　○神奈川県立金沢文庫保管湛稿華厳・起信論関係紙背文書

様触候、其外沙弥中勤仕之事等、毎事令闕如候之間、除此仁候て□□□□（沙弥カ）ニ加催促候て、恒例□　□細、非被□　□候之間、如此令申候、以此旨《令》可入見参給候、

恐惶謹言、

五月一日　　綱維（花押）

進上　東□□□（禅寺カ）（下総国香取郡）

○本文書と次号文書は、湛睿が東禅寺住持であった嘉暦元年～暦応二年の間の湛睿充文書と見られる。

○四七八一　楚超書状※　○神奈川県立金沢文庫保管随自意抄無出家故紙背文書

歎被申候とも、無力次第候、先役之被置作候事共□（をカ）奉見候ニ、明々細々ニ慇懃□（候カ）、如此者、誰人も可被勤仕と□不存候、輪如房も知事心□（入カ）申候て勤仕候しか、不慮難□候、又此事如此候者、為□（御カ）寺不運至極ニよて、加様□（候カ）歟と歎存候、重又々子細申入□、以此旨可有御披露候、恐惶敬□（白カ）、

五月二日　小比丘楚□（超カ）（花押）

進上　（下総国香取郡）東禅寺御侍者

○楚超は、一二一〇号・五〇〇三号文書にみえる。

○四七八二　足利義詮書状※　○出羽上杉文書

□□首服事、彦部□□守帰参之間、仰含□
□謹言、

五月三日　（足利義詮）（花押）

（上）□杉民部大輔入道殿（道昌、憲顕）

○四七八三　円海書状※　○神奈川県立金沢文庫保管湛睿稿本紙背文書

能々御療治候て、御□□令相続給候之条、本□□此労今者複（復）
本候へハ、御心安可被思食候之由、申とて候、又密々御法談
事、自本承旨候へハ、更々、不存等閑候、雖然、連々無御隙
御坐候之由、察思給候、雖何時候、御心静可令思食立給候歟、
恐々謹言、

五月四日　円海

（ウハ書）
「（切封墨引）」

○円海は、五八号・六二号・五三〇五号文書にみえる。

○四七八四　高重茂書状※　○相模証菩提寺文書

（相模国鎌倉郡）亀谷常光谷、為（同郡）法泉寺敷地、大蔵卿僧都朝潤被去進候之由、
承候訖、可存其旨候、恐々敬白、

（異筆）「貞和年」五月四日　（異筆）「駿河守」（高）重茂（花押）

法泉寺長老

○本文書の裏に四七七五号文書があり、同文書と同年のものであろう。

○四七八五　証心書状※　○神奈川県立金沢文庫保管毘尼要抄第二紙背文書

儀候、若無指合□□（候者カ）末文、復古記、義苑体物も可申請候、毎
事期後信候、恐惶謹言、

五月七日　証心（花押）

（湛睿）本如御房御侍者

（ウハ書）
「（切封墨引）　（上野国新田郡カ）長楽寺より

本如御房御侍者　（証）□心」

○四七八六　日輪書状※〇山城妙顕寺文書

此之間久不通音信候条、不審千万候之処ニ候、御恩問為悦候、上洛之由、令存申処、計会事候、于今延引所存之外候歟、折節下総在国候間、此便宜何不取散候条、無心本候、一唐墨一廷(挺)・檜扇一本・筆廿管、慥以送給候、御芳志之至、難尽候、毎事期後信候、恐々謹言、

五月七日　日輪（花押）

謹上　寺主聖人御返事

〇日輪は、二七七一号・二八五二号・四九七八号文書などにみえ、延文四年四月四日に示寂している。

○四七八七　円順書状※〇神奈川県立金沢文庫保管随自意抄頓断無明紙背文書

御札之旨、畏拝見仕候了、抑宗覚御房受戒事、無相違令申沙汰候、定受者僧可被申入候、兼又如仰一日懸御目候之条、畏入候、又今月四日夜、当寺殿司寮垂布ニ火付候て、焼落候了、畳にも火付候き、自然滅候之間、

乍然神慮御許(計カ)と相存□(候カ)、其故二月十六日、今月四日卯□(刻カ)まて、毎夜ニきつね鳴候き、而四日夜より鳴止候了、仍昨日於新宮、一万心経神祇講□(をカ)被行候、以便宜長老御方へ御悦候者、可被宜候哉、以此旨可有御披露候、恐惶謹言、

五月八日　円順（花押）

〇宗覚房は一五五〇号・一七七七号・一九二九号文書、円順は九一〇号・四九一〇号・五二六一号文書にみえる。

○四七八八　円琳書状※〇神奈川県立金沢文庫保管探玄記巻第二疏抄類聚第二紙背文書

探玄記此候よと存候へハ、貴辺取給候之由承候、給候て校候て、事外候者、左様処書なをし候はやと存候、其上十九字にて候之程ニ、いかさまにも二十字之書なをしに候ハヽ、可然存候、相構〳〵此便宜可給候□(也カ)、返々此便宜給候□心閑可校候也、可□(令カ)□いま之処、世間あま□(りカ)□あつくして、乍思に□恐惶謹言、

五月九日　円琳

(湛睿)本如御房

(ウハ書)「　(切封墨引)

本如御房　　円□(琳)」

○円琳は、一三〇五号（極楽寺僧円琳）・五〇三六号・五二四七号文書にみえる。

○四七八九　上杉憲顕書状※ ○伊豆矢田部文書

就鎌倉(相模国)参候事、態御音信悦入候、兼又祈禱事、被入御心之由
承候、為悦候、恐々謹言、

五月九日　　散位憲顕(上杉)（花押）

謹上　三嶋宮大夫殿(伊豆国田方郡)御返事

○四七九〇　湛睿書状※ ○神奈川県立金沢文庫保管分亡人物義紙背文書

行事抄下一・同記科一部御秘計候て、可有御伝借候、覚爾上
人被持候歟と覚候、若相違候者、覚善上人方へも可被聞食候、
恐々謹言、

五月十日　　湛睿（花押）

唯専御房

○覚爾は一二九六号・五二五二号文書、唯専は四六九八号・四八六一号・四八七〇号文書にみえる。

○四七九一　石川道景寄進状※ ○反町英作氏所蔵大輪寺文書

(端裏書)「石川道景入道寄進」

庵へきしん(寄進)申候田の事

二百五十かり(刈)　たてより(館)したてつくり(手作)
　かいやのれうしんかつくり

三□(百)五十かり　まんところきう(政所給)
　ひこ三郎かあと

二百四十かり　ゆやのまへ
　まんところきう

四百かり　たかハしとの
　ゑしり

百三十かり　やまさき
　とうない五郎

そうして、ミろくたう(弥勒堂)ゑきしん申たるふんミなそへて、み
ろくたうともに、大りんし(輪寺)(越後国蒲原郡)の御し、や(侍者)の御はからいたるへ
く候、このむねをもつて御心へあるへく候、如件、

永和(ママ)　五月十日　　道景(石川)（花押）

○四七九二　足利尊氏書状※ ○常陸法雲寺文書

御参洛間事、重

綸旨（後光厳天皇）進覧之候、勅請之趣厳重之次第候、御病耄雖令察申候、先有白地之御招者、後御進退宜為御計候哉、時儀之趣仰義孝候、且又関東専使可令申入候歟、御許容候者、公私之本望候、恐々敬白、

　　五月十日　　　　尊氏（足利）（花押）

　復菴（宗己）和尚方丈

○復菴宗己は一六一二号・一七六八号・二九七八号文書などにみえ、本文書は四七五六号文書に関連する。なお、足利尊氏は延文三年四月三十日に死去し、復菴宗己は同年九月二十六日に示寂している。

○四七九三　某書状※ ○神奈川県立金沢文庫保管因六義釈残紙背文書

猶々重申候へく候、又必々承候（ママ）、毎事御心安おほしめし候へく候、若違候者、必々可申候也、

五月三日御文、同十二日拝見仕候了、抑大宮への御状、即令持参候之処、例事にて候へハ、他行候之間、空罷帰候了、此便宜之時、御返事可被進候之処、如此違候へハ、向後必々可取進候也、此御大事等如仰事候、再三往復事候、いかにも為代官者不道行候しと存候、関東ニ被申候ハん事ハ、宜覚候也、其間、又於武家御教書なんとを申出候ハん事もよく候ぬとおほえ候、雖然候、先正地頭殿御申候へく候、多分人ニ申合候へハ、如此令申候也、又京都候上者、加様事催促なんとハ、不可有子細候也、努々も等閑之儀候哉、いかさまも候へ、三重か御文、返事見候て、付之毎事可申入候也、便宜連々五条へ候なれハ、可申入候、又必々可承候、毎事此御使忩候之間、不委細候、恐々謹言、

　　五月十二日　　　　□□

　本如（湛睿）上人御房

「（ウハ書）　（切封墨引）

　本如上人御房　　　　□□上」

○四七九四　親真書状※ ○神奈川県立金沢文庫保管湛稿戒七十一紙背文書

喜便宜令啓候、先度忌候、不申入候、修心房千葉被出候、付其候者、関東公方奉公候之由聞候、十一日、御沙汰之落居、無心本令存候、可有聞食継候歟、愚身等も、不意得評定に、千葉にて合候けるよし、伝承候、此等子細、顕円房被申候歟、

又体如房令参候者、委細之旨又可申入候、
関東にて修心房御沙汰候て、無別事候者、恵仁房間事、宜様
御憚候者、畏入候、此きわに御請も候て、始終能候者、左様
御量も候者、畏入候、体如房京都上候て、総州若対面申こと
候ハ、、可申旨等事も、細々申談て候、顕円房も存知して候、
可有御尋候、若不可然候者、宜様御量候者、喜入候、母儀之
歎可有御察候、委細令省略候、恐惶謹言、

五月十三日　　親真（花押）

進上　（下総国香取郡）東禅寺御侍者

○本文書は、湛睿が東禅寺住持であった嘉暦元年～暦応二年の間の湛睿充文書とみられる。なお、親真は四九二二号文書、修心は五二六六号文書、顕円は一四二七号・一五五〇号・五二二六号文書など、体如は四八二六号・五二二五号文書にみえる。

○四七九五　上野介胤守書状※

○神奈川県立金沢文庫保管雑抄道教裏紙紙背文書

（下総国埴生郡）埴生庄山口郷事、自去年数ケ度致訴訟候之処、漸領掌被申候、
目出候、土貢事者、先出官三室拾八貫文仁御預候、請取等百
姓等令出帯候、雖然於身不可存私曲候之間、弐拾貫文毎年不
可有無沙汰候、此旨可預御意得候、恐惶敬白、

五月十五日　　上野介胤守（花押）

謹上　（武蔵国久良岐郡）金沢称名寺僧衆御中

○四七九六　霊公書状※

○神奈川県立金沢文庫保管湛稿戒六十二紙背文書

（全海）一乗御房帰寂事、始承之候、驚歎無申計候、御哀慟奉察候、
即可参申入候之処、聊取乱事等候之間、先以愚状令申候、恐
入候也、恐々謹言、

五月十七日　　霊公（花押）

進之候

○霊公は四七五〇号・四九五〇号文書、一乗房全海は八一五号・一〇八一号・一五五〇号文書などにみえる。

○四七九七　知事某書状※

○神奈川県立金沢文庫保管湛稿演五紙背文書

者、寺領田数得分委細注給候て、京都□注進仕候者、少々
事者、定不可有子細候歟之由申候、今日大概注候て、近日愚

身可罷越候、以此旨可有御披露候、恐惶謹言、

五月廿日　　知事（花押）

進上　東禅寺（下総国香取郡）御侍者

○本文書は、湛睿が東禅寺住持であった嘉暦元年～暦応二年の間の湛睿充文書とみられる。

○四七九八　本一書状※

○神奈川県立金沢文庫保管分亡人物義紙背文書

（封紙ウハ書）
「（切封墨引）
本如（湛睿）御房　　本一」

事鈔下□抄出、此便宜可給候、将又其後何条御事候哉、不審
思給候、事々期後信候、恐々謹言、

五月廿日　　本一（花押）

本如御房

○本一は、四九九八号文書にみえる。

○四七九九　下総国司名在家検注雑事帳※

○下総香取案主家文書

□□二年五月廿日司名（下総国香取郡）在家内次第□□

二升四十文　同瓶子　つしの内
二升四十文　同瓶子　かに内
□（二カ）升四十文　つはき内半 から内半
□（三カ）合せに五文　東殿
□（一カ）升廿文　ナカ内ノ分　彦二郎入道

家内ノ分

米二升四十文　タケノ内　当孫次郎
米一升廿文　カラ内　当彦二郎道（入脱カ）
米一升廿文　ツハキ内　当彦二郎道（入脱カ）
米二升四十文　サウサ内　当孫太郎
米二升四十文　東内　当しん太郎
米二升四十文　道せん　当小三郎
米三合五文　山中内　彦二郎入道
敷ムシロ　夏ハ一まい、かり馬一走、冬ハ二枚、かり馬一走
　　　　　　案主（花押）
□瓶子六瓶、たりハら一山中平三郎　田所（花押）
検注瓶子八瓶、たりハら一山中平三郎　録司代（花押）

○四八〇〇　某書状※　○大和東大寺文書第四回採訪五十四

其後不懸御目候、何事御事候哉、兼又先日信州国衙料之内五貫文、割符御ふえ（増）分進之候、如此候者、参千疋合候、御請取ハ先日給之間、則彼使方へ戒壇院（大和国添上郡東大寺）御状分進之候了、此由戒壇院へ可有御申候哉、恐々謹言、

五月廿二日

○四八〇一　照源書状※　○神奈川県立金沢文庫保管随自意抄別教行布紙背文書

□（悦カ）便宜令申候、

□（抑）御病気御減気候て、浄光明寺（相模国鎌倉郡）御談議□ける由承候之条、真実〳〵喜存候、開山之御法、只御□（坐カ）之時計と、深歎存候之処、御所労御本𢡟（愈）、生涯之大幸候、良印房（亮順）□（所カ）労之体をこそ、歎存候之処、結句他界候事、哀歎入候、又当寺無殊子細候、長日不動護摩令勤行候、併御祈禱と可被思食候、恐惶謹言、

五月廿四日　沙門照源（花押）

進上　了乗御房

○良印房は一五五〇号・四七〇三号・四七五四号文書など、思観坊照源は六一四号・一五五〇号文書、了乗は九六五号・一六三三号・五二二〇号文書などにみえる。

○四八〇二　海上公胤書状※　○下総円福寺文書

後々年ためにて候、又可有御請取候、自明年は置付□（にも）自作にもさせられ候へく候、尚々無懈怠可被仰付候、此状をハ副寄進状、能々可被置候、恐々謹言、

五月廿五日　理慶（海上公胤）

飯沼殿

○理慶（海上公胤）は、康安二年十月十九日に飯沼観音堂へ（三〇四一号）、明徳元年七月四日に飯沼寺へ（四四九九号）土地を寄進している。

○四八〇三　某宗兼書状※　○神奈川県立金沢文庫保管華厳経旨帰見聞集紙背文書

程に可被来候、以此旨可有御心得候、恐々謹言、

五月廿六日　宗兼（花押）

（ウハ書）
「（切封墨引）　宗兼」

○宗兼の花押は、九六九号文書の証判と同じである。なお、宗兼は、四八九八号文書にみえる。

○四八〇四 足利尊氏御内書写※ ○大友家文書録一

相模国大友庄（足上郡）等国々所領幷恩賞地及豊前・豊後両国守護職以下事、任舎兄大友蔵人（氏泰）式部入道貞和四年八月十八日・観応三年五月廿日両通譲状、可被知行也、

五月廿六日 御判（足利尊氏）

大友刑部大輔（氏時）殿

○四八〇五 道本書状※ ○神奈川県立金沢文庫保管行位章釈残紙背文書

演義鈔一上分纂尺、御中候て借預候者、恐悦候、書写之志候て、令申候、恐惶敬白、

五月廿七日 道本

了乗御房

○了乗房は、一一二六号・一五五三号・一六三三号文書などにみえる。

○四八〇六 宍戸基家書状※ ○常陸法雲寺文書

芳札令拝見候了、
抑御寺領事重承候、自御屋形御口入之間、無相違令渡申候、
此御文書判形可有同類候哉、次芳茗幷御鐙拝領、恐悦候、
恐々敬白、

五月廿八日 沙弥希宗（宍戸基家）（花押）

謹上 御報

○四八〇七 業恵書状※ ○神奈川県立金沢文庫保管律宗要義抄意言分別紙背文書

たわふれ事を申候けるによつて、人のひゝうをつけ申されて候かについて、なんき（難義）なるていにて候間、しはらくしん（斟）さく（酌）のために、きたりて候よし、申され候間、をとろき入候、
一しゆ（須臾カ）の申状恐入候へとも、くハしく御たつねも候て、御わ（和）たん（談）のみちをも候て、めし候も、つかわされ候ハ、、かつうハ御りやくと存候へく候、まつりひ（理非）をハ、くハしくそんち仕候ハねとも、良道房のひか事のよしを、これにてけう（教）くん（訓）仕候、かやうにハ申入て候とも、いまたとしゆかぬ人

にて候へハ、さためてふさた（無沙汰）の事のミ大（多）候て、御めんにかゝる御事のミ候らんと、なけき入候、をひん（穏便カ）の御さんた（沙汰）も候ハゝ、畏入まいらせ候、このよしをけさん（見参）に入させ給へく候、恐惶謹言、

五月廿八日　業恵（花押）

○四八〇八　高楚書状※　○神奈川県立金沢文庫保管律宗要義抄無表惣別紙背文書

持犯要記一巻・同抄出一帖・纂尺第七一巻令返進候、御敷皮令進之候、此間淋病に御皮令受用候き、定令損候歟、恐歎入候、於今者、聊得小減候、近程に企参上、心事可申承候、恐々謹言、

五月廿九日　高楚（花押）

本如御房御侍者

（礼紙ウハ書）「本如（湛睿）御房　高楚」

六月

○四八〇九　玉睿書状案※　○東大寺図書館所蔵東大寺文書

（端裏書）「信州国衙事　奉行諏方左近将監（康嗣カ）方へ遣状案文」

昨日以面閑話本望候、抑東大寺八幡宮（大和国添上郡）領信州国衙事、就連々歎申、如御存知之、一段近日可有御成敗旨被出仰候、寺門之喜悦此事候、仍幸彼方へ為使節御下向之由承及候、当寺大慶候、国時宜具預御注進候者、満寺之群侶可令悦喜候、定一途厳蜜《密》仁可有其沙汰候、巨細之趣御存知之上者、不能詳候、恐惶謹言、

六月一日　沙門玉睿

諏方左近将監殿

○四八一〇　康円書状※　○神奈川県立金沢文庫保管律宗要義抄無表惣別紙背文書

行事抄上三、同記二部、□巻返給候了、同上四并［　］部二巻
令借進候、良□房本ハ指合候て、被□申候之間、不及力候、
毎事期後（ママ）候、恐々謹言、

六月五日　　康円（花押）

○四八一一　村上貞頼書状※　○神奈川県立金沢文庫保管華厳経探玄記第四裏紙紙背文書

御音信殊畏入候〳〵、他事期見参之時候、恐々謹言、

六月六日　　貞頼（村上）（花押）

「（ウハ書）（切封墨引）　　貞頼」

○村上貞頼は、二五一〇号・二六三四号・三七七二号文書などにみえる。

○四八一二　湛睿書状※　○神奈川県立金沢文庫保管律宗要義抄常爾一心紙背文書

不可然候者、後日之便宜、自是可書進愚状候歟、此事荒説候
上へ（ママ）、此便宜乍立責申候之間、委細不能申候、栄順房にも同
可有御計候、いかさまにも近日若便宜候者、可書進愚状候、
可有御計候、又時宝法印他界候、是も三条殿へ可申入候歟、

可有御計候、只今不取敢、諸事令省略候、又山口（下総国埴生郡）事、上代（同国海上郡）事、
急速御秘計候、（無相違令入眼候者、）若無慥便宜候者、以専使可承候、毎事期後
信候、恐々謹言、

六月七日　　沙門湛睿（花押）

謹上　真如（杲照）御房

○四八一三　真如書状※　○柳瀬福市氏旧蔵称名寺文書

代官□左衛門次郎入道□（故カ）武［　　　］造も隠（穏）便物候之
間、当方房主故長老へ被吹挙申、以其分于今致沙汰候、未
無給分御計候、可為何様□（候カ）哉、先進愚状ニ委細令申候き、
無正体候、当所去年々貢ハ狂（尫）弱事ニ候けるよし申候、其間
子細も結解状もありけに候しを、同時ニ紛失候事、何様重
可注進之由、申下候了、夏麦ハ来月ハ可出来候歟、其時者、
忩々可取進候歟、
一軽海郷（加賀国能美郡）事、先度泉谷殿便宜之時、一端令申候了、円林（全玄）上人
当所ニ下着無為、但根本より憑仰候秋間四郎申候仁、違仲
不会無申計候、終ニ彼仁国より上洛候了、其外彼若党六七

人当所為兵士□も可喚上之由申候、又八院(同郡白山中宮)法師於当所敵対
候しハ、御敵方にて失候了、今ハ那他(谷、下同ジ)寺と申か、八院をハ
もちて候、彼那他寺ハ、於御方群(軍)忠の寺(能美郡)にて候程ニ、軽海
郷ハ八院の由緒の□□候ニ、□□数十貫用途をもて□□□
□彼所恩賞ニ候之由、承及候間、仰天之処、秋間兄弟親類
等多分当寺ニ候なる程ニ、様々申候、止望候き、此時ハ愚
身秋間ニ申候き、如此候て、于今随分於寺家致忠物(者)候を、
彼上人無故違中(仲)候条、無勿体候、秋間差放候ハヽ、定競望
□押落候てハ不及申始終落居候、一日
無計可為煩候間、様々ニ彼秋間□こしらへ申候き、先年堯(慶)
観(誉)上人下国之時、如法〱為寺家忠之仁候由申候、又円順
房如法知音候間、同加詞被こしら(ママ)へれ(ママ)候き、金沢(武蔵国久良岐郡称名寺)へ此由を
何様申へきよし申候き、円順房方へ一筆能々ｏ仁秋間ハ知音被坐可有仰候也、
候なれハ地下をも可加扶持之由
愚身ハ円順房にも、又秋間四郎にも、再三こしらへ申候了、
一高参州(師冬)御在鎌倉之間、貴寺事も御意安存候、於京都随分寺
訴自然之口入なとの事、常中入候き、及数度候大蔵郷(信濃国水内郡)事も、
嶋津去状事を申候し程ニ、これハ公方御奉書を一度も彼仁

違背之時ハ、可申口入候、若今度渡や申候ハんすらんに、
さきをくむて申事、難義之由、被仰候て、不被出口入状候、
若此御教書も違背候ハヽ、三州へ此由京都雑掌僧先日申入事
にて候、且信州ハ御分国にても候へハ、可有御成敗歟のよ
し、可有仰候哉、毎事顧路次煩省略仕候、以此趣可有御披
露、恐惶謹言、

六月七日　真如（花押）

進上　称名寺侍者御中

○四八一四　細川和氏書状※　○中野忠太郎氏旧蔵隠心帖

越中国事、被仰付対馬守候了、仍内々御沙汰候歟、又信濃国、
別人為奉行被仰下候間候き、恐々謹言、

六月七日　(細川)和氏（花押）

□殿

○四八一五　法義書状※　○神奈川県立金沢文庫保管灌頂次第三紙背文書

□見ニ被令進上候、御念誦之次被思食出候者、可喜入候、諸

事□（以カ）此旨可有御□□（披露カ）候、恐惶敬白、

六月八日　　法義（花押）

進上　東禅（下総国香取郡）□（寺）□（御）侍者

○本文書は、湛睿が東禅寺住持であった嘉暦元年～暦応二年の間の湛睿充文書とみられる。なお、法義は、四六四三号文書にみえる。

○四八一六　唯寂書状※　○神奈川県立金沢文庫保管横帖第五紙背文書

田舎も大飢饉候之間、貴辺親父御事伝承事候、見参ニ可申候、指無別事候、只就世諦門事候也、茶ハ猶入候者、可買進候、

世間売茶、凡以不聞出候程ニ、于今延引歎入候、先一袋令借用他物候、進候也、是ハ吉茶にて候と、彼主申候、定買茶不可望候歟、心閑相尋候て、可経入候也、多少ハ能々尋承人候、可相計候、恐々謹言、

六月九日　　唯寂（花押）

○唯寂は、四七三三号・五〇一九号・五一二六号文書などにみえる。

○四八一七　什尊書状※　○神奈川県立金沢文庫保管灌頂堂具足注文紙背文書

御札之旨、委細拝見候訖、

抑如仰於管領（上杉憲顕カ）方懸御目候之条、候之条（衍カ）恐悦候、就其、越後国金山（蒲原郡）郷事、被懸御意、如此示給候、返々悦入候、将又加州軽▨（海）郷（能美郡）事、預御口入候、尤承度相存候之処、於此所者、自方々承望申人々雖多候、自先師（実真カ）時堅誓之間、僧衆難義之由被申候之間、不申領状候之条、無念次第候、心事期後信候、恐々謹言、

六▨（月）九日　　沙門什尊（花押）

謹上　長尾入道（景忠カ）殿

○什尊は、一八〇三号・二六〇七号・三五九六号文書にみえる。

○四八一八　性空書状※　○神奈川県立金沢文庫保管華厳五教章中巻纂釈紙背文書

畏令啓候、

抑池田殿今月七日持参仕候御返□（事カ）□□取進候、又後家尼御屋敷［　　］山入を所望候之処、［　　］細之由、知事被申候、委□□趣、定良文房可令言上候、以此旨、可令入見参給候、恐

惶謹言、

六月十日　　　　　　性空（花押）

進上　東禅寺（下総国香取郡）御侍者

○本文書は、湛睿が東禅寺住持であった嘉暦元年～暦応二年の間の湛睿充文書とみられる。なお、性空は、一五五〇号・一五五三号・五三一四号文書などにみえる。

○四八一九　什尊書状※　○神奈川県立金沢文庫保管横帖第七紙背文書

（封紙ウハ書）
「謹上　斎藤七郎左衛門尉殿　　沙門什尊」

其後不啓案之内、其恐不少候、抑就寺訴事、以僧令啓候、乍恐被聞饗（ママ）候者、畏入候、以此旨可有御披露候、恐々謹言、

六月十日　　　　沙門什尊（花押）

謹上　斎藤七郎左衛門尉殿

○什尊は、一八〇三号・二六〇七号・三五九六号文書にみえる。

○四八二〇　左少将某書状※　○斎藤実寿氏所蔵文書

此間警固等事、致忠功之条、尤神妙候、其次第於京都可申入候、御知行之地等不慮狼藉出来時者、可被訴申依所候由候也、恐々謹言、

六月十日　　　　左少将（花押）

春日下本郷南保三郎右衛門尉殿（越後国頸城郡）

○四八二一　厳□書状※　○神奈川県立金沢文庫保管華厳還源観纂釈紙背文書

状等候、到来候者、即可□（令カ）進上候、企参上候、此等子□（細カ）可令書上候之処、公事［　］以愚状令啓候之条、其恐不□□（少候カ）、委細之旨、期参上之時候、以□可有御披露候、恐惶謹□（言）、

六月十一日　　　　厳□

進上之候

（ウハ書）
「　　（切封墨引）
東禅寺（下総国香取郡）御侍者　　□□」

○本文書は、湛睿が東禅寺住持であった嘉暦元年～暦応二年の間の湛睿充文書とみられる。

○四八二二　常陸国国宣※　○山戸茂氏所蔵税所文書

（花押）

眼代正作事、□法沙汰之処、十郎□給分不足
之由、先日雖□国宣、正作之内無残□由有其聞、
太不可然、依□国案内、一段雖及疎忽成□（敗カ）、於国糺明理
非不可許容、仍任先例可致其沙汰之由、所国宣候也、仍執達
如件、

六月十一日　近江守憲継

謹上　税所安房守殿

○袖の花押は、四八六〇号文書のものと同じである。

○四八二三　湛睿書状※　○神奈川県立金沢文庫保管随自意抄託事門紙背文書

当寺の池の蓮、以外令繁昌候、無殊御指合候者、茶前（明日）ニ入御
候て、はゑ可被御覧候、毎事期面拝候、恐々謹言、

六月十二日　湛睿（花押）

直円御房

○四八二四　法淳書状※　○神奈川県立金沢文庫保管湛稿戒七十一紙背文書

胎蔵界書写候事、暁空御房之本詣（指）合之由、被仰候、若雲富（下総国香取郡大慈恩寺）へかし（貸）候ハ、可書写候哉、さるへきにて候ハヽ、□書
申給候へく候、□急になり候て、書写仕候へハ、難義候
間、兼日に書写之由存候、

今月六日御書謹拝見仕候了、抑被仰下候愚身間事、て可
趣殊に可然之由相存候、又加行之間事、早々可初行之由、相
存候処ニ、伝説種々に候し間、ためらひ（躊躇）候て、いまたはしめ（始）
す候、供養法ハつとひ入候て、無懈怠候、此間あちこち
仕候、事外身つかれは（疲果）て候、暫相労候て、加行はしめ候へき
由、相存候、中々よくそいそきハしめ候ハさりけると悦存候、
猶々被仰下候間、其旨可存候、以此旨可有御披露候、恐惶謹
言、

六月十二日　法淳状（花押）

○四八二五　照恵書状※　○神奈川県立金沢文庫保管随自意抄宝性論断善闡提紙背文書

若御本夏中指合候者、二三巻計候とも、可給候、
自何事、御身心御無為無事、喜存入候、
抑恩借巻物、首尾七巻返上仕候、又可有恩借候、但同者以後

余暇難得候、御本もしや延引候者(と脱カ)覚候、然而以寺内余暇可写
候、以此旨可有御披露候、恐惶謹言、

六月十三日　照恵（花押）

(武蔵国久良岐郡)称名寺侍者御中

○四八二六　体如書状※　○神奈川県立金沢文庫保管湛稿五中三紙背文書

候、兼又、白米三斗寺の器令進上候、以此旨可令入見参給候、
恐惶謹言、

六月十三日　体如（花押）

進上　(下総国香取郡)東禅寺御侍者

○本文書及び次号文書は、湛睿が東禅寺住持であった嘉暦元年～暦応二年の間の湛睿充文書とみられる。なお、体如房は、四七九四号・五二二五号文書にみえる。

○四八二七　東禅寺知事某書状※　○神奈川県立金沢文庫保管湛睿筆真言関係聖教紙背文書

京都近国不静候之由、自千葉承候、如何被召聞候、無心本候、
又奥州難義之由伝承候、(相模国)鎌倉中者、何体候覧と、無心本候、
兼又御茶一袋并乾飯三斗令進候、自(上総国埴生郡永興寺)三ケ谷御茶同進候、又自長老
(下総国海上郡)上代事蒙仰候、麦時煩候之間、遣行者静謐仕候、此等子細箕
田入道定被申候歟、秋成候て、何様にも煩候ぬと令存候、其
内可有御量候、諸事期後信候、恐惶謹言、

六月十七日　土橋知事（花押）

進上　(下総国香取郡)東禅寺御侍者

○四八二八　足利基氏書状※　○高橋六之助氏所蔵文書

此御事無申計次第候、如此承之喜入候、謹言、

六月十八日　(足利)基氏（花押）

和田牛法師とのへ

○四八二九　長尾高景書状※　○反町英作氏所蔵三浦和田文書

其後久不申承候、于今背本意存候、
抑加地近江四郎憑会津新宮江打出之由聞候、雖不始事候、其
方様事、御一人御心労之由承候、随而親衛(上杉憲栄)も悦喜被申候、何
様御国之体候、可罷下候、其時者最前懸御目、此間之義可申

承候、雖無差事候、便宜之時者相構可承候、飛脚之間、不能
委細候、毎事期後信候、恐々謹言、

六月十八日　　左衛門尉高景（長尾）（花押）

謹上　和田下野守（時実カ）殿

○四八三〇　明賢書状※　○神奈川県立金沢文庫保管称名寺文書

当寺（相模国鎌倉郡極楽寺）末寺報恩寺（同郡）雑掌申之旨候、被尋聞食、無相違之様、申御
沙汰候者、可為御興隆之専一候、以此旨可有御披露候、恐惶
謹言、

六月廿一日　　沙門明賢状（花押）

進上　御奉行所

○本文書は、二九四〇号文書と関連するか。なお、明賢は、二四〇〇号・四七三一号・五〇五五号文書などにみえる。

○四八三一　安富道轍書状※　○下総香取大禰宜家文書

御神馬一疋栗毛、令引進候、祈禱事能々被懸御意候者、喜入
存候、

抑新恩地相摸・武蔵両国ニ拝領候之間、併当社御計候歟、請
取候者、軈可進人候之処、相摸ニ候小所先請取候之間、忩進
人候、武蔵ニ候地幷相摸候相残之地請取候者、可進人候、仍
御初者雖少事候、使者申付候、恐々謹言、

六月廿一日　　沙弥道轍（安富）（花押）

謹上　大禰宜（大中臣長房）殿

○四八三二　高師冬書状※　○東京国立博物館所蔵文書

御札委細承候了、抑祈禱事、懇懃之御沙汰、公私目出悦存候、
兼又承候道明房事、帰寺止住、不可有子細候也、毎事期後信
候、恐々謹言、

六月廿八日　　三河守師冬（高）（花押）

謹上　称名寺（武蔵国久良岐郡）長老（湛睿）御返事

○道明房は、一五五二号・五〇七〇号・五一五八号文書などにみえる。

○四八三三　公珍書状※　○神奈川県立金沢文庫保管華厳五教章上巻纂釈紙背文書

存外候、若路にて災難も候者、可為煩候哉、抑三崎（下総国海上郡カ）新田事ニ、

度々御秘計候之条、返々其恐不少畏入候、此条企参上、可入〻申入由、可有御披露候、恐惶謹言、

六月廿九日　公珍（花押）

「(ウハ書)(切封墨引)

公珍」

○公珍は、八二五号・一五五〇号・五〇四一号文書などにみえる。

○四八三四　足利義詮御内書案※○周防佐々木文書

佐渡大夫判官入道(佐々木高氏)導誉申下野国足黒郷内釜(金カ)谷村事、佐野安房守跡押領之間、数ケ度雖被仰之、不事行候間、歎申候、無相違候様可令計沙汰給候、謹言、

六月廿九日　義詮(足利)御判

左兵衛督(足利基氏)殿

○四八三五　大掾高幹書状写※○水戸彰考館所蔵常陸吉田薬王院文書

合戦之間御祈禱巻数一枝給候畢、精誠之条目出度存候、恐々謹言、

六月廿九日　浄永(大掾高幹)（花押影）

吉田別当御房(常陸国吉田郡薬王院)　御返事

○一一一八号文書によれば、興国元年六月頃、大掾高幹は佐竹勢と合戦している。

○四八三六　上杉憲栄書状※○反町英作氏所蔵三浦和田文書

高井兵衛三郎入道々円任申置旨、相随於庶子、可被致忠節候、恐々謹言、

六月廿九日　憲栄(上杉)（花押）

和田下野守(時実カ)殿

○四八三七　長尾高景書状※○反町英作氏所蔵三浦和田文書

就佐州発向事、先立令申之処、委細御返事承候了、柏崎(越後国三島郡)へ此四五日罷越候、兼亦佐州一国同心候て、かたく船着にてさ(支)ゝへ候へきよし、其聞候、如何にもさそ候ハすらんを(とカ)存候間、船とも一所より出し候て同心に船着へもよす(寄)へく候、一時二時もちそく(遅速)あるましく候、船をまちそろへ〳〵渡候へく候、

此方よりふね《（船）》にのり《（乗）》候ハんする所ハ、あませ《（天瀬）（古志郡）》・かつ《（勝）（同郡）》見と申所よりのり候へく候、七月四日吉日之間、船共そろひ《（揃）》候ハヽ、わたり候へく候、一時も急度候、当年作毛を少も城へとり入候ハヽ、退治も可延引候、無其儀候ハすハ、退治もいつ程□□と覚候、返々船津へ早々御□《（こカ）》え候へく候、御同心御一族達方へも此□《（段カ）》を可有御物語候、其方御拝領のうらより船をは御用意候て、めさる《（召）》へく候、返々夜を日につき《（継）》候て、御越候へく候也、尚々申候のやうに、ちそくハあるましく候、不可有御由《（油）》断候、早々此方へ可有御越候也、毎事期面拝候、恐々謹言、

六月卅日　高景《（長尾）》（花押）

黒川殿《（時実カ）》

「（切封墨引）」《（ウハ書）》

○四八三八　某書状※

○神奈川県立金沢文庫保管称名寺文書

等候者内々可被仰合候、愚身不弁実□《（否カ）》候、且忘思慮候、此下向之時、窪殿鎌□御□□あるへく候、当寺之体、付世出世難義候、□□達文字読可申人もなく候、湛仙房□参候者、委細事を可有御尋候、□令省略候、恐惶□《（謹言カ）》、

六月□

進上　了乗御房

七月

○四八三九　宝明書状※

○神奈川県立金沢文庫保管古題加愚抄紙背文書

畏令啓候、

抑当年役者可被仰下哉、為御覧夫役名帳令進候、雲照房事、極楽寺《（相模国鎌倉郡）》逗留仕候、其間子細可有御計候、兼又茶少分令献之候、以此旨可令入見参給候、恐惶謹言、

七月一日　宝明（花押）

謹上　東禅寺《（下総国香取郡）》御侍者

○本文書は、湛睿が東禅寺住持であった嘉暦元年～暦応二年の間の湛睿充文書とみられる。

○四八四〇　了厳書状※　○神奈川県立金沢文庫保管 随自意抄頓断無明紙背文書

用途事、励微力可沙汰仕候、上代事(下総国海上郡)、猶々不存可有疎略候、以
此旨、□(可)有御披露候、恐惶謹□(言)、

七月一日　　沙門了厳

進上称名寺(武蔵国久良岐郡)御侍者

○了厳は、三三九七号・四六八八号・四九八九号文書などにみえる。

○四八四一　武田信武預状写※　○山口県文書館所蔵萩藩譜録 所収児玉主計広高所蔵文書

紙破文字不見

□(安)芸国下竹仁村(豊田郡)地頭職事、□(依有カ)軍忠所預置也、任先□(例可)被致
其沙汰之状如件、

□□(二カ)年七月朔日　　前伊豆守(武田信武)在判

□(児)玉新左衛門尉殿

○四八四二　湛睿書状※　○神奈川県立金沢文庫保管 華厳還源観纂釈紙背文書

無極候、毎□□(事期カ)参謁之次候、恐々謹言、

七月二日　　湛□(睿)

禅明御房

「(ウハ書)(切封墨引)
禅明□□(御房)　　□□(湛睿)」

○四八四三　千葉満胤書下※　○下総香取大禰宜家文書

香取社領(下総国香取郡)九ケ村内司名下地幷渡残事、先日任渡状旨、莅彼所、
相共円城寺平次、可渡付下地(於脱カ)長房代官者也、謹言、

七月二日　　満胤(千葉)（花押）

匝瑳弾正殿(氏泰)

○匝瑳氏泰は、四一三六号・四四二〇号・四四二五号文書などにみえる。

○四八四四　公珍書状※　○神奈川県立金沢文庫保管華厳 宗信解安心要文集上紙背文書

可請取之由約束候、此使者人を副給へく候、只今速疾ニ可給
候、当寺へ取入事難儀候、自蔵元貴寺へ可被召候、尚々付此
使者、人を可賜候、恐惶謹言、

七月三日　　公珍（花押）

○公珍は、八二五号・一五五〇号・五〇四一号文書などにみえる。

○四八四五　知事某書状※ ○神奈川県立金沢文庫保管随自意抄八九識紙背文書

角代替候、今度者悉以麦飯令過候、僧衆疲労不及于申候、又
雑用事者、愚身役中計御計ニ預候之間、兎角過候了、其外無
余剰候之条、無心本歎存候、定背御意候歟、又知事人此便被
仰下候者、為悦、委細難尽候、恐惶謹言、

七月三日　　　　知事（花押）

東禅寺《（下総国香取郡）》御侍者

○本文書は、湛睿が東禅寺住持であった嘉暦元年～暦応二年の間の湛睿充文書とみられる。

○四八四六　足利尊氏御内書※ ○陸奥相馬文書

千葉介の申候事、よきやうにさた《（沙汰）》候へく候、猶々こまかにき
かれ候□《（て）》、ミちゆき《（道行）》候やうにさた候へく候、

七月三日　　　（花押）《（足利尊氏）》

右京大夫《（吉良貞家）》殿

○四八四七　湛睿書状※ ○神奈川県立金沢文庫保管湛稿戒七十一紙背文書

御札委細承候了、抑薄双紙書写終功候者、以慥便宜可返給候、
又秘抄愚身所持之分、相添目録令借進候、忩々御書写候て、
是も以慥便宜可返給候、御兄弟御違例事、無勿体候、輪如房
ハ其後如何被坐候哉、無心本候、今夏付談義打集等、惣別勤
行無寸陰候、縦雖御上候、不可心閑候、
夏竟又以同前候、不可有御上候、愚身可下国候へハ、其時御
心閑可有受法等候、此秘抄御書写候て、能々可有御校合候、
又第五・第十二・第十八、只今不有《（合）》敢候、以後日可尋進候、
恐々謹言、

七月四日　　　　沙門湛睿（花押）

謹上　輪空御房

「《（ウハ書）》（切封墨引）」

○四八四八　某書状※ ○神奈川県立金沢文庫保管華厳宗信解安心要文集上紙背文書

返々御病気心苦存候、□《（可カ）》参拝之処、愚身病気□□《（候之カ）》間、無
其儀候、歎入候〳〵、

今朝仰趣、委細謹奉候、即罷向道全坊候、委細相尋候、湯

療日記取進之候、道全房七日八日比、可参□（拝カ）由申候、其時定委細可言□（上カ）候歟、膏薬ハ令付給候之後、薬力の候之程ハ、いかにし候へと□（もカ）、はなれす候、薬用尽候時、をのれとはなれ候、以件煎物被洗候ハん時ハ、膏薬をハはなし候て、付なからゆてられ候て、□候ハ、、新膏薬を可令付給候、これ候ハすハ、そのまゝにて、をかせ給候□（へカ）、膏薬をハいかにも可令借給候由申候、又筋の出来候事ハ、療治のため吉事ニ候之由申候、悦入候、一餅をハ少分ハまいり候へく候、其むきなんとも、胡椒の汁ニて少分ハ不可苦候、其外も御食の進候ハん物をハ、過候はぬ程ハ可有御用由申候、胡椒よりハ山椒を□まいり候へきよし申候之間、一袋尋進之候、以此旨可有御披露□（候）、恐惶敬白、

七月五日　□□（儀カ）

○四八四九　智仙書状※　○神奈川県立金沢文庫保管　湛稿冊子百二十三紙背文書

申承候、如此示給候之条、真実悦存候、余僧達対面之時、其様可申候、愚身夏中之間、理智光院（相模国鎌倉郡）ニ暫住居候、始終之住所思煩候、諸事期面拝候、恐惶謹言、

七月六日　智仙（花押）

本如（湛睿）上人御返事

「（ウハ書）（切封墨引）
本□（如）上人御報　智仙状」

○四八五〇　足利義詮御内書案※　○周防佐々木文書

佐々木佐渡大夫判官入道々誉（高氏）代厳覚（吉田）申下野国足黒郷（安蘇郡）内金屋村地頭職事、訴状副具書如此、為養父貞宗（佐々木）遺領連枝源氏跡之条、延慶給関東下知分明也、仍賜元弘　勅裁当知行之処、佐野安房守違背度々施行混領惣郷云々、事実者招罪科歟、不日停止其妨、沙汰付当村於道誉代、可全向後所務之由、可被下知之状如件、

七月六日　ほうけうゐん殿様
義詮（足利）御判

鎌倉殿（足利基氏）

○四八五一　恵釼書状※　○神奈川県立金沢文庫保管起信決疑抄紙背文書

其後何条御事□□（候哉カ）、不審無極候、抑浜名禅門、去月廿八日印西（下総国）無相違被請取候了、今度者、於関東御教下（書カ）被請取也、兼又御寺々領埴生庄（下総国埴生郡）山口事、於鎌倉（相模国）、忩中御沙汰候而、当作毛被召様、可有御計候、今月八日侍所対面之次、山口事、於鎌倉、忩御申候ハんと被申候き、此とをりに候ハヽ、可渡申之由、物語候也、此事ニ態進状候、恐惶謹言、

七月八日　恵釼（花押）

進上　称名寺御侍者

○浜名禅門は、一四一七号・五三一八号文書にみえる。

○四八五二　定祐書状※　○神奈川県立金沢文庫保管聖天聞書紙背文書

毛呂（下総国結城郡）事、十一日可被合御沙汰候之由、奉行方へ御状申給候者、可持向候、若又十一日も可為難治候者、可存其旨候、加様事等江中入道殿ニ可申談候処ニ、田舎下向之由候、仍失為方候之際、馳令申候、尚々十一日無相違候様ニ、御状等申預候者、恐悦候、事々期参拝候也、恐々謹言、

七月八日　定祐（花押）

○四八五三　康□書状※　○神奈川県立金沢文庫保管随自意抄諸仏同説付法花紙背文書

今度仏事、偏奉相馮御光儀候之処、折節御労、一身之愁歎候、就中御減気候者、定可有来臨之由承候之間、其段念願仕候之処、依増気不可有入御之由、昨日承候、驚歎存候、其子細雖昨日可申入候、折節難去指合候之間、于今遅々、恐入候、其後御心地何体御坐候乎、則可参承候之処、折節計会難儀無申計候て、以愚状令申□恐存候、毎事此間可参□候、恐惶謹言、

七月九日　康□

称名寺（武蔵国久良岐郡）御侍者

○四八五四　凝誠書状※　○神奈川県立金沢文庫保管解脱門義聴集記第四・第三裏紙紙背文書

謹令啓候、

□（抑カ）下向之時承候し三ケ谷寺（上総国埴生郡永興寺）御□物、皆々如仰遣候了、定彼人□より御返事被申候歟、先度便宜ニ思忘候て、其子細

を不申入候之条、恐入候、兼又妙通房之間事、未道乗房ニ
不入見参候之上、能々可有御斟酌候歟と、令存候之間、□
今不申談候、尚も可有御□入に□
□□可返進候、
□暁之草少々下預候て、写止て、可返進仕候、又私御草候
者、少々下預候者、畏入候、
一古跡談義、公私差合事等候て、纔本計を読候畢、悉未終候
ハぬ□（間カ）御抄出今度不返進候し条、□入候、此便宜不取敢候
之間、不□委細候、以此旨可有御披露候、恐惶謹言、

七月十日　　沙門凝誠（花押）

進上　了乗御坊

○妙通房は五二一六号文書、道乗房は四八五四号・五二七四号文書、了乗房は一二一六号・一六三三号・五二一七号文書などにみえる。

○四八五五　聖林書状※

○神奈川県立金沢文庫保管四分律行事抄中四聴書紙背文書

去月廿五日御状、慥奉候了、誠如仰便宜不任意候て、細々不
申承候、遺恨之至候、抑用途事ハ、物詣之種子物ニかと覚候、
此事ハ先日金沢（武蔵国久良岐郡）の了本房（秀元）ニ申付候、此僧近比村上（上野国群馬郡カ）辺下向事も
可有候、其まてハ乍恐御所ニ被召置候者、悦存候、不然者、
洞（透カ）雲房（宗深カ）の下ニ可申入候、尚又此へ取上事候者、祥円房方へも
可替申候、なにさま了本房ニ可談申候、如此事ニ御煩ニ罷成
候、其憚千万候、又知心房への御言付伝申候処、喜奉候之由、
委細被申候、他事重可令申候、恐々謹言、

七月十一日　　聖林（宗弁）（花押）

○了本房秀元は一五五〇号・一六三三号・二四四七号文書など、透雲房宗深は三〇〇六号・三〇〇七号・五〇〇五号文書、祥円房は五一九五号文書、聖林房宗弁は三〇〇六号・三〇〇七号・四八九七号文書にみえる。

○四八五六　公珍書状※

○神奈川県立金沢文庫保管随自意抄諸仏同説付法花紙背文書

替物も嶋に候さいふ（割符）ハ是候、人を給候て、可被召候、
其後御病気何様御坐候哉、連々可令啓候之処、此間全分無人
障事候、無其儀候之□（条）、背本意候、夏了者、相構〳〵令参候、
可承候、
抑常州之替物、令沙汰進候、彼政所之状、令副進候、事々期

参上之時候、恐惶謹言、

七月十四日　公珍（花押）

□□（侍者）御中

○公珍は、八二五号・一五五〇号・四八三三号文書などにみえる。

○四八五七　恵釼書状※　○神奈川県立金沢文庫保管華厳演義抄纂釈三十三紙背文書

長老御方同申入候、是作法使者可申入候、恐惶謹言、

七月十六日　恵釼（花押）

（下総国香取郡東禅寺）土橋方丈（湛睿）御侍者

○本文書は、湛睿が東禅寺住持であった嘉暦元年～暦応二年の間の湛睿充文書とみられる。なお、恵釼は、六一一号・八六五号・一五五〇号文書などにみえる。

○四八五八　妙本書状※　○神奈川県立金沢文庫保管折伏要文集紙背文書

京あねにて候人の下候て、此ほとこれに候、物かたり申候て、とかくさし合候て不参候事、存外候、いま三四日これに候ハんすれハ、参り候て物かたり可申候間、令申候、忩受戒作法あそはし候て給はり候へく候、恐々謹言、

七月十七日　妙本

「（ウハ書）（捻封墨引）本如御房（湛睿）　妙本」

○四八五九　熙允書状※　○神奈川県立金沢文庫保管湛稿戒六十二紙背文書

伝写之得分、□疑□□（夏カ）末以後令参、心事可申承候、広弘明集移点一巻相残候、当時炎暑時分奉祭候、以此旨可有御披露候、恐惶敬白、

七月十七日　沙門熙允（花押）

進上　了乗御房

○了乗房は、一一二六号・一六三三号・四八三八号文書などにみえる。

○四八六〇　常陸国国宣※　○常陸護国院文書

（花押）

常陸国鹿嶋護摩堂料所行方郡内小高・嶋前（崎）両所年貢事、去貞和三年雖被成庁宣、于今対捍云々、太不可然、急速可沙汰渡之由、国宣所候也、仍執達如件、

七月十七日　近江守憲継

謹上　常陸大掾入道殿(浄永、高幹)

○袖の花押は、四八二二号文書のものと同じである。

○四八六一　唯専書状※

○神奈川県立金沢文庫保管華厳演義抄一下纂釈第一紙背文書

此十日御影堂へ移住仕候、又小奉行雑掌方へすりちや(磨茶)□(をカ)
一つゝみ(裹)つゝ遣度候、宜候御茶候者、小(少)分給候へく候、
是にゐ中(田舎)より□□ハ、あまりに□□とく遣候に□□候、
畏言上、
抑夏竟には、即可令参候□(之カ)処、当院家御影堂、下部闕如仕□(候)
□(之カ)間、孫八且被倩候程、于今不□参候、余延引仕候間、先申
入候、愚□参候ハんには、日還ハ難叶候間、□日者逗留仕候、
是下部も四五日候程□□可返候へは、孫八障終候者、□(忩カ)々可
参候、又一宮尼寺(上総国埴生郡)より、十五日便宜候しに、此御茶被□候、
御返事即給候て、便宜□
□下候、又覚順上人今朝被下候、諸事令参上候て、可申入候、
□(此カ)旨可有御申候、恐惶謹言、

七月十九日　　唯専（花押）

御侍者中

「(ウハ書)
（切封墨引）
御侍者中　　唯専□(上)」

○覚順は五三〇二号文書、唯専は四六九八号・四七九〇号・四八六九号文書、孫八は四八七四号・五一八八号・五二八二号文書にみえる。

○四八六二　そあミふつ書状※

○神奈川県立金沢文庫保管華厳宗信解安心要文集上紙背文書

候あいた、まいらせす候も、そあミふつも同まいりのいてた(出立)
ち□候ハんために、いなけ(稲毛)(下総国千葉郡)と申候ところ□まかり(罷)くたり(下)候か、
ミち(道)よりそのふミ(文)ハまいらせ候ほ□けしからす候、なに
事ともかきたへうけ給ハり候ハぬ、なけ(歎)き入て□□□□(候、まつなカ)に事
も、くハしくうけ給ハり□(候)へく候、

七月十九日　　そあミ□

ほんによ(本如)の御房(湛睿)

「(ウハ書)
（切封墨引）

ほんによ□(の)御房へ　　そあミふつ」

○そあミふつは、四七七八号・四九〇八号・五一七〇号文書などにみえる。

○四八六三　湛睿書状※　○神奈川県立金沢文庫保管随自意抄託事門紙背文書

今日午卒爾入見参候之条、為悦候、
抑二間竿ニ、七条をかけて候を、忩劇候之間、令忘却候、以
慥便付賜候者、□(悦カ)存候、毎事期後信候、恐々謹言、
七月十九日　本(湛睿)如状
同如御房

○四八六四　千葉満胤書状写※　○下総香取案主家文書

□(録カ)司代・案主被出仕留□(候カ)、何様篇候哉、依此方様随遂(遂)候、如
此儀(議)出来□□(候歟カ)、無勿体候、忩々可被出仕候也、恐々謹言、
七月十九日　満胤(千葉)在御判
大禰宜殿(下総国香取郡香取社)

○本文書は、七月二十九日付の四八七七号文書と同文である。なお、千葉満胤は、三七〇五号・三七一七号・四六二八号文書などにみえる。

○四八六五　春屋妙葩書状※　○常陸正宗寺文書

当院御月忌料足、如本寄進状可送進之由、申付赤塚庄(武蔵国豊島郡)主候、
近時余ニ作事多之間、両三人連署御請取にて、可被召候也、
愚身も依病気、半身不遂之間、不能判形候、向後も所用事申
入候ハん時者、梵相(円鑑)首座状を相副可進之候、恐々敬白、
(朱印)(印文未詳)七月十九日　妙葩(春屋)(朱印)(印文「春屋」)
黄梅院方丈(相模国鎌倉郡円覚寺)

○円鑑梵相は四二八六号・四三四七号文書、春屋妙葩は九五七号・二〇五八号・四三九五号文書などにみえる。

○四八六六　全海書状※　○神奈川県立金沢文庫保管華厳・戒律関係湛睿稿本紙背文書

令申候て、何様にも宜様に、可預御計候、こし(輿)なとにて候ハ
ヽ、中にふ(伏)しなからにても、まい(参)りたく候へとも、これにて
は、さ様の方便も難得無極候、又十痊大補湯拝領候之条、御
芳恩之至、不知所謝候、心事期後信候、恐惶謹言、
七月廿日　一乗(全海)
御返事

「（ウハ書）（切封墨引）
東禅寺（下総国香取郡）御報　　一乗」

○本文書は、湛睿が東禅寺住持であった嘉暦元年～暦応二年の間の湛睿充文書とみられる。なお、一乗房全海は、六一四号・八二五号・一五五〇号文書などにみえる。

○四八六七　高楚書状※

○神奈川県立金沢文庫保管四分律行事抄中一見聞集紙背文書

□（難カ）黙止事等条々候之間、□々下向必定候、存命仕候□、可早
十地品願望候、□（是カ）等子細、施主悉存知候上に、□（所カ）存あれハと
て、再三被申候□不顧未来寺家安否□比興次第候、夏了候て
□者等事沙汰仕候も、面々辞退□□（其カ）条案中候之間、□□□驚
候、事々期後信候、恐惶□（謹カ）言、

七月廿二日　　沙門高楚（花押）

□上　本如御房（湛睿）

○高楚は、四八〇八号・四八七五号・五二三五号文書などにみえる。

○四八六八　道乗書状※

○神奈川県立金沢文庫保管律宗要義抄常爾一心紙背文書

極楽寺（相模国鎌倉郡）令申入候之両条道行候、則為御覧三通令進上候、御覧
以後者、帰（返）給候て可持下、兼祐法印病気又再発之体候、見置
候之間、定三郎殿事、申しつめ候て、急々罷上候ぬと相存候
之間、其時者、最前企参入候て、此恐等可申入候、返々可参
申入候之条、恐歎存候由、可有御披露候、恐惶謹言、

七月廿二日　　道乗状（花押）

○道乗は、四八五四号・五二七四号文書にみえる。

○四八六九　沙弥蓮一書状※

○神奈川県立金沢文庫保管秦洛楚夏訓解紙背文書

御唐絵給候之条、喜入候へとも、非［　　］返進候□（とカ）て、自京
都下させ給て候、且御状如此進之候、毎事期後信時候、恐々
謹言、

七月廿三日　　沙弥蓮一（花押）

謹上　土橋御寺（下総国香取郡東禅寺）侍者御中

○本文書は、湛睿が東禅寺住持であった嘉暦元年～暦応二年の間の湛睿充文書とみられる。なお、蓮一は、四六四九号文書にみえる。

○四八七〇　唯専書状※

○神奈川県立金沢文庫保管随自意抄諸仏同説付法花紙背文書

畏拝見仕候訖、
抑、鏡阿弥陀仏令参給候、被申候事可宜者、急速可有御療治候、此人も病気とて、兎角被申候へとも、勧申候て、以此旨可有御申候、恐惶謹言、

七月廿四日　唯専（花押）

証［　　　］（如御房御報ヵ）

「（ウハ書）（切封墨引）
証如御房御報　唯専上」

○唯専は、四六九八号・四七九〇号・四八六一号文書にみえる。

○四八七一　某宗時書状※○増野春氏所蔵文書

如仰常可啓案内之由存候之処、公私物忩無極候之間、罷過之（ママ）候条、背本意候、如此送給候之条、恐悦無極候、所望之志候、斟酌仕候之処、茶給候、為悦無申計候、何様近日令参、此等次第可申入候、又浄光明寺（相模国鎌倉郡）事者、給御状候之間、委細如承候令申候畢、尚々令参候て可申候、返々令御音信恐悦存候、恐々謹言、

七月廿四日　宗時状（花押）

○宗時の花押は、一三四七号文書の証判と同じである。なお、宗時は、四八九四号文書にみえる。

○四八七二　湛睿書状※○神奈川県立金沢文庫保管律宗要義抄常爾一心紙背文書

此四五日之程、寺中巡礼之仁出来候、土橋寺（下総国香取郡東禅寺）之辺動乱之由、荒説候（罷過候、）若事実候者、驚入仰天無極候、孫八入道ハ無為下着候哉、是をハ十一日に罷下候、然寺家ハ無別事之由、伝聞候（此僧）と申候、聊安堵之心地に候へとも、凡始終之落居、付是非心苦候、又付上代（下総国海上郡）事、良性房を差下候、若渡使入部（ママ）候者、料足等事、（此僧）申旨候歟、（何方の物にても候へ、）御計候て可給候、後日可致沙汰候、委細此僧可申候、諸事省略、併期後信候、恐々謹言、

七月廿五日　沙門湛睿（花押）

○孫八は、四八六二号・五一八三号・五二八二号文書にみえる。

○四八七三　恵釼書状※○神奈川県立金沢文庫保管秦洛楚夏訓解紙背文書

「（封紙ウハ書）進上土橋方丈（下総国香取郡東禅寺）御報（湛睿）　沙門恵釼」

御札奉候了、真実（ママ）〳〵不思議事ニ候、是体心苦候、事々期後信候、恐惶謹言、

七月廿六日　　恵釼（花押）

進上　土橋方丈御房

○本文書は、湛睿が東禅寺住持であった嘉暦元年～暦応二年の間の湛睿充文書とみられる。なお、恵釼は、三一九号・六一一号・一五五〇号文書などにみえる。

○四八七四　什尊書状※　○神奈川県立金沢文庫保管横帖第七紙背文書

（封紙ウハ書）「謹上　村上河内守殿（貞頼）　沙門什尊」

其後不啓案（内）□候、積欝無他候、抑雖軽微候、当所茶一箱二十袋令進候、乏少之至恐入候、心事期後信候、恐々謹言、

七月廿七日　　沙門什尊（花押）

謹上　村上河内守殿

○什尊は二七四四号・三五二六号・四二六七号文書など、村上貞頼は二五一〇号・二六三四号・三七三二号文書などにみえる。

○四八七五　高楚書状※　○神奈川県立金沢文庫保管華厳演義抄一上纂釈第六紙背文書

事鈔二十九巻令調進之候、用途分御下行候者、可然之由申候、但以外不足之由、歎申候之間、十結之外六連可加之由、契約申候了、可得御意候哉、恐惶謹言、

七月廿九日　　高楚（花押）

○高楚は、四七五九号・四八〇八号・四八六七号文書などにみえる。

○四八七六　証道書状※　○神奈川県立金沢文庫保管随自意抄根本無明紙背文書

折節かミからをそれ入候、

恐入候て申入候、此御使ニ蒙仰候間、令申候、当寺長老ハ為帰寺、今日むかゐに僧下候間、定いま二三日間にハ、可有帰寺候、又何事も参候て、申入たく存候処、此之間こし（腰）をひき（引）ちか（違）へ候て、かうこ（合期）ならす候間、不参候、返々恐入候、諸事又々申入候へく候、恐惶謹言、

七月廿九日　　証道（花押）

（武蔵国久良岐郡称名寺）金沢寺侍者御中

（ウハ書）「（切封墨引）

金沢寺侍者御中　　証道状」

○**四八七七**　千葉満胤書状写※　○下総香取録司代家文書

録司代・案主被出仕留候、何様篇候哉、依此方様随遂（逐）候、如
此儀出来候歟、無勿体候、忩々可被出仕候也、恐々謹言、

七月廿九日　満胤（千葉）在御判

大禰宜殿（下総国香取郡香取社）

○七月十九日付の四八六四号文書と同文である。

○**四八七八**　足利義詮御内書※　○立花和雄氏所蔵筑後大友文書

大友刑部大輔氏時所領上野国利根（利根郡）庄事、聖法下向之時、急速
可被返付之由令申訖、定不可有子細候歟、氏時忠功難黙止之
上、為鎮西重事歟、殊懸意可有沙汰候、謹言、

七月廿九日　（花押）（足利義詮）

上杉民部大輔入道殿（道昌、憲顕）

○**四八七九**　上杉重能書状※　○下野皆川文書

（端裏書）「上杉伊豆守重能状」

合戦次第承候了、委細申御使候、恐々謹言、

七月卅日　伊豆守重能（上杉）

謹上　長沼判官殿（秀行）御返事

八月

○**四八八〇**　清□書状※　○神奈川県立金沢文庫保管華厳五教章上巻纂釈第九紙背文書

程、返々無心元令存候、委細定可被申入候歟、恐惶謹言、

八月一日　清□

（異筆）「九月五日到来

進上　東禅寺（下総国香取郡）御侍者　賢禅房」

○**四八八一**　義空書状※　○神奈川県立金沢文庫保管華厳経疏談玄決択第五裏紙紙背文書

先日所借用申候事鈔中四・持犯篇抄出四巻、令返進候、又同
下一抄出候者、可借預候、尚々借預候者、畏入候、諸事難尽
候之間、期拝次候、恐惶謹言、

八月五日　義空（花押）

進之候
○義空は、四八九〇号文書にみえる。

○四八八二 足利尊氏御内書※ ○尊経閣古文書纂所収東寺宝菩提院文書

(山城国醍醐寺)地蔵院僧正(覚雄)申上総所領事、有違乱云々、厳密可被経御沙汰候、
謹言、
八月五日 尊氏(足利)(花押)
左馬頭殿(足利基氏)

○四八八三 足利義満御内書※ ○出羽上杉文書

畠山右衛門佐基国所領総州伊南庄(上総国夷隅郡)事、不日有遵行者、可為本
意、所申下此趣也、可有存知也、
八月六日 (花押)(足利義満)
上杉安房入道殿(道合、憲方)

○四八八四 観真書状※ ○神奈川県立金沢文庫保管大乗起信論文義拾遺カ紙背文書

「可有御下向候、以此旨可令入御見参給候、恐惶謹言、
八月八日 観真(花押)
進上 東禅寺(下総国香取郡)御侍者
○本文書は、湛睿が東禅寺住持であった嘉暦元年〜暦応二年の間の湛睿充文書とみられる。なお、観真は、五二六六号文書にみえる。

○四八八五 典座某書状※ ○神奈川県立金沢文庫保管湛稿冊子十五紙背文書

態以愚状令申候、
抑今日羅漢供候、御弟子之僧相共成(ママ)可有入御候、又御体可有
御所持候歟、諸事期見参之時候、恐々謹言、
八月十二日 典座上
知足院方丈(武蔵国久良岐郡称名寺)

○四八八六 日代書状※ ○駿河西山本門寺文書

此事一体仏、大聖御本意ナラハ、墓所傍被棄置哉、又造立無
過者、何大聖時、此仏四菩薩十大弟子不被副造哉、御円寂之
時、件漫(曼)荼羅被尋出、奉懸事顕然也、勿論也、惣如此事等、

御書始末ヲ能々可有御了見候歟、二代(日蓮・日興)聖蹟、数通遺誡、豈虚哉、如此条々示給事、恐悦存候、於向後者可申承候由存候、併期面謁候、恐恐謹言、

八月十三日　日代判

謹上葦名阿闍梨御房

追申候、御同宿入見参申承候、返返喜入候、此間目ヲ労候テ、諸事老筆候、又可期後信候、

○日代は、三四号・一一四七号・二三五〇〇号文書などにみえる。

○四八八七　教源書状※　○神奈川県立金沢文庫保管随自意抄宝性論断善闍提紙背文書

「畏入候、こゝろならぬ京すミ仕候ぬと、をかしく覚候、自是可啓(ママ)入度存候之処、遮恩問、殊畏入候、京都之状悦給候し、全分無案内事候之際、令申入候之処、不日入眼候、返々畏入候、如仰一日ハ□(卒)尓之間、御心静不申承候之条、頗恐歎候、□□(雖然)□」

「打任ハ可被忩旅□□候へとも、今更不進候へハ、行末も実無端覚候、加様示預候へハ、中々御文につらさの心地して、かなしふ覚候も、非面拝者、難申述候也、他事又々可啓入候也、恐惶謹言、

八月十四日　教源上

○四八八八　上杉憲栄書状※　○神奈川県立金沢文庫所蔵武本為訓氏旧蔵文書

金沢寺(武蔵国久良岐郡称名寺)領金山郷(越後国北蒲原郡)事、彼雑掌依罪科相違之由、歎申候、事実候者、急速如元可被沙汰付寺家代官候也、謹言、

八月十五日　憲栄(上杉)（花押）

豊前入道(長尾景春カ)殿

○四八八九　足利尊氏カ御内書案※　○如意宝珠御修法日記紙背文書

富樫介氏春申伊豆国多留郷(田方郡)事、無相違之様、可有計沙汰也、

八月十六日　御判(足利尊氏カ)

畠山阿波守(国清)殿

○富樫介氏春は、一六〇八号・二六二六号文書にみえる。

○四八九〇　義空書状※　○神奈川県立金沢文庫保管律宗要義抄常爾一心紙背文書

一日懸御目候之条、恐悦相存候、抑所承候成論捉縛殺之文、雖引見候、不尋得候間、不及勘文候、何様参上之時、委細可令申候、恐惶謹言、

八月十七日　義空（花押）

称名寺（武蔵国久良岐郡）御侍者

○義空は、四八八一号文書にみえる。

○四八九一　俊才書状※　○神奈川県立金沢文庫保管随自意抄託事門紙背文書

未調候、天台無性有情成仏、依何教理候し、令問尋候、其外ハ未被出候、追可注進候、以此旨可有御披露候、恐惶敬白、

八月十八日　俊才上（花押）

令進上之候

（ウハ書）「（切封墨引）」

○俊才は、四九二一号・五〇二八号・五〇八五号文書などにみえる。

○四八九二　明賢書状※　○東京国立博物館所蔵文書

照鏡房（睿禅）勧学院（相模国鎌倉郡極楽寺）所望事、不可有相違候之由、長老御領状候之間、尤本意候、当世修学人希候之間、随喜之一分候、毎事期後信候、恐々謹言、

八月十八日　沙門明賢（花押）

謹上　称名寺（武蔵国久良岐郡）御返事

○明賢は二四〇〇号・三五六七号・五〇五五号文書など、照鏡房睿禅は一四二三号・一五五〇号・一六三三号文書などにみえる。

○四八九三　道明書状※　○神奈川県立金沢文庫保管湛稿冊子二紙背文書

御札之旨謹蒙仰候了、

抑蒙仰候持円房信州下□（向カ）事、所労之体、雖不快□（候カ）、依仰難背、令申領掌候□（之カ）由申候へハ、返々喜悦候、委細以尭全房（朴慧）可令申候、恐惶謹言、

八月十九日　沙門道明（花押）

進上　称名寺（武蔵国久良岐郡）方丈御侍者

○持円房は九六四号・一六三九号・二六八八号文書など、尭全房朴慧は一二四〇号・一五五三号・二四四七号文書など、道明は一五五二号・四八三二号・五一五八号文書などにみえる。

○四八九四　某宗時書状※　○賜蘆文庫文書十所収称名寺文書

不聞食敢、預御芳札候之条、恐悦無極相存候、尚々御状難謝
候、事々面上之時候、恐々謹言、

八月十九日　　　宗時（花押）

○宗時の花押は、一三四七号文書の証判と同じである。なお、宗時は、四八七一号文書にみえる。

○四八九五　了厳書状※　○神奈川県立金沢文庫保管湛睿古題加愚抄第四ヵ紙背文書

畏令申候、
上代（下総国海上郡）請取事、御使菟角難渋仕候之間、不道行候之条、難（歎、下同ジ）存候、
此等子細、顕智坊定可申入候、重催促申候て、若渡へき之由
申候者、宇井八郎に申合候、可請取候、又此僧上用途二百文
沙汰仕候、尚々此事遅々之条、難存候、以此旨可有御披露候、
恐惶謹言、

八月廿一日　　　沙門了厳

進上東禅寺（下総国香取郡）御侍者

○本文書は、湛睿が東禅寺住持であった嘉暦元年～暦応二年の間の湛睿充文書とみられる。顕智坊は四六七六号・四九一二号・五二四八号文書など、了厳は三二九七号・四八四二号・四九一四号文書などにみえる。

○四八九六　湛睿書状※　○神奈川県立金沢文庫保管随自意抄巻六ヵ紙背文書

書絶久不申承候、遼遠之境無力次第、心中更不存等閑候、
抑付上代（下総国海上郡）寺領事、侍所方へ以証也房（寥厳）申旨候、其間不知案内事
等、若申入事候者、御同心合力候、可預御扶持候、自由申状
雖其憚不少候、偏遣愚意候、可蒙御免候、恐々謹言、

八月廿一日　　　沙門湛睿（花押）

謹上　智達御房

○証也房寥厳は、八二三号・二四四七号・五一六八号文書などにみえる。

○四八九七　印信許可交名※　○神奈川県立金沢文庫保管称名寺文書

康安二年十月廿七日
卿公授許可　此人岩見国人也　三宝院
布施五百文
御流
貞治二年二月廿一日聖林房（宗弁）
御　許可一結布　尾水
御　許可本円坊　房　日　十結
貞治二三廿八日
三　許可道意房　□（胃ヵ）木

御　許可貞治二卯月五日木鬼
　授等海賢日房一結
御許可貞治二年三月十六
〃〃〃〃〃〃〃〃〃〃〃
　本円房
　〃〃〃
御　許可貞治五年十一月十一日
　　　授光一房布二貫文
三　許可貞治六年七月廿九日
　　　俊覚房千秋僧布一段
勧修寺貞治六年八廿九日
　許可授(下総国香取郡東禅寺)土橋坊主興賢房
三宝院許可
　授心蓮房応安二年八月廿二日

○聖林房宗弁は三〇〇六号・三〇〇七号・四八五五号文書、本円坊は三一〇五号・三一〇六号文書、等海は一八〇三号文書、光一は一六三三号・一八三一号・二四四七号文書など、興賢は一五〇七号文書にみえる。

○四八九八　左衛門尉宗兼書状※

○神奈川県立金沢文庫保管称名寺文書

御札委細拝見候畢、
抑東庄(下総国海上郡)上代郷内寺(称名寺)領事、鎌倉御教書給候畢、任被仰下之旨、可致其沙汰候之処、如此事、非参州(高師冬)御方御教書者、不可致沙汰旨、先日被仰下之間、難遵行候、此間子細、僧可被申候歟、恐惶謹言、

　　八月廿三日　　　　　左衛門尉宗兼（花押）

○宗兼の花押は、九六九号文書の証判と同じである。なお、宗兼は、四八〇三号文書にみえる。

○四八九九　専恩書状※

○神奈川県立金沢文庫保管華厳探玄記第一疏抄類聚紙背文書

事等候て、不得寸陰候之間、無其儀□□(候カ)、為恐無申計候、既明日可進発候、今日も参たく候処ニ、此深泥と申候、又出立一向無用意にて候之程、不能参入言上候、遺恨無申計之次第候哉、借用仕候し唯識論第二、第一令返納候、又香薫□(抄)二巻借進置候、入候はん時は可申請候、□(又カ)源空房の還源観門進之候、因明八□□(こ)れハ御物にて候しと存候、又進之候也、事諍新義一巻進候、是ハ円一房入道□□入候、いかさまにても候へ、近程ニ可罷下候へハ、諸事可申入候、あまりに連日物忩に、不能参上候之条、為恐無申計

候、此間事等、恵源房定可被申候歟、恐惶謹言、

八月廿三日　　　専恩上（花押）

進上之候

（ウハ書）「（切封墨引）」

○四九〇〇　賢円書状※　○神奈川県立金沢文庫保管華厳五教章纂釈カ紙背文書

来月上旬之比まても、御坐候ハヽ、為悦□□□（可カ）令参上候、
又極楽寺（相模国鎌倉郡）□称名寺（武蔵国久良岐郡）の方さまにも無□殊に仰候き、是非身□
□来月中旬にハ可下向仕候、若御事付ハし候ハヽ、承候て、
方々可申候、唯寂上人の方さまにも無殊事候之□心事此賢
証房ニ令申候、可語申候、不宣、恐惶謹言、

八月廿四日　　　賢円状

進上　本如（湛睿）御房御侍者

○四九〇一　沙弥道珍書状※　○神奈川県立金沢文庫保管四分律行事抄中四聴書紙背文書

尚々不取敢状之体為恐候〳〵、

今度罷上候て、御寺尋候て、心静申承候之条、喜悦外無他事
候、罷下候之時、暇をも可申之由存候之処、金沢（武蔵国久良岐郡称名寺）ニ御座之由
承候し間、無其儀候し、于今失本意候、将又兵しの使者進候、
御状御用意候て可仰付候、又御舎弟僧今度入見参候条、悦入
候、別紙申度候処、忩速罷立候之間、無其義（儀）候、此由御伝候
ハヽ、恐悦候、恐々謹言、

八月廿五日　　　沙弥道珍（花押）

謹上　正光御房

○四九〇二　自証書状※　○神奈川県立金沢文庫保管湛稿冊子百九紙背文書

返々物忩之間、紙状之体恐存候也、
あたミ（熱海）（伊豆国田方郡）船夜中着岸候、明後日不曉可立之由申候、御便船候ハ
ヽ、明日可有入御候也、諸事期面謁、恐々謹言、

八月廿五日　　　自証（花押）

本如（湛睿）御房

○四九〇三　即禅書状※　○神奈川県立金沢文庫保管横帖第五紙背文書

「可被住候之由御気色候、其様御心得候て、可被留候、若又已
被退出候者、無力候、余人者不可叶候、只此仁□（許）にて候へく
候、毎事期見参之時候、恐々謹言、

八月廿六日　即禅（花押）

（ウハ書）「唯寂御房　即禅」

○四九〇四　寥厳書状※　○神奈川県立金沢文庫保管華厳経旨帰見聞集紙背文書

此僧止住之間事、自極楽寺（相模国鎌倉郡）、時料一度も不被下行候間、夏中
ハ□　□以此等趣、可令披露候、恐惶謹言、

八月廿六日　沙門証也（寥厳）（花押）

進上　良通御房

○四九〇五　本空書状※　○神奈川県立金沢文庫保管折伏要文集紙背文書

夜之程、何条御事御坐候覧、不審相積候者也、何事も便宜之
時者、可申承候、恐々謹言、

八月廿六日　本空（花押）

唯寂御房

○四九〇六　順恵書状※　○神奈川県立金沢文庫保管湛稿冊子百紙背文書

先年之比、若種子義私記ハしや御借用候、愚身本被借失
候也、

其後何事御坐候乎、抑当時玄談可始候、御借用、草々書写返
給候、又机多入事候、常住机一脚御借用候、可返給候、御出
之次、可申承候、恐々謹言、

八月廿六日　順恵（花押）

（礼紙ウハ書）「本如御房（湛睿）　順恵」

○四九〇七　成一書状※　○神奈川県立金沢文庫保管横帖第五紙背文書

昨日性如御房令申委細候とも、此行者晩待候事、身の御恩、
但（只カ）此事に候、何事にもかい〳〵（甲斐甲斐）しき仁候、さりともふかくハ、
つかまつり候ハしと存候、

「企参上、可令申候之処、明後日説戒、にはか（俄）にさしかけられ
まいらせて候あひた（間）、きやうてん（仰天）のく□□□□候程ニ、先恵（愚カ）
状進候、可有御免候歟、毎事期見参時、恐惶謹言、

八月廿七日　成一状

唯寂御房御侍者

（ウハ書）
「（切封墨引）

唯寂御房御侍者　　成一上」

○唯寂は、四六五六号・四八一六号・五〇一九号文書などにみえる。

○四九〇八　そあミふつ書状※

○神奈川県立金沢文庫保管華厳宗信解安心要文集上紙背文書

「す、二月よりこのほと《程》まても、やミ《病》候て、あけしき事もなく
候つる事こそあさましく候へは、心いふせさも、ハや事□
□なをりて候へハ、心やすく、くハしくハすいしやう申
候へく候、

八月廿七日　　そあミふつ《阿弥仏》

ほんによ《本如》の御房《湛睿》

（ウハ書）
「（切封墨引）

ほんによの御房　　あせちより」

○そあミふつは、四七七八号・四八六二号・五一七〇号文書などにみえる。

○四九〇九　東禅寺知事書状※

○神奈川県立金沢文庫保管華厳五教章纂釈下十紙背文書

「抑鎌倉《相模国》中騒動之由、承候之間、□　□何事候哉、□《覧カ》、□　□又
御迎人
「承候之間、不進候、又九月一日御仏事用途如此候之間、□
□御量候、逐可
□　□御返事委□《可カ》示給候、委細令省略候、恐惶謹言、

八月廿八日　　土橋《下総国香取郡東禅寺》知事（花押）

□　□御侍者

○四九一〇　円順書状※

○神奈川県立金沢文庫保管探玄記第七疏抄類聚上紙背文書

「□《申カ》入候哉、如此承仰候上は、□弥彼仁可令申候、又仙舜房□《介カ》
河も世体難儀候之間、今月□極楽寺《相模国鎌倉郡》被下向候さ《きカ》、定御寺へも
可□《被》参候、又土州大物《忍カ》《香美郡カ》庄事、大□□《途難》静謐候、寺敵多候之間、
不断用心不可有尽期候之間、於円順者□□屈仕候、何様今年

計在京仕候て、庄家事承続候、明春下向之志候、飽(秋)間(四郎カ)之親父
禅門方へも、(加賀国能美郡)軽海事可被入意之由、可申下候、諸事期後信候、
恐惶謹言、

八月廿八日　小比丘円順（花押）

進上　(武蔵国久良岐郡)称名寺御報

○四九一一　証道書状※

○神奈川県立金沢文庫保管湛稿巻子紙背文書

進たく候へとも、□□大事ニ候て、無其儀候て候事、
心もとなく候て、御ほうし一とりてまいらせ候はんとて、用
途を五連をきて候を、御用ニまつたて候はんとて、五連進候、
返々乏少に候事、をそれ入候、よろつ覚恵御房申させ給候へ
く候、恐惶謹言、

八月廿八日　せうたう(証道)（花押）

御返事

「(ウハ書)（切封墨引）

(湛睿)本如御房御返事　証道状」

○四九一二　湛睿書状※

○神奈川県立金沢文庫保管華厳宗信解安心要文集上紙背文書

我為人共、以難堪任事候、然近隣凶賊等受敵仁、如是不道
行事、何許御辛労候、又御退幅も候覧と奉察候、所詮如是
とりかゝらせ給候、後年之所出物等を、為其料足、此後無
間断、急速ニ道行候様に、彼仁にも可被仰合候歟、若さも
候はゝ、注進已後可申成重御教書候、但其御使事ハ本人歟、
其近隣之人歟、可随体候、
一小四郎入道殿方へ、一番茶少分、秋はゑの大葉惣一袋令進
候、諸方へ皆悉令分散候て、乏少候事、能々可被加御訪(詞カ)候、
一顗智房上之時、用途二連ハ、知事の方へ可返進之由申候、
今度此男上用途令申彼方候了、恐々謹言、

八月廿九日　沙門湛睿（花押）

謹上　了厳御房

○本文書は、横に墨線を一本引き、抹消している。

○四九一三　行忍書状※

○神奈川県立金沢文庫保管湛稿横帖第五紙背文書

所蒙仰候塩事、則可□(被カ)進候之処ニ、折節古実下部令参(相模国鎌)極楽寺

倉郡）候之間、明日人を給候て可被進候、是体御用何時に候とも、
可蒙仰候歟、毎事期後信候、恐々謹言、

八月晦日　　　　行忍（花押）

「（ウハ書）（切封墨引）

御返事　　　　行忍」

九月

○四九一四　輪如書状※　○神奈川県立金沢文庫保管湛稿袋綴華厳・起信論紙背文書

路次之間、何条御事御座候覧と、無申限無心元奉存候也、自何事長老御事、今者御大事候覧と、此御使者中候者、歎存候、世上も少静候者、早々参候て可申入候、尚々、如何御座候らんと、をとろき（驚）おほえさせ給候、又九月一日まてはへち（別）の無子細候者、悦存候、路次より御書たしかに承候ぬ、其旨を可存候、返々も殊子細出来候者、早々ニ可令申候、諸事期後信之時候、恐惶謹言、

九月一日　　　　輪如（花押）

進上　東禅寺（下総国香取郡）御侍者

○本文書は、湛睿が東禅寺住持であった嘉暦元年～暦応二年の間の湛睿充文書とみられる。

○四九一五　康円書状※　○神奈川県立金沢文庫保管随見雑勘文第七表紙紙背文書

□（同カ）事□候、浄土ニ物報□（にカ）望候ハん時ハ、定散も本願も同様上縁にて候、極楽勝妙の報ニ望候ハん時ハ、親因ニ相当候歟、但これを親因と申候ハん事、証拠尤大切ニ心得度候、かやうに花厳宗ニ証拠候事、証文ニ無不足候、又八月廿一日より松室寺談義可始之由、被申候之間、長老許可候て、移住仕候了、付何事候ても、あハれ〳〵、とく〳〵、御下向候へかしとこそ、朝夕念願申候へ、方丈の御意も、さのミハおほしめししらぬ事も候へきよし□、たのミおほえて候、事々期後信候、恐々謹言、

九月一日　　　　沙門康円（花押）

「（ウハ書）（墨引）」

「（ウハ書）□　　康円」

○四九一六　法性書状※　○神奈川県立金沢文庫保管湛稿冊子三十二紙背文書

御文かしこ（畏）まりて候て承候了、兼又いたとりてまいらせ候へ
ハ、御こゝろニ入させ給ひ候て、くハしくうけ給はり候御事、
返々面目に候、又米のれう（料）に用途拾貫文、たしかに給はりお
き候ぬ、よき米つきて候ハゝ、やかて〳〵かい（買）てまいらせ候
へく候、かひ〳〵（甲斐甲斐）しくなく候とも、かくて候へハ、御ようの
事ハ、おほせかふるへく候、恐々謹言、

九月二日　　　法性（花押）

御返事

○四九一七　日輪書状※　○山城妙顕寺文書

上洛仕候て京都も一見所望候、一性（ママ）のうちハ上洛可仕候
哉、御はからいあるへく候、
度々御札悦入候、抑唐墨一廷（挺）送給候、御芳志之至難尽候、鎌（相）
倉（模国）比企谷ニ如形坊ヲ造立仕候、今者常ニ在鎌倉仕候ハんすれ
ハ、常ニ御音信申へく候、国々小法師原上洛仕候て、敵対申
候覧事、寄（奇）怪こそ候へ、広宣流布者、京都者御坐候へハ憑敷
候、鎌倉者かくて候へハ、憑敷おほしめされ候へく候、毎事
期後信候、恐々謹言、

九月二日　　　日輪（花押）状

謹上　寺主聖人

○四九一八　覚聖書状※　○神奈川県立金沢文庫保管湛稿冊子三十四紙背文書

無指事候之間、久不申承候、何条御事候哉、不審無極相存候、
抑愚身之文義抄第六第七両帖を、尊勝院（大和国添上郡東大寺）へ被借召候て、□（是カ）へ
被借進之候、御要事候て候ハゝ、可返給候、常に入候間、如
此令申候、御要候ハゝ、又も可被召候、兼又何比にか御寺住
候ハんする、
あはれ御寺住候へかしと、祈念仕候、諸事期見参候、恐々謹
言、

九月三日　　　覚聖（花押）

「（ウハ書）（切封墨引）」

本如（湛睿）上人御房　　覚聖」

○四九一九　沙弥思祐書状※　○神奈川県立金沢文庫保管称名寺文書

□（御カ）札之旨、委細承候了、

抑上代郷（下総国海上郡）内寺家分を、東松千代代致違乱候、無勿体候、松千代代官被召候て、無謂之由、被仰付候、委旨御代官僧可被申候、恐々謹言、

九月四日　　沙弥思祐（花押）

謹上　林鏡御房　御□（返カ）事

○四九二〇　即禅書状※　○神奈川県立金沢文庫保管折伏要文集紙背文書

早々可有御入候也、無指事候之間、了心房不申候之由、

被伝申候、

無指事候、荒見坊主入御無御指合候者、可有御入候也、皆参可申候へとも、ところせはく（ママ）候程ニ、御ひとところを申とて候、相構〳〵可御渡候也、恐々謹言、

九月四日　　即禅

唯寂御房

「（ウハ書）（捻封墨引）唯寂御房　　即禅」

○四九二一　俊才書状※　○神奈川県立金沢文庫保管随自意抄初受戒住分紙背文書

昨日御出之由承候際、可参拝候之処、難去事等候、無其儀候、恐入存候、抑各具短冊令返進之候、戒体若殊御案立候者、必々

可下給候之由被申□、又天台論義事、先日無性有情成仏事、

□□令申候、併令参□

来候、栗子一籠進□（候カ）、以此旨可有御披露候、恐惶敬白、

九月五日　　俊才上

令進上之候、

○四九二二　親真書状※　○神奈川県立金沢文庫保管随自意抄託事門紙背文書

無人数候、誰人に□早々御下候者、畏入候、又上州堂供養等に可有御下向之由承及候事、治定御事候哉、承度候、恐

惶謹言、

九月六日　　　　親真（花押）

進上　御侍者御中

○四九二三　慈興書状※　○神奈川県立金沢文庫保管湛稿冊子九十六紙背文書

御札之旨、畏拝見仕候了、兼又、如仰昨日炎上、以外次第候之処、無別事無為候事、悦存候、加様ニ不敢聞食蒙仰候御事、畏入候、其後ハ未無別事候、世間閑候者令参候て、此恐可申入候、恐惶謹言、

九月六日　　　　慈興（花押）

（下総国香取郡）東禅寺御侍者

（ウハ書）「（切封墨引）

東禅寺御侍者御返事　　慈興上」

○本文書は、湛睿が東禅寺住持であった嘉暦元年～暦応二年の間の湛睿充文書とみられる。

○四九二四　足利基氏書状※　○武蔵本間文書

本間山城四郎左衛門尉頼久申遠江国（山名郡）石野郷内小野田村事、不全知行之由、歎申之間、先立挙達訖、無相違様、計沙汰候者、殊本意候、謹言、

九月六日　　　　（足利基氏）（花押）

（心省、範国）今河入道殿

○四九二五　俊才カ書状※　○神奈川県立金沢文庫保管随自意抄根本無明紙背文書

算之脇算□別教十行出□（候カ）、習円無作かし候、為御得□（心カ）令啓候、小僧達初役□間、論義事心苦存□（候）、受難等事、被仰食□事候、然ハ尚々宗湛□□（御房カ）他界事、歎入候〳〵、以此□（旨カ）可有御披露候、恐惶敬□（白カ）、

九月七日　　　　□□（俊才カ）

令進上之候、

（ウハ書）「（切封墨引）」

○四九二六　円秀書状※　○神奈川県立金沢文庫保管華厳探玄記第一疏抄類聚紙背文書

書下候、可弘東国之宿願不浅候、此事大切候之間、禅律寺令

歎申候、仍先度令申御寺候了、若可有御合力候者、此使者可給候歟事、此等事方丈令申入給候者、恐悦候、諸事期後信候、恐々謹言、

九月七日　　　円秀（花押）

本如（湛睿）御房御侍者

「（ウハ書）（切封墨引）

本如御房御侍者　　円秀」

○四九二七　朗器書状※ ○神奈川県立金沢文庫保管折伏要文集紙背文書

これハ真言院故房主無内外御事にて候之間、か様被申候なり、

其後久不申承候之間、不審無極存候、兼又おもひかけぬ申事にて候へとも、相知まいらせ候仁仰候之間、申入候、御寺先房主下部屋地候を《に》、家《候》をうり（売）候とて、かい（買）候て、居住仕候ハんに、地を申かつかりまいらせ候ハん事、何体候へきやらんと仰候、能様ニ便方候ハん事、悦入候、心事期後信候、恐々謹言、

九月八日　　　朗器（花押）

唯寂御房

「（ウハ書）（切封墨引）

唯寂御房　　朗器状」

○四九二八　尭性書状※ ○神奈川県立金沢文庫保管折伏要文集紙背文書

此勝事共、不能ㄖ《載》愚状候、遂見参可入申候、又此看病折骨候て、是ニあふなくこそ候し、又本寂上人御事、実思出まいらせ候、あはれ〳〵御坐候ハヽ、御歎候ハんすらんと思まいらせ候へ、

去比預御札候条、真実〳〵喜入候、御移住之由、御状承候了、実御閑居之御栖候、かゝる御事ハうらやましからす候、加様事を令参候て、可入申相存候之処、相観房去月晦日頓病せられ候て、如法大事候間、看病無隙候て、不能参候、得少減候者、早々参候て、御旅御栖もみまいらせ候へく候、猶々一日貴札悦入候、近候御程候ハヽ、常参上候て、可入申候之処、少遠候間、乍存不参候、さこそ始御代、御心くるしくおほし

めし候らんと思やりまいらせて候へ、恐々謹言、

九月八日　堯性上

「（ウハ書）（切封墨引）

松谷坊主御侍者　堯性」

○四九二九　印聡証状※　○相模円覚寺文書

大蔵省領上野国北玉村（那波郡）領家年貢、自去嘉慶元年丁卯至康応元年己巳三ケ年分、所納之間、令出請取候之処、粉（紛）失之由、自寺家承候之間、此状為後証所書進也、若先日請出被尋（取カ）出候者、此状者可返給候、

九月九日　印聡（花押）

○四九三〇　什尊書状※　○神奈川県立金沢文庫保管両部修行用心裏紙紙背文書

上州事、属無為候之条、目出度恐悦令存候、以僧令啓候、乍恐奉察御意之趣候、以此旨可有御披露候、恐々謹言、

九月十日　沙門什尊（花押）

謹上　人々御中

○四九三一　直円書状※　○神奈川県立金沢文庫保管随自意抄別教行布紙背文書

方丈為御湯治、近々御坐事、于今不存知候て、不参申候之条、為恐候、抑雖軽微候、饅頭一外居数百ニ令進之候、能候様、令入見参給候者、恐悦候、恐惶謹言、

九月十一日　直円

「（ウハ書）（切封墨引）」

○四九三二　覚義書状※　○神奈川県立金沢文庫保管題未詳戒律関係（良祐）紙背文書

承候敷皮一枚令借進候、御敷皮をは□のきれ候程ニ、無御随身候之由、奉察候へとも、御帰寺之時、請用ほこりは、さてをき候ぬ、

此皮の損料は、定おほく給ハり候ハすらんと相存候ほとに、万事を已令借進候、若無其儀候ハヽ、私一生之間、無請用身にならせ給へく候、恐々謹言、

九月十一日　覚義（花押）

「（ウハ書）（切封墨引）

等空御房御報　覚義状」

○四九三三　某書状※　○神奈川県立金沢文庫保管探玄記第一疏抄略類集上紙背文書

常律房時御札委承□（候カ）、（相模国鎌倉郡）極楽寺不思議雖可訪申□、中々越常篇
候、□□（空）送日月候、様こそ替候へとも、仏法衰微者、此辺
□只同事候、就中当宗を志候人々ハ、関東御下向候ぬ、□□
ニは絶名字候也、愚身も老病計会之間、談義□事□心
安候、□候て奉憑候、□可□
雖御渡候、五教十玄之名字令相続給候者、尤本望□、又成
仏妙義一帖喜給□、自愛之外無他事候、又□達房所労火
急之由承候、殊驚入候、近御渡候ハヽ、いかに御喜候事□（候カ）ら
ん、察申候、毎事期後信、恐々謹言、

九月十二日　□□

（湛睿）本如御房

「（ウハ書）（切封墨引）」

○四九三四　証道書状※　○神奈川県立金沢文庫保管湛稿戒三十三紙背文書

候、よろつ参上之時申候、
蒙仰候し御料紙七帖取進候、此程ハ候ハす候よし、紙売令申
候間、延引候、返々恐入候、兼又蒙仰候まゝ、入て候分ハ、
以上七百文入て候程ニ、とゝめて候、又仰まゝ、御用途五百文
進上仕候、一貫八百文之内いま六百文のこり候、御用之時、
めされ候へく候、恐惶謹言上、

九月十二日　せうたう（花押）

本如御房侍者御中

「（礼紙ウハ書）
（湛睿）本如御房□　証道状」
（切封墨引）

○四九三五　某書状※　○尊経閣文庫所蔵玉燭宝典第十一紙背文書

（相模国鎌倉郡）寿福寺修造料□（召）功事、関東御注進逐一合渡進之候、可有申御
沙汰候哉、内々申入候、恐々謹言、

九月十五日　□□（花押）

人々御中

○四九三六　什尊書状※　○神奈川県立金沢文庫保管四分律行事抄中四聴書紙背文書

其後遼覚候之処、預御芳問候之条、為悦候、

抑前林（下総国葛飾郡戒光寺）小僧事、為受戒可上候之由承、未見候、若学文之志候
ハ、、可被上之由、便宜可申候、法器有無不存知候、何様近
日之程入御候者、可申承候、恐々謹言、

九月十五日　　什尊（花押）

（ウハ書）「（切封墨引）　　什尊」

○四九三七　公珍書状※　○神奈川県立金沢文庫保管起信決疑抄紙背文書

此御替物、連々□（令）責申候之処、今度雖少分候、廿貫令進候之
由、申上候之間、悦入候、給御使可進候、御使者ニ請取をそ
ゑて給候へく候、兼又先日思観御房入御之時、折紙五帖、令
返進候き、余窮崛之間、不捧愚状候之条恐入候、又御寺破損
之由承候之間、驚歎入候、令参候可令申候之処、脚気更発候
之間、無其儀候之条、背本意候、事々期参上之時候、恐惶謹
言、

九月十五日　　公珍（花押）

○四九三八　印教書状※　○神奈川県立金沢文庫保管四分律行事抄見聞集十四紙背文書

喜便宜□（啓カ）候、令申出候双紙二帖、令返進□□（之候カ）、此間可令□参
之由、相存候之処、不得□（隙）候て不□近日いかにもして可参
候、心事期面謁之次候、恐々謹言、

九月十五日　　印教（花押）

（湛睿）本如上人御寮

○四九三九　朴艾思淳書状※　○尊経閣文庫所蔵玉燭宝典第十一紙背文書

（封紙ウハ書）「謹上　伯耆入道殿（道本、二階堂行秀）　沙門思淳（朴艾）」

官途所望人数注進、今月五日御沙汰分一合進之候、先度分未
承御左右候、共以急速預御披露候者、当寺（相模国鎌倉郡覚園寺）造営可道行候、宜
得御意候、恐々謹言、

九月十六日　　沙門思淳（花押）

謹上　伯耆入道殿

○封紙ウハ書は、玉燭宝典第十二の紙背文書である。

○四九四〇　道久書状※　○神奈川県立金沢文庫保管随自意抄宝性論断善闡提紙背文書

畏承候了、膏薬進上仕候、五連給ハり候、畏入候、このよし

を御申候へく候、恐惶謹言、

九月十六日　　道久上（花押）

御侍者御中

○四九四一　慈興書状※　○神奈川県立金沢文庫保管湛稿冊子九十六紙背文書

畏申候、此間参候て、懸御目へく候へとも、朝夕なにかと申候間、不参候之条恐入候、兼又何とやらん承事候、返々驚存候、事延候者二三日之間に令参候て、諸事可承候、恐惶謹言、

九月十六日　　慈興（花押）

（下総国香取郡）東禅寺御侍者

○本文書は、湛睿が東禅寺住持であった嘉暦元年～暦応二年の間の湛睿充文書とみられる。

○四九四二　大友氏泰書状※　○豊後入江文書

両度の僧上洛時、御状度々委細令披見候了、抑国事承候、驚入候、公私御心体察申候、将又森下事承候条、悦入候、一円の段、過分ニ相存候間、先半分可受用申由存候、仍半分の代官職事、尾塞二郎殿と申領候、残半分の事、御状相副て、（上野国利根郡）吉祥寺へ慥付進候了、次花迫の事、無相違入眼の条、悦入候、

一尾塞二郎殿事、あしさまに聞へ候条、不便次第候、愚身在（相模国）鎌倉間、彼方大小事申候き、仍毎度慇懃沙汰せられ候間、於身殊侘申承候、何様虚事雖被聞食候、不可有御許用候、仍今度の御不審被免許候ハヽ、悦入候、

一永昌坊事ハ、此間是よりも申入度候処ニ、遮如此御沙汰目出候、語言（ママ）道断比興の人ニ候、定委細此間行事、岩男帥公記申へく▨候歟間、不能委細候、一向此人ゆえニ御難なる事とも、何様候へく候間、殊改易目出候、次来月ニ鎌倉必定罷下へく候、暫在京仕候て、雖諸事承度候、請暇の日数相迫候間、令下向候、毎事委細此宗阿弥陀仏物語可被申候、折節目を相労候間、用侘（他）筆候、諸事期後信候、恐々謹言、

九月十七日　　（大友氏泰）清巍（花押）

謹上　田原入道殿

○四九四三　左衛門尉常資書状※　○神奈川県立金沢文庫保管華厳宗信解安心要文集上紙背文書

御札委細承候了、御上事不存□（知カ）仕候て、何共不申入候之条、
于今□（無カ）心本奉思候処ニ、御音信恐悦「　」、抑竹元金吾下向
事、□難治無極候、誠如仰自冥御助□者、無憑事候、一身之
辛労ハ□（其カ）仕候之間、一筋ニ可失身命
「　」□、毎事期後信之時、恐々謹言、

九月十八日　　左衛門尉常資（花押）

謹上　土橋方丈（下総国香取郡東禅寺）（湛睿カ）御返事

○本文書は、湛睿が東禅寺住持であった嘉暦元年～暦応二年の間の湛睿充文書とみられる。なお、左衛門尉常資は、五〇七八号文書にみえる。

○四九四四　恵釼書状※　○神奈川県立金沢文庫保管湛稿冊子十八紙背文書

上代（下総国海上郡）注進取進候、今度ハ□（沙カ）汰候之由、奉行被申候也、此段
委細之旨義憲（元範）房ニ令申候、
一故長老御仏事ニ、乏少候へとも、用途二結令進入候、是作
法難儀事等候之間、御志計候、
「被仰て候けるやらん、くさかへ方ハ大島同心候程ニ、内々
心へぬ事ニ、奉行も申候と、内々き、て候とて、人の方よ
りつけ申て候、さる事ハし候ハ、、こなたさまに、そむき
候ハん方ニ、御かたらひ候ハんハ、宜かるましく御心へ候
へく候、御心得のために申、（候）不（可）有御披露候、恐惶謹言、

九月十九日　　慧釼（花押）

称名寺（武蔵国久良岐郡）御侍者

○四九四五　十蔵書状※　○神奈川県立金沢文庫保管湛稿冊子十七紙背文書

又円□□尺並義湘大師への御状「　」之志候、同借預候□
尤可然候也、
態令参使者候、貴□定故恵公点本注□（維カ）摩経候覧、御秘計□借
預候者、可然候、為写点候、無幾日数候ハん□定「
「　」候ハん歟、可為如何体候□、又鎌倉（相模国）中誰写止□候も被
聞食候者、可「　」候、又探玄記第七令返□余巻未終功候間、
不「　」条恐入候、心事期参上候、恐々謹言、

九月廿日　　十蔵「

「（切封墨引）」（ウハ書）

○四九四六　足利尊氏書状※　○出羽上杉文書

馬の事申て候へハ、左馬頭（足利直義カ）の馬やに候けるをしり候ハて、すくにも申さて候つるに、やかて給て候事、よろこひおほえて候、ついてなとにても候ハて、わさと人をたてられて候事、ことによろこひ入て候、ついてに《な》とにハ、これにもよき馬なと候ハ、、わたくしへもあつけまいらせ候へく候、この馬きゝ候しよりも、猶ミ候てハおもしろく候ほとに、ひさうして候、左馬頭のもとへも、そのやう申て候、かやうに申候と、それよりも申され候へく候、よろつひんきに又々申候へく候、

九月廿日　（足利尊氏）（花押）

（礼紙ウハ書）「（切封墨引）」

○四九四七　智蔵書状※　○神奈川県立金沢文庫保管華厳演義抄会解記第五裏紙紙背文書

起信疏四部、科幷ニ論一部、慥返給候乞（訖）、事々令参上可申入候、恐惶謹言、

九月廿一日　智蔵上（花押）

御返報

○四九四八　了観書状※　○神奈川県立金沢文庫保管折伏要文集紙背文書

猶々も不参候事、恐入候、かちにて（徒歩）ハ大事ニ候、むまな（馬）んとは、たつね候事もたやすからす候て、やかてもいらす候事、猶々難入候（歎カ、下同ジ）〳〵、便宜相たつね候て、とく〳〵可参候、

悦便宜令申候、自何事も御寺焼失候之条、難入候、やかて可参候処ニ、八月のはしめより湯治仕候て、今月十九日ニ浄願寺へ来て候、本病きら〳〵しからす候之間、無其儀候事、返々難入候〳〵、此之由、以次見参ニ入て可給候、諸事猶々可申候、恐々謹言、

九月廿一日　了観（花押）

本如御房（湛睿）

○四九四九　唯寂書状※　○神奈川県立金沢文庫保管四分律行事抄見聞集二十紙背文書

日之程、落馬余気事参承候、其後何体候乎、不審候、只今不取敢候之間、引返申候之条恐入候、抑行事抄中四・同下一・抄出三巻、賢如房方令伝借候、未申入候之間、即時令取沙汰候、御用之後者、早々可有返進候、物忩候間止候了、恐々謹言、

九月廿二日　　唯寂（花押）

○四九五〇　霊公書状※　○神奈川県立金沢文庫保管　随自意抄八九識紙背文書

一昨日捧愚状候処、自在家未進上候乎、御恩問殊恐入候也、寺家忩々別事外聞以外候、雖然不可有別義候歟、兼又承候御諷誦事、依難義事等候、自先年絶筆候之間、乍恐可蒙御免候、其子細御使ニ委細申入候、尚々尾籠其恐不少候、心事可参申入候、恐々謹言、

九月廿二日　　霊公（花押）

○四九五一　湛睿書状※　○神奈川県立金沢文庫保管　註法界観釈文集紙背文書

何様候哉、如是事者、定無骨之儀も候ぬと、雖察申候、難見放之事候間、不顧無心之申入候、委細□承候、恐々謹言、

九月廿二日　　湛睿（花押）

俊首座御机前

（ウハ書）
「（切封墨引）
俊首座御机前　　湛睿」

○四九五二　是心書状※　○神奈川県立金沢文庫保管華厳一乗教義分斉章義苑疏第一裏紙紙背文書

被言上候、恐惶謹言、

九月廿三日　　是心（花押）

（下総国香取郡）
東禅寺御侍者中

（ウハ書）
「（切封墨引）
東禅寺御侍者中　　是心上」

○本文書は、湛睿が東禅寺住持であった嘉暦元年～暦応二年の間の湛睿充文書とみられる。

○四九五三　湛睿書状※　○神奈川県立金沢文庫保管　湛稿戒百二十六紙背文書

去比申入候行事抄中四□《同カ》下一抄出事、自賢如□《御カ》房被召置候哉、
此便宜可伝賜候、若于今彼僧不被申出候者、重御催促候《ママ》可給
候、毎事期後信候、恐惶謹言、
九月廿四日　湛睿□
唯寂御房

○四九五四　平朝胤書状※　○神奈川県立金沢文庫保管湛稿冊子三十二紙背文書

「□上洛よく候ぬと相存候、委細観阿ミた仏可被申候、恐惶謹
言、
九月廿六日　平朝胤（花押）
進上　了乗御房

○四九五五　行然書状※　○神奈川県立金沢文庫保管折伏要文集紙背文書

自昨日始湯治候、十日許ハ候へきにて候、莫太のものもらひ
無類事候、生薑・大根を少蒙御芳志候天、備面目候はゝやと
相存候、
「又此足駄ハ」、覚証房のにて候、便宜之時、御法師に可被仰付
候、又性如房ニ愚身か皮籠に、五教章抄出をわたくしにしか
けて候巻物も申候はゝや、但此便宜ハあしく候ぬと存候、後
ニ可申請候、恐惶謹言、
九月廿七日　行然上
唯寂御房
（ウハ書）「唯寂御房御足下　行然上」

○四九五六　良信書状※　○神奈川県立金沢文庫保管湛稿冊子三十四紙背文書

在鎌倉《相模国》之御時、不罷入見参御事、追非本意覚候哉、抑於当寺、
有人起信論疏談事候、若候者二本三本□大用候、又若同注疏
筆削記候者、同可借給候、談義已後者、早々可返進候、不可
有疎略之義候、恐々謹言、
九月廿八日　沙門良信（花押）
本如上人《湛睿》御房

○四九五七　某書状※　○神奈川県立金沢文庫保管折伏要文集紙背文書

自高野《紀伊国伊都郡》被進御状候、何事も見参候申《ママ》候ハや、

書絶久不申承候、不審無申計候、此冬中ハいつくに御坐候乎、さやうに貴寺ハ寒気いふはかりなき事に候なれハ、いかにもして御こえて候へきと、御いたハしく候、又極楽寺(相模国鎌倉郡)も焼失して候へハ、身にも心くるしき事のミ候、愚身か所有の聖教ハ反古の一まいにても候へのこらす候、其夜しも多宝寺(同郡)へハまかりて候、坊中に人ハ候さ(ママ)りし程ニ、只思食やりて、同山内文書等ヲ在家ヲハおほつかなき事ニ仰候て、あつけさせ給て候しも、中々不申及候、身の不覚ともいかに〳〵謝し申候ぬへしとも不存候、何比か入見参候て、可申承候、恐々謹言、

九月廿九日　□□

妙本上尼御足下

「(ウハ書)(切封墨引)

妙本上尼御足下　□□」

十月

○四九五八　神算書状※　○神奈川県立金沢文庫保管華厳五教章纂釈中六紙背文書

其後久不申案内候之条、自然懈怠歎存候、抑近年者下州(下総国)不断騒動之由、伝承候間、御心労奉察之候之処、智光房等事、重畳如何計難儀仁被思食候覧と、歎存候、事々難儀、不参入言上仕候、身作法只令思食遣給候、恐惶謹言、

十月二日　沙門神算（花押）

進上　東禅寺(下総国香取郡)御侍者

○本文書は、湛睿が東禅寺住持であった嘉暦元年～暦応二年の間の湛睿充文書とみられる。

○四九五九　大中臣長房等連署申状※　○下総香取神宮文書

□(先カ)日依預御書候、大行事因幡守□　□御造営の致訴訟候

刻、次郎介ハ留守所［　　　］国司代として、代々の以文書、当国司［　　　］下向之時、国衙の沙汰と申諸庄の取作［　　　］下の神宝物をしたて申事候、大行事相共ニ役所を催促申事、先例ニ候ニよつて、其致□□□□分古例存知して候之処をいたみ、当役ハ千葉［　　　］□年五月廿四日ニ、次郎介を打殺候了、此由大行事幷次郎介代・香取社務長房(大中臣)三人同心□□東にて、其致沙汰申候、惣事の御沙汰厳密□□□ぬ時分未事行候、同候者、関東へきふき御沙汰に可預候之由の国宣を可被進候之由、三人同心ニ令申候、此事しあまし候てハ、国衙の事も可為大事候、同候者、摂政宣をも可成御申候哉、以此旨御了見候へく候、恐謹言、

十月二日　　次郎介代桑原浄光(花押)
大行事因幡守義俊(花押)
大禰宜散位長房(花押)

進上御奉行所

○四九六〇　足利義満御内書※　○伊豆三島大社文書

三嶋(伊豆国田方郡)社領伊豆国長崎郷(同郡)幷田▨(牛)村(賀茂郡)事、神領異于他上者、被渡付社家之様、厳密可有御沙汰候也、謹言、

十月二日　　義満(足利)(花押)

左馬頭(足利氏満)殿

○訂正部分の裏に某の花押がある。

○四九六一　足利義詮書状※　○出羽上杉文書

［　　　］門佐申越［　　　］(後国所カ)領事、自［　　　］沙汰所々自故［　　　］所無相違可［　　　］候、猶々、新田［　　　］以別儀、急速［　　　］悦入候、早々帰［　　　］可被相計候、此仁［　　　］□(異)他之間、如此申候、□□(謹言)

十月二日　　(花押)(足利義詮)

［　　］(上杉入カ)道殿(道昌、憲顕)

○四九六二　経深カ書状※　○山城醍醐寺文書一八函

(端裏ウハ書カ)「(異筆)「走湯山密厳院(伊豆国田方郡)

伊豆山方　」

此由能々御申入候へく候、事外なる定にて候、猶々よく

　　　土佐房御中　□(経カ)深」

御養性(生)肝要候へし、

今日罷帰度候へ共、所用共出来候間、先罷帰候ハす候、四日
五日の程にむかへを可給候、こし(輿)を給候者、力者はかりにて
罷帰候へし、人の隙ほうたいにて候へし、委細さとに申候、
急候て如何々申候哉、恐惶謹言、

　　九(十)月二日　　　　□(経カ)深

○経深は、二三四七号・三二〇八号・三五六二号文書などにみえる。

○四九六三　俊才書状※ ○神奈川県立金沢文庫保管湛稿教七紙背文書

俊才可存其仰候、貴寺無人事、真実心苦令存候、又石居
柱立用意事、檀那所存注候、付□聡恵房候、
一長老御労随時増減不定令坐給候、別大増事候者可申入候、
大方無切事、只為面拝僧達上洛候、送日数是令坐給候事、
病者御意、付住所狭、又付檀那方世諦、無心多事候、是ニ
今ハ申も心痛候、大儀可有御披露候歟、且又為貴寺無人其
煩候歟、若又付諸事指入事候者、指人名可申候、如此申入
候、依是機□(嫌カ)申入候、恐惶謹言、

　　十月四日　　　　俊才上

○四九六四　芳賀高家書下※ ○志賀槙太郎氏蒐集文書

三浦和田与三景茂(景綱)申母儀所領高浜(越後国蒲原郡)・桜曾禰(同郡)内田畠在家等事、
止加地近江守違乱、可被沙汰付景茂之状如件、

　　十月四日　　　　高家(芳賀)（花押）

　蒲原郡(越後国)々奉行御中

○四九六五　足利尊氏御内書写※ ○東京大学史料編纂所所蔵本郷文書

本郷左衛門大夫(家泰)申越後国吉川庄(山東郡)内大津・中条・苽生子(等カ)事、し
さいなくわたされ候へく候、

　　十月四日　　　　（花押影）(足利尊氏)

　宇津宮伊予守(氏綱)殿

○**四九六六**　足利直義書状※　○神奈川県立金沢文庫保管称名寺文書

松谷（相模国鎌倉郡）一切経板事、為興隆、云現在分、云欠□分、相副本新目録、委細可注給候、謹言、

十月五日　　左兵衛督（足利直義）（花押）

智通上人御房

○足利直義の花押形から、建武・暦応年間のものと考えられる。なお、智通は、二二〇九号文書にみえる。

○**四九六七**　俊才書状※　○神奈川県立金沢文庫保管律宗要義抄常爾一心紙背文書

経論義問題三、書進之候、

先日令参入候、遂拝謁候之条、恐悦無極候、
抑下給候御論義三帖（楞伽五性事、難処得道事、能遍計事、）慥令返進之候、諍義房論義、可為遍計執心事由申候、難処得道事、未書写候、
後日可申請候、智論勘文書進之候、
又別教行布事御□□出来候者、可申請候、難勢失方角候、委細御勘文候者、同可申請候、難処得道御勘文中灯第二三経中等云々、此第五文候、第二不見候、付札候、近日可参申候、
毎事期其時候、以此旨可有御披露候、恐惶敬白、

十月五日　　俊才（花押）

進上之候、

○**四九六八**　宣基書状※　○神奈川県立金沢文庫保管大乗起信論義記教理抄巻七紙背文書

よし、此八斎戒令申候也、又此辺ニ令居住候ヘハ、千万堪候ハん程の事ハ、無御憚可承候、彼院家御再興之条、随喜無申（計カ）許候、自不見参、心事難尽候ヘハ、省略候了、恐惶謹言、

十月六日　　宣基

（ウハ書）
「（切封墨引）
（湛睿）本如御房□（御報カ）　　宣基」

○**四九六九**　良瑜カ書状※　○紀伊熊野速玉大社文書

（端裏書）
「良瑜僧正　安房国訴事」

熊野新宮（紀伊国牟婁郡）山（ママ）造営料所安房国雑掌申国衙間事、解状副具書等如此、子細見状候歟、忩被仰武家候之様、可令申沙汰給之由、仰□□候、恐々□（謹言カ）、

十月六[

謹上　蔵[

○文末・差出人・充所の下部が欠損している。

○四九七〇　正春書状※

○神奈川県立金沢文庫所蔵武本為訓氏旧蔵文書

御誂絹三、綿三把、令執進候、今年ハ以外高直候、歎入候、
又御年貢三貫文替進候、惣奉行ニ申候了、可被聞召候、又
北七室坊主より、一貫六百文可被進候、送状委細申候了、
一当年損亡事、大風冷立と申候へ、莫太損亡候、惣保半分余、
御損候、歎入候、此便宜損得之目録等、可調進仕之処、百
姓等未苅田少々候、致訴訟候之間、不落居候、惣保検見目
録等ニ更以無隙候、不及調進候、能々誘申、逐可進候、
一油今年全分不出来候、房院へ被進候様之秘計候、誂申候之
間、此間可出来候、先房院知事方可有御借用候、近日可付
進候、此段知事方令申候了、御年貢ハ随差出候、可令進候、
毎事期後信候、恐々謹言、

十月六日　　　　比丘正春（花押）

謹上　報恩院御侍者

○四九七一　真如書状※

○神奈川県立金沢文庫保管華厳五教章下巻纂釈第四紙背文書

□元相存候、此条委細先進之時、令注進候之間、省略仕候、
所詮寺領等事、以巡次之沙汰、于今如此多分つめをき候へと
も、地下乱妨未静候之間、無正体候条、歎入候、只不一ケ条
寺訴、皆々磁（悩、下同ジ）多候間、一身苦労、併仰賢察候、委細注進、方
丈御方へ捧愚状候、路次之磁候間、一方へ令注進候、（可脱カ）被加御
一見候、当時之沙汰之次第、可有御推量候哉、言語道断之式
候、毎事期譲（奉）方丈注進候、以此旨、可有御披露候、恐惶謹言、

十月七日　　　　真如（花押）

進上　（下総国香取郡）東禅寺侍者御中

○本文書は、湛睿が東禅寺住持であった嘉暦元年～暦応二年の間の湛睿充文書とみられる。

○四九七二　真如書状※

○神奈川県立金沢文庫保管探玄記第七疏抄類聚上紙背文書

分蜂起候之間、不定覚候、

一彦部方へ替銭十一貫文、慥京着候了、其内一結愚身拝領、
畏入候、所残十結□即法花寺尼衆御方へ遣候了、
一石村(信濃国太田庄)等正文雖申上候、此事余ニ広博□且ハ寺領等員数、已
先度之安堵分備□(進カ)候者、此類も只一所はかり関眉寺候へと
も、□多分被厭候之間、大日寺与申合差置□(候カ)、
一治部兵衛大夫突鼻事、返々歎入候、若新恩之地候を、三分
一被収公、法林へ御寄□候了、不便之次第候、便宜之時者、
可有御訪□(候カ)、雖然去月十日より可出仕候之由、雖被仰出□
まめならす候由申候、随分何事も寺□事ハ令談合候之間、
令周章候也、当□(寺カ)房主も尼衆連之御事こそ心苦候つれとも、
今ハ貴寺より十結候上、智積年貢等□又信州禅門も、毎年
如形可扶持申□被仰候之間、今ハ万事むつかしけれハ、い
□いろひ申ましけれとも、愚身事ハ□被加扶持候、難在
御事にて候、便宜之時、可有御感候状等も候歟、是併為寺
恩□謝にて候けに候、愚身下人一向事闕□(候カ)間、下部相尋候
か、未無私資縁候間、此□さのミハ無心候、可為何様候哉、
毎事以此□(旨カ)、可有御披露候、恐惶謹言、

十月七　　小比丘真如（花押）

進上　金沢称名寺(武蔵国久良岐郡)侍者御中

○四九七三　上杉朝房書状※　○陸奥上遠野文書

信濃国常岩御牧南条内後閑(水内郡)・中曾禰・有尾・水沢等郷事、急
速可打渡之由、代官方申遣候、恐々謹言、

十月八日　　得元(上杉朝房)（花押）

藤井下野入道殿

○四九七四　足利義詮御内書※　○保阪潤治氏所蔵文書

下野国足利庄(足利郡・梁田郡)内県郷事、就県下野入道之訴訟、先日雖進吹嘘(挙)
状、建長寺(相模国鎌倉郡)宝珠庵帯陸奥守師有(高)還補御教書以下証状、歎申候、
所詮任理非、宜有計御沙汰候、謹言、

十月八日　　義詮(足利)（花押）

左兵衛督殿(足利基氏)

○四九七五　了照書状写※　○尊経閣文庫所蔵古書雑記

明覚法師下向之時、御札悦拝見仕候了、其後不得便宜候、于今不能御報候、恐入存候、抑御茶二袋拝領候、返々不知所謝候、御宝茶如此辺殊ニ賞翫事候、御芳志之至難申尽存候、兼又引入等事承了、木地ハひかせて置て候、塗候て後日便宜ニ可調進之候、毎度便宜之時預御音信候、恐悦無極候、他事期後信候、恐惶謹言、

十月九日　沙門了照状（花押影）

謹上　四室御坊之御侍者御報

○明覚は、一八七五号・四三三六号・五三〇八号文書にみえる。

○四九七六　寥湛書状※　○神奈川県立金沢文庫保管称名寺文書

雖不珍候、山薬一簀・椎一紙袋令進上之候、便宜之間、何も乏少之至、憚存候、以此旨可有御披露候、恐惶謹言、

十月十日　小比丘寥湛（花押）

進上　了乗御房

○四九七七　恵釼書状※　○神奈川県立金沢文庫保管随自意抄巻六ヵ紙背文書

有可御察候、今年者参度候、労已後者不合期候之間、旁々難儀ニ候て、不参候之条、歎入候、老体気候やらん、又労故ヘニ候やらん、全分起居不合期候、あさましく候、恐惶敬白、

十月十日　慧釼（花押）

「（ウハ書）（切封墨引）

金沢御寺（武蔵国久良岐郡称名寺）御侍者中　慧釼」

○四九七八　日輪書状※　○山城妙顕寺文書

其後何条御事候哉、承度候、兼又鎌倉比企谷（相模国鎌倉郡）如元道場建立仕候、御経弘通仕候也、御憑敷被食（ママ）思候、抑彼人ハ仏昭と申候人子息彦三郎と申候□□、御目可懸候、造作ニ取散候ハて（ママ）、とさんも不具候、唐墨一廷（挺）給候し、御芳志之至難尽候、毎事期面拝之時候、恐々謹言、

十月十日　日輪（花押）

謹上　寺主上人

○四九七九　某書状※　○早稲田大学図書館所蔵称名寺文書

（異筆）「納分卅三石四斗一升」
畏令申候、買米卅貫分廿一石、春一升ま、の米十三石一斗五升令進上仕候了、一升ま、の米ハ少々相残候、又内河（下総国葛飾郡）年貢四石八斗令進上候、外河年貢今月中ニ可沙汰申候、百姓等歎無申計候間、年貢いまた不治定候条、愚身一人歎此事にて候、又薦八十九枚令進上候、又萱苅夫事蒙仰、近日間ニ可進候、委細期参上時候、恐惶謹言、

十月十一日　□□（花押）

進上　称名寺御侍者

○四九八〇　今川範氏書状※　○駿河安養寺所蔵満願寺文書

（明山性照カ）就老母所労事、致祈禱度候、被懸御意候者、尤為悦候、恐々謹言、

十月十二日　（今川）範氏（花押）

（駿河国益津郡カ）満願寺長老

○今川範氏の母については、三〇四六号文書を参照。

○四九八一　足利義詮御内書※　○尊経閣文庫所蔵宝菩提院文書

（山城国醍醐寺）地蔵院僧正（覚雄）申法花堂（相模国鎌倉郡）別当職事、無相違之様、可有計沙汰候、謹言、

十月十二日　（足利）義詮（花押）

（足利基氏）左馬頭殿

○四九八二　足利義詮御内書※　○尊経閣文庫所蔵宝菩提院文書

（山城国醍醐寺）地蔵院僧正（覚雄）申法花堂（相模国鎌倉郡）別当職事、無相違之様、可有申沙汰、且日野僧正称京都之吹嘘、付進歟、有可有沙汰之子細、可被執進彼状也、謹言、

十月十二日　（足利義詮）（花押）

（国清）畠山阿波守殿

○四九八三　良海書状※　○神奈川県立金沢文庫保管古題加愚抄第二紙背文書

（封紙ウハ書）「（切封墨引）
御返事　良海状」

一日御状、畏拝見仕候了、抑所蒙仰候文義抄事、雖無寸暇候、

抛万障可令献書写候、兼又説草兎角指合事等候て、迄今(ママ)延引
仕候之条、返々恐入候、五十二帖之内、二十五帖令進候、今
残候分、論義草子之時、可進上仕候、
「恐鬱之至、難尽紙上候之間、併省略仕候、恐惶謹言、
十月十四日　良海状
御返事

○四九八四　禅恵書状※

○神奈川県立金沢文庫保管折伏要文集紙背文書

尚々恩借之条畏入候、心事期面拝之次候、
此御硯速に進浄光明寺(相模国鎌倉郡)候之処、御他行にて候けるやらん、又
此使者不案内にて候けるやらん、空持帰て候しに候、于今不
及返進候之条、自由之至可有御免候、恐々謹言、
十月十四日　禅恵
本如御房(湛睿)
「(ウハ書)(捻封墨引)本如御房　禅恵」

○四九八五　慧俊書状※

○神奈川県立金沢文庫保管持犯篇後抄紙背文書

「(封紙ウハ書)謹上　人々御中　比丘慧俊」
両度御札委細令拝見候了、
抑先度御札幷御寄進状、去九月廿八日到来候了、御借物少
事候、又新御寄進□間、御返候ハすとも不可苦候歟之由存
候之処、丁寧御意如此御寄進候事、難申尽□畏入候、荒田
事ハ、度々蒙仰候之間、令進注文候き、屋敷
「此下向以前ニ、既令進□之処、両方御寄進候、寺
家永代大慶候、但此屋敷ハ了禅房善光寺(信濃国水内郡)参籠時、百廿日つ
ゝこもり(籠)申候を、百八十日つめ申候、其忠功ニより候て給
候き、如此所ニ候間、斟酌申度候へとも、此仁にハかわり
を給せられ□よし承候間、先請取申□かし、如此子
細、即ニ可申入候之処、便宜即ニ候へき由承候間、待申候、
今まで御返事令遅引候事、返々恐入候、
一御寄進状文字御不審□間、可進之由、蒙仰候間、如□
文すこしもたかい候ハす□
「文を書進候、此ハ文字無相違候歟、正文ハ路次おほつか(覚束)なく
候間、先進案文候、若此外ニ又あそハしなを(直)され候へき子

細候ハヽ、御左右ニしたかい（従）候て、正文を進候へく候、
一目録無子細御まほり（守）に入候由承候、悦喜仕候、又雖乏少□
引茶小箱一令進候、下品□恐入候、恐々謹言、
十月十六日　比丘慧俊（花押）
謹上　人々御中

○四九八六　足利義詮御内書※ ○出羽上杉文書

海老名入道申相模国所領等事、無相違之様、可有申沙汰候、
不可有等閑之儀候、督殿（足利基氏）先立申候了、謹言、
十月十七日　（足利義詮）（花押）
上杉入道殿（道昌、憲顕）

○四九八七　順証書状※ ○伊勢専修寺文書

雖無指事候、如御先師〱常ハ可申承候ニ、無其儀候之条、
失本意候、
一定専坊主の時、大谷の坊主みゑひ（御影）をかたわら（傍）へうつし（移）申候
て、本たう（堂）にハ阿ミた（弥陀）を立申候へきとし候を、定専さいさ（再三）

ん御申候によんて、うちをかれて候ニ、いま又かやうに御
はからひ候間、せん師の御申のことく、歎申候へとも、御
もちひなく候、いかやうに候へきやらん、たんかう（談合）申たく
存候、専空坊主も大谷のかゝる大事をハ御申あわせ候ける
とか承候間、その御いしゆ（意趣）をそむき（背）候ハしと令申候、諸事
期後信候、恐々謹言、
十月廿日　順証（花押）
惣門徒之御中へ申給へ

○四九八八　聖満書状※ ○神奈川県立金沢文庫保管四分律行事抄中四聞書紙背文書

懸状之体、恐憚不少候、可蒙御免候、
此之間難去指合事等候て、不申入候条、先以□入候、抑御暇
之時者、一句つゝも申入候ハんする心地相存候処ニ、小庵を
上杉之安房殿（憲方カ）ニ被借候間、計会無申計候て不申入候条、返々
恐入候、一両日事、記静房令参候て、此等之次第可申入候、
以此之旨、可有御申候、恐惶敬白、
十月廿一日　聖満上（花押）

侍者御中令進之候

「(ウハ書)　(切封墨引)

侍者御中令進之候　　聖満上」

○聖満は、一二三六六号文書にみえる。

○四九八九　慧俊書状※ ○神奈川県立金沢文庫保管持犯篇後抄紙背文書

(封紙ウハ書)「謹上　善済寺御侍者　　比丘慧俊」

今朝廿一日、当寺檀方違例難儀候之由、伝承候、老体事候間、定難儀候ぬと存候、此間随分寺々をハ大事なる事ニ申され候し、其志もたしかたく(黙止)(難)候間、明日廿二日、ふと鎌倉(相模国)へ罷立候、此間愚身私のたくわへ(蓄)つきはて(尽果)候、物別にも今年ハ所務かい(甲斐)〳〵(甲斐)しくあるましく候、計会無申計候、道の粮

候間罷立候、料足三貫ハかり借給候者、可然候、雖無心申状候、此間檀方のこゝろさし(志)に候間、万事をさしおき(閣)候罷立候、愚身何様ニ罷成候とも、僧達存知事候、此状を支証として仰候者、自物寺可有沙汰候、恐々謹言、

十月廿一日　　比丘慧俊(花押)

謹上　善済寺御侍者

○四九九〇　某信時書状※ ○神奈川県立金沢文庫保管四分律行事抄見聞集十二紙背文書

御札畏拝見仕候了、

抑熱海(伊豆国田方郡)以便船可付進候塩・酢等重候、雑足等慥以請取候了、以便宜可付給候、御送文同副給候了、委細之旨、期□之時、恐々謹言、

十月廿二日　　信時(花押)

○四九九一　専恩書状※ ○神奈川県立金沢文庫保管毘尼要抄第二紙背文書

御方にも、炎上以後者、候はす候也、安楽寺へ可有御借用候歟、良空房(頼咋)のこそ候へとも、それも多宝寺(相模国鎌倉郡)候よし、令申候之間、不能取進候、覚也房抄出候つ、それも尋失候にて候はす候御趣を被進候、以此旨可令洩申給候、恐惶謹言、

十月廿二日　　専恩(花押)

「(ウハ書)　(切封墨引)

進之候御返事　　専恩上」

○四九九二　照恵書状※　○神奈川県立金沢文庫保管律相感通伝綴葉紙背文書

所被借下候処（衍カ）探玄記第四・類聚抄三巻上中下返進候、同五巻分、
雖可申請候、指大切候事候、五教章中巻御抄出可有恩借候、
恐惶謹言、

十月廿二日　照恵（花押）

進上候

（ウハ書）「本如上人侍者御中」（湛睿）

○四九九三　堯林書状※　○神奈川県立金沢文庫保管四分律行事抄中四聞書紙背文書

実事にて候者、自井中（田舎）御立可有候哉、委細ニ左右を承候
者、悦存候、
喜便宜令啓候、抑依坊主他界之事候、預御訪候之条、畏存候、
如仰多年之旧好候之間、悲歎無申計候、併可有御察候、不得
的便之御返事不令申候条、恐入候、兼又伝承候熊野（紀伊国牟婁郡）御参詣之
事承候、実事候哉、さ様にも候者、此も御共仕度候、雖多年
之志、依可然無便宜候、于今延引仕候、御参詣之事、一定候
者、明春にハ何比と、委細ニ示給候者、恐悦候、心事期後信
之時候、恐々謹言、

十月廿三日　堯林（花押）

謹上　勧学院（相模国鎌倉郡極楽寺）侍者御中

○本文書は、五〇〇八号文書と関連する。

○四九九四　観照書状※　○神奈川県立金沢文庫保管湛稿冊子三十五紙背文書

「及愚意候ハん程、不可存疎略候、諸事以此旨、可有御披露候、
恐惶敬白、

十月廿四日　沙門観照（花押）

進上　東禅寺（下総国香取郡）御侍者

○本文書は、湛睿が東禅寺住持であった嘉暦元年～暦応二年の間の湛睿充文書とみられる。

○四九九五　賢云書状※　○神奈川県立金沢文庫保管湛睿真言関係紙背文書

当関所下向之後、依無差事、不申入候、頗其恐不少候、
抑来十七日故長老（釼阿カ）御仏事由、承候間、尤可参入候処ニ、当役
中候間、無其儀候之条、真実〳〵非本意候、彼御仏事御計会、

併奉察候也、雖乏少候、用途一結令進候、闕少之間、其憚不少候、只表懇志計候也、尚々不参入之条、其恐無申計候、恐惶謹言、

十月廿六日　　比丘賢云（花押）

進上　称名寺（武蔵国久良岐郡）侍者御中

○四九九六　湛睿書状※　○神奈川県立金沢文庫保管事諍新義表紙紙背文書

申請候事諍新□（義カ）令返進之候、又戒疏二下御抄出可借賜候、同者委細ニ候ハんを可賜候也、恐々謹言、

十月廿六日　　湛睿

本一御房

○四九九七　俊才書状※　○神奈川県立金沢文庫保管随自意抄縁起通因紙背文書

起信綱目鈔出事、如仰約束事候、定彼方被下候歟、其にて可有御書写候也、諸事後便可申候、恐々謹言、

十月廿六日　　俊才

謹上　本如（湛睿）御房

○四九九八　源義雄書状※　○神奈川県立金沢文庫保管八千枚用意紙背文書

御上洛後、無便宜候て、不申入候、就其何条御事候哉、田舎無子細候、

抑京都へ人を立候、兼日申て候し道々くわしよ（過書）の事、御ひけい（秘計）候ハヽ、悦入候、もし又可然京都への便宜候者、此物同道□うに仰候ハヽ、身のため悦喜たるへく候、万御下向之時申承候ハんために、不委細候、将又御寺様殊無子細候、万状難尽候て、省略候了、恐々謹言、

十月廿六日　　源義雄（花押）

謹上　恵印（良恵）御房

○四九九九　羽鳥重泰書状案※　○陸奥南部文書

時長（南部）・師行（同）・政長（同）等申甲斐国南部郷内之村以下地頭職事、召出資行、忩可被尋究之由所候也、恐々謹言、

十月廿六日　　重泰（羽鳥）

大宮大夫判官殿

○五〇〇〇　導空書状※　○神奈川県立金沢文庫保管探玄記第一略類集上紙背文書

和賀屋（相模国鎌倉郡）津米奉行□前々に替給候、如前々不可有子細之由、御状可申出給候、諸事期見参之時候、恐々謹言、

十月廿九日　　導空（花押）

本如（湛睿）御房

○五〇〇一　恵超書状※　○神奈川県立金沢文庫保管四分律行事抄中四聴書紙背文書

間、無念至極候歟、一昨日令申候処、何様にも、年内一大部可摺進由申候き、例虚言、不足信用候も、毎事期面拝候、恐々謹言、

十月晦日　　恵超（花押）

（ウハ書）「（切封墨引）」

○恵超は、二五五五号・二五五六号文書にみえる。

十一月

○五〇〇二　静空書状※　○神奈川県立金沢文庫保管華厳五教章中巻纂釈第三紙背文書

処ニ、無左右推参仕候事、不少其恐憚候、捨諸事一向修学仕度存候、此事年々申入候て、空送十余之春秋候、今度之便宜、下給御一行候者、可為本望候、連々令申候事、真実〳〵恐入候、相構〳〵、可蒙御哀憐候、恐惶謹言、

十一月一日　　小比丘静空上（花押）

進上　東禅寺（下総国香取郡）侍者御中

○本文書は、湛睿が東禅寺住持であった嘉暦元年～暦応二年の間の湛睿充文書とみられる。

○五〇〇三　楚超書状※　○神奈川県立金沢文庫保管湛稿冊子二十六紙背文書

名分別性、文、如此論文者、遍計ニ分三重以当情現無法名分別性見候、随嘉祥大乗玄論中云、分別性者、即是六塵為識所分別、故言分別性、文、彼摂論文被尺歟覚候、此論文ハ只述始教義可得心候哉、可蒙仰候、ユ(瑜)伽文者、別一紙令進上之候、可持参仕候処、風気心地候間、捧愚状候、其恐不少候、以此旨可有御披露候、恐惶謹言、

十一月一日　　楚超（花押）

(ウハ書)「(切封墨引)

了乗御房　　楚超上」

○五〇〇四　湛睿書状※

○神奈川県立金沢文庫保管華厳五教抄纂釈中三紙背文書

以僧委細可申候也、恐々謹言、

十一月二日　　沙門湛睿（花押）

謹上　竹元殿

○竹元は、四九四三号・五二一三号・五二二六号文書などにみえる。

○五〇〇五　透雲書状※

○神奈川県立金沢文庫保管四分律行事抄中四聴書紙背文書

(封紙ウハ書)「進上　勧学院侍者御中(相模国鎌倉郡極楽寺)　　沙門透雲」

悦便宜令申候、此間久不令啓案内候之条、恐入存候、此間罷上候、可申入由相存候之処、此辺之物ｏ〔忩〕于今延引ｏ〔仕候〕条、恐入候、又熊野(紀伊国牟婁郡)御参詣之由承候、何比思食立候哉、奉度(ママ)候、当寺作法も始終如何候ハす覧と覚候、十月始より別食候間、当ｏ〔寺〕住宅も難叶候間、此程在所をもとめ候へとも、可然在所も候ハす候間、旁々計会仕候、毎事期後信候、恐惶謹言、

十一月二日　　透雲(宗深)

進上　勧学院侍者御中

○透雲房宗深は、三〇〇六号・三〇〇七号・四八五五号文書にみえる。また、五〇〇八号文書を参照。

○五〇〇六　唯寂書状※

○神奈川県立金沢文庫保管湛稿冊子九十九紙背文書

無別□(御カ)事候之旨承候、御心安可被思食候、御状ハ忩々可奉伝付候、又照音御房御他界事、仏法衰微候、長老も涯分被歎仰候、以便宜可伺申候、此便卒爾候之間、止候了、恐々謹言、

十一月二日　　唯寂（花押）

謹上　本如（湛睿）御房御報

○五〇〇七　国分朝胤ヵ書状※　○神奈川県立金沢文庫保管華厳五教章中巻纂釈第六紙背文書

間可有便宜候［　］諸事一両日之程可参申入候、恐惶謹言、

十一月三日　朝（国分ヵ）□（胤ヵ）状（花押）

○五〇〇八　如信書状※　○神奈川県立金沢文庫保管四分律行事抄中四聴書紙背文書

去比預御音信候之条、喜悦候、抑熊野（紀伊国牟婁郡）御参詣之由、承候条、浦山敷奉思候、堯林御房同道可仕候之由、被申候、日限を可承候とて、状を被進候、又ひろしくらより状を被進候、ひほ（紐）の候もそへて候、又引茶一裹令進候、乏少之至恐存候、介殿鎌倉（相模国）上候、茶共引立候て、恵俊御房・空本（実祐）御房茶をも不進候条、無心本候、御心得候者、喜悦候、事々期後信候、恐々謹言、

十一月三日　如信（花押）

謹上　勧学院（同国鎌倉郡極楽寺）御侍者

○五〇〇五号文書を参照。

○五〇〇九　某書状写※　○尊経閣文庫所蔵古書雑記

被仰下候当所文庫書籍事、付御事書、於下総国下河辺（葛飾郡）文書者令撰渡源蔵人之方了、但砂（沙）石集者通返雖撰求候、不尋出之状、此之旨可有御披露候、恐々謹言、

十一月三日

進上　御奉行所

○五〇一〇　某書状写※　○尊経閣文庫所蔵古書雑記

承仰候文庫虫払事、治部権大輔未被渡□、若其沙汰候之時、同心含申可勤仕候、不可存等閑候、又下河辺（下総国葛飾郡）円爐以下文書□源蔵人開文庫被撰出之候、其間子細等定被言上候、但砂（沙）石集者通返雖撰求候、不尋出候ハヽ、虫払之時致精誠方々可相尋候、恐々謹言、

十一月三日

進上　船木佐藤九平左衛門尉殿

○五〇一一　良尊書状※　○早稲田大学図書館所蔵称名寺文書

今度之御仏事、最後事にて候間、尤可結縁仕由令存候処、折節之労、無念之次第候、又雖乏少候、御志計に用途二結令進上候、尚々乏少之至、其恐不少候、諸事愚状難尽候、恐惶謹言、

十一月三日　沙門良尊（花押）

進上　称名寺（武蔵国久良岐郡）御侍者

○五〇一二　俊林書状※　○神奈川県立金沢文庫保管随自意抄三身常住紙背文書

其後御所労何体□（御カ）坐候乎、不審令存候、抑今月者、御仏事之由承候間、雖乏少候、茶一□（裏カ）令進之候、田舎事□此僧被申候歟、諸事此旨（ママ）以可有御披露候、恐惶謹言、

十一月四日　俊林（花押）

進上　東禅寺（下総国香取郡）御侍者

○本文書は、湛睿が東禅寺住持であった嘉暦元年～暦応二年の間の湛睿充文書とみられる。

○五〇一三　霊□書状※　○神奈川県立金沢文庫保管華厳宗信解安心要文集上紙背文書

路次難知（治）之間、乍思無其儀□（之カ）条、其恐不少候、抑貴寺古方丈御□御事、去七月末、伝承候き、□企参上可訪申候之処、七月□所労（更）発候間、不申入候、其恐可有御□、

一蒙仰候探玄記事、無相違久米多□（寺カ）（和泉国南郡）御方へ慥令進候、其後房主請取□愚身状相共浄光明寺（相模国鎌倉郡）之便□進上候き、然不参着候乎、無心本□（候カ）、久米多寺房主、凡常住重宝□興隆候之由、被仰候て、悦喜無□（極）□以此旨可有洩御披露候、恐惶敬□（白カ）、

十一月五日　沙門霊□

進上　称名寺（武蔵国久良岐郡）御侍者

○五〇一四　義海書状※　○神奈川県立金沢文庫保管四分律行事抄中四聞書紙背文書

愚身も此四五日違例、風気と覚候、両三日之際ニ不取直候ハヽ、講問事大難義□不定存候、尚々只今芳問、返々殊悦候也、

御音信先承悦候、抑自去月之始病床之処、結句此間以外打臥候間、是如仰旁令計会候、如此之式候之間、破立事も于今不

申入候《き》、雖然送賜之条、恐悦候、御違例事驚存候、熟柿之熟子にて候へとも、返々無勿体候、以御暇申承候ハヽ、自他可散鬱念候、恐々謹言、

十一月六日　義海

侍者御中御報

「(ウハ書)(切封墨引)　義海状」

○五〇一五　湛睿書状※

○神奈川県立金沢文庫保管華厳演義抄纂釈カ紙背文書

御計候、大方如此候者、不可説事出来候ぬと存候、是併依本訴無沙汰、送年序候歟、あはれ〳〵以此次被責伏候之様、御秘計候へく候、其間子細等、専法可令申候、以此之趣可申入給□(候)、恐惶謹言、

十一月六日　湛睿上

見心御房

「(ウハ書)(切封墨引)」

○五〇一六　英禅書状※

○神奈川県立金沢文庫保管華厳経随疏演義抄第五下裏紙文書

候、彼大乗□(院カ)門家□(九カ)条殿□□(息カ)相交御下向之間、連□□□□未断絶、准他所案之□、且□□□定、雖令静謐、定可為向後牢籠□□候哉、所詮下情通上者、寺門急可静謐候哉、且寺社興隆之御素意□望之余、捧自由之状候、人々御対面、□令得此□給候者、可為寺社安全之□候歟、恐々謹言、

十一月六日　権大僧都英禅（花押）

謹上　(相模国鎌倉郡)極楽寺御房

○五〇一七　湛睿書状※

○神奈川県立金沢文庫保管華厳五教章纂釈下十六紙背文書

□□参籠無相違被免□恐悦無極之由、能々可申入令申候、又茶一裹令進上候、莫太之奔走、可有□(御カ)納受候、又円修房(頼憲)随分〳〵忠節、聊可有御芳思候、□乍恐令存候、恐惶謹言、

十一月八日　沙門湛睿（花押）

進上　慈印御房

○円修房頼憲は、一五五〇号・五二一一号文書にみえる。

○五〇一八　諼心書状※ ○神奈川県立金沢文庫保管称名寺文書

又二くわん五百文ようとう《用途》の事も、いつまてまち候へき、心へす候、

ひんき《便宜》を悦候て申候、ようとうの事おほやけの御さた《沙汰》にても候へ、とく〳〵申さたあるへく候、今月すき《過》候て、状を人のかたまいらせへく候よし、ようとうぬし《用途主》申され候へハ、□《な》んき《難儀》に候、□んせう房の□わたり候をり、ミちやり候へく候、いまゝてまち申候て、とかくなりゆき候ハん事、むねん《無念》に候、

このよしを、まんところ《政所》へも申給候へく候、謹言、

十一月九日　　　諼心（花押）

山口《下総国埴生郡》御百姓中へ

○諼心は、三六七七号文書にみえる。

○五〇一九　唯寂書状※ ○神奈川県立金沢文庫保管起信決疑抄紙背文書

畏令申候、

抑御仏事参度候之□《処カ》御祈禱中ニ候之間、不参候、歎存候、兼又上総一宮《埴生郡玉前社》尼衆達、為受戒被上候由承候、貴寺《武蔵国久良岐郡称名寺》・土橋日出事《下総国香取郡東禅寺》ニ候へは、可有御授戒歟、極楽寺《相模国鎌倉郡》まてハ尚以尼衆煩繁多候、縁者

尼衆共少々上候由承候、猶々能様可有御計候、以此旨可有御中候、恐惶謹言、

十一月九日　　　唯寂上（花押）

証也《寥厳》御房

「（切封墨引）」《ウハ書》

○本文書は、暦応二年三月に称名寺住持となった湛睿への取り次ぎを証也房に頼んだものと思われる。

○五〇二〇　為□書状※ ○神奈川県立金沢文庫保管随自意抄初受戒住分紙背文書

九月三日御札、謹拝見仕候了、

抑此間動乱、以外之次第に候つるか、不思議に今無殊子細候、如此被懸御意、示給候之条、畏入候、又一心三観事候歟、将又難去茶□相当候、雖無心候、□茶一種預候者為□□憚不顧令申候、□恐不少候、諸事□《期カ》後信候、恐惶謹言、

十一月九日　為□

侍者御中

（ウハ書）
「（切封墨引）」

○五〇二二　覚恵書状※　○神奈川県立金沢文庫保管律宗要義抄無表惣別紙背文書

其後何条御事候哉、承度候、
抑御下向之由、承候へは、恐存候、兼又蒙仰候し足利のあし
次の事、未相尋候、其後承候て、可申案内候、又当寺去年当
年の損亡に、止住の体も難治候之間、是体の事をも可申入候
へとも、程
候て諸事可申入候、毎事期後信之時候、恐惶謹言、

十一月九日　沙門覚恵上（花押）

進上　（下総国香取郡）東禅寺御侍者

○本文書は、湛睿が東禅寺住持であった嘉暦元年～暦応二年の間の湛睿充文書とみられる。なお、覚恵は、五〇四四号・五二七二号文書にみえる。

○五〇二三　足利尊氏御内書※　○足利市民文化財団所蔵文書

上野国榛名山（碓氷郡満行寺）座主職事、被補治部卿法印頼智訖、仍先度被仰
之処、不事行云々、甚不可然、不日可被遵行候、

十一月十日　（足利尊氏）（花押）

宇都宮伊予守（氏綱）殿

○五〇二四　全玄書状※　○神奈川県立金沢文庫保管探玄記第七疏抄類聚上紙背文書

悦便宜令申入候、軽海郷（加賀国能美郡）者去九月廿九日悉請取候之由、状十
一月十一日令到来候、先日出候、於当年々貢者、不残一分、
責取後渡候間、今度者不進何物候、年明候者、早々令下向、
散田已下事等、可令取沙汰候也、此間作法、只可有御察候、
同法僧
法隆寺（大和国平群郡）大勧進職自彼衆徒方令申付候之間、無力奉為太子報恩、
請取候了、
申候、小寺候、可令居住候之間、此十一月十三日令下向候也、
内々為御（得御ヵ）得意、如此令申入候、毎事期後信候、恐惶謹言、

十一月十一日　全玄（花押）
（異筆）「十二月卅日到来」

進上　土橋寺（下総国香取郡東禅寺）御侍者

○本文書は、湛睿が東禅寺住持であった嘉暦元年～暦応二年の間の湛睿充文書とみられる。

○五〇二四　頼仲書状写※　○福原新一氏所蔵文書

（相模国鎌倉郡）鶴岳八幡宮神官等中当社領武蔵国（大里郡）甆尻郷内高柳村事、地頭等
多年押領之条、無其謂候、重役者候、任先例可令申沙汰給候
哉、恐々謹言、

十一月十一日　前大僧正頼仲（花押影）

謹上　（高重茂）駿河守殿

○五〇二五　済昌書状※　○神奈川県立金沢文庫保管瑜祇経伝授次第紙背文書

用途三結、可令送進之由、被仰出候之間、進覧之候、委細之
趣、御状候歟、恐々謹言、

十一月十二日　済昌状（花押）

（釼阿）明忍御房御寮

○五〇二六　聖一書状※　○神奈川県立金沢文庫保管華厳法花同異略集紙背文書

候也、兼又御奉加之御馬、芳志雖無申計候、舎利殿御造営之
剋候、御棟上之時、可為御用事ニ候へは、被召置□ハん事、
畏入候、且ハ門徒被察候ハん事も、身一之恥辱候、返々此等
布施物ハ、何々返賜候ハん事、生涯之歎と存候、以此旨可有
啓上候也、恐々謹言、

十一月十二□（日）　聖一（花押）

（ウハ書）「（切封墨引）」

（下総国香取郡）東禅寺御報

○本文書は、湛睿が東禅寺住持であった嘉暦元年～暦応二年の間の湛睿充文書とみられる。

○五〇二七　宗忍書状※　○神奈川県立金沢文庫保管持犯篇後抄紙背文書

講讃寺態御上候て、御対面候へく候ところニ、次なく候□□
□御見参候へハ、御心やす□□愚身参候て、御悦可申候へ□
□無隙候間、不参候、御状恐入候、恐惶謹言、

十一月十三日　宗忍（花押）

（ウハ書）「（切封墨引）」

○五〇二八　俊才書状※

○神奈川県立金沢文庫保管随自意抄終教地前断惑紙背文書

南方ためにハ、御いとことそ承候、御不審にもこそ候へとて、
令申候也、便宜物忩候間、不委細候、恐々謹言、

十一月十三日　俊才上

本如（湛睿）御房

○五〇二九　小山義政書状写※

○大和西大寺文書

真福寺事、依被成当御末寺候、預御書候之条、恐悦候、其子
細自寺家可被申候、恐惶敬白、

（貼紙）「従一位左大臣征夷将軍」

十一月十三日　下野守義政（小山）（花押影）

進上　西大寺（大和国添下郡）方丈侍司

○五〇三〇　高恵書状※

○神奈川県立金沢文庫保管古題加愚抄紙背文書

□（其カ）分にて候覧歟と、無心本令存候、雖不及申事候、若違乱に
もなるへきにて候者、忩々可追擬給候也、若修《学》器にや成候と
てこそ、種々申て進置て候へとも、還成事煩候之条、真実失
本意候、此分ヲ方丈ヘ能々令入見参給候者、悦存候、猶々非
色代之分候也、三宝定可有照覧候哉、又起信疏具足大切候、
若不慮なる事も候ハヽ、御秘計候て、可下給候、其功等をも
可沙汰事候者、可預（ママ）御計候て可進候、恐々謹言、

十一月十六日　沙門高恵（花押）

謹上　本如（湛睿）御房御侍者

○本文書は、湛睿が東禅寺住持であった嘉暦元年〜暦応二年の間の湛睿充文書とみられる。

○五〇三一　俊才書状※

○神奈川県立金沢文庫保管湛稿戒六十八紙背文書

興隆之専一之由、能々可申上之由候也、折節此雨気頭風相萠
候、不捧状之由候也、如此被申候之間、御葛不進之候、相構
〳〵入御候者、諸人本望此事候哉、以此旨可有御披露候、恐
惶敬白、

十一月十六日　□□（俊才）上（花押）

称名寺（武蔵国久良岐郡）御侍者御報

○五〇三二　某書状※　○神奈川県立金沢文庫保管称名寺文書

春日社（大和国添上郡）領上総国天羽（天羽郡）・周西（周西郡）・与宇呂（市原郡）・金田（望東郡）・武射国分寺尼寺
正税事、御訴陳之落居被遂候条、目出候、仍此内於周西分者、
当年一ケ年可被閣之由、已前被仰出候き、可有御心得候、恐
々敬白、
十一月十八日　□（清カ）□
円覚寺（相模国鎌倉郡）如意□

○五〇三三　頼印書状写※　○相州文書十八所収鎌倉郡我覚院文書

其後何条事御座候哉、承候、（度脱カ）抑申談候し法事、及度々蒙仰候
之間、昨日領状申候、仍来月三日より可始行候也、敬愛護广（摩）
可遊候、来一日下着候様、忩可有御下向候、委細旨播（番）僧被申
候、毎事期参拝候、恐々謹言、
十一月廿二日　頼印（花押影）

○五〇三四　業恵書状※　○神奈川県立金沢文庫保管業疏疏決カ紙背文書

「□」まいられて候、さためて船のやうハ、委細□（にカ）僧御かた
より申させ給へく候、又入道も僧へまいらせへきものよう（用）
い（意）仕候て、廿三日にハまいるへく候へハ、委細ハをつて申
入へく候、
一きやう（京）・かまくら（鎌倉）の御事、へち（別）の子細候ハす、よの中もし
つまり候へきよし、うけ給ハり候へハ、畏悦入候〳〵、委
細ハまいり候て、申入へく候、恐々謹言、
十一月廿二日　業恵（花押）
良通御房
「（ウハ書）（切封墨引）
良通御房　業恵」

○五〇三五　明尊書状※　○神奈川県立金沢文庫保管湛稿冊子三十九紙背文書

相構〳〵御祈念候ハヽ、恐悦候、
自鎌倉（相模国）脚力今日廿四日、到来候、藤衛門殿ハ、去十七日被立
候けると承候、若今までも京着候者、自是可申入候、又□□
内問答明後日廿六日、と約束申て候あひた、女童部にて候物、
労をし候か、万事限と申て此弥太郎男を上て候へとも、此御

大事に合候て、罷下候ハん事、無心本相存候て、罷下らす候、
又内問答候ハヽ、引付問答もやかてそ候ハんすらんにて候へ
ハ、惣間田文注進、忩可被召寄候、此便宜に可被仰下候、十
達御房の御上洛候ハん事ハ何様候哉、御沙汰の事につき候て、
御上候ハヽ、目出候、恐々謹言、

十一月廿四日　明尊（花押）

浄心御房

（ウハ書）「（切封墨引）

浄心御房　明尊」

○五〇三六　円琳書状※ ○神奈川県立金沢文庫保管湛稿冊子三十九紙背文書

申候者可爾候を、教心もあまりに義□候程に、中々年貢等
も難治候由、案内者令申候、城白寺も今年損亡にて候、但
彼検注帳打めに迫候之程ニ、今度即不令送候也、検注者、
自此せさせて候、今度の斗代等もをさゐてあけ度候しに、
なましゐになをも請取候ハんするほとに、百姓等に□あに
思ハれ候ハんために、少々□事無沙汰にて候、皆請取□□（是

カ）已後彼目六取帳等したゝめたく候、就其も御沙汰事、早々
（ママ）行道候様御下知候者、可為恐悦候、又貴寺就惣別無殊御事
候覧事、目出存候、
一先度定戒房と申僧、入寺事申入候、其子細候上、又此仁随
分志有人にて候□□（之程カ）、如此令申候、相構〳〵御方便候て、
客僧分にても無相違之様御計候者、畏入候、又此御房乗馬
候し、随分乗吉馬と見候之間、貴寺可令進之由、令申候き、
定左様可計候歟、返々此御沙汰事、極楽寺（相模国鎌倉郡）長老御申候て、
極楽寺より御方便候様、可有□候也、いかさまにも、
人々わ□□□に被計申候歟と存候、殊更雑掌を只替させ給
候者、中々能候ぬと存候、あはれ道性房可爾候者をと存候、
能々可有御計候也、如此令延引候之間、諸事無性（正カ）体候、諸
事期後信候、恐惶謹言、

十一月廿四日　円琳状

○五〇三七　乗一書状※ ○神奈川県立金沢文庫保管湛稿戒百七紙背文書

参上候、恐惶謹言、

十一月廿六日　乗一（花押）

東禅寺(下総国香取郡)御報

○本文書は、湛睿が東禅寺住持であった嘉暦元年～暦応二年の間の湛睿充文書とみられる。

○五〇三八　今川範国書状※　○相模円覚寺文書

円覚寺(相模国鎌倉郡)領浅服(駿河国安倍郡)東郷内先公文名壱町九反卅歩事、先立一縁(円)寺家寄進上者、作人職事者、庄主可為計候也、併期後信候、恐々敬白、

霜月廿七日　心省(今川範国)（花押）

円覚寺都聞禅師

○五〇三九　煕允書状※　○神奈川県立金沢文庫保管随自意抄紙背文書

其後久不啓案之内、其恐不少存候、抑企参上奉拝法体、可入諸事申相存候之処、当郷代官加持正本房、依去月百姓等之訴訟、被改代官職候了、付其覚恵上人如元可有住持之由、召請雖及数箇度候、未被還住候之条、無念次第存候、御一言被下、有還住之様御計畏存候、兼又当寺寺領事、光照坊主方へ、便宜之時御催促候て、道行之様ニ御計候て、預御扶持候者、畏入々々候、雖乏少候、茹予(蕷カ)一籠十本令進上候、明春早々企参上候、可奉(拝脱カ)法体候之由、以此旨可有御披露候、恐惶敬白、

十一月廿七日　沙門煕允（花押）

進上　了乗御房

○五〇四〇　足利尊氏御内書※　○松平基則氏所蔵文書

小山佐(左)衛門佐氏政申東国所領等事、結城駿河守雖申子細、不可依其上者、厳密可被経御沙汰候哉、謹言、

十一月廿七日　尊氏(足利)（花押）

左馬頭殿(足利基氏)

○五〇四一　公珍書状※　○神奈川県立金沢文庫保管起信論略決抄紙背文書

御札之旨、委細令拝見候了、抑そう(総カ)州之替用途事、到来候者、早々可令申候、常州之使者明日下向候、御返事等給候て可下候、以此旨可令披露候、恐惶謹言、

十一月廿八日　公珍（花押）

「（ウハ書）（切封墨引）
（武蔵国久良岐郡称名寺）金沢方丈（湛睿）御報　公珍」

○五〇四二　覚俊書状※ ○神奈川県立金沢文庫保管題未詳紙背文書

ふくろ（袋）ハ□我にて候、
こなたさまへも、御入候へきやらん、よに〳〵、うけ給たく
思まいらせ候、又よに申あ［　］まいらせたき事のミ候へとも、
あはれ〳〵、仏名のころ、こなたさまへも、御入候へかし□（と）
こそ思まいらせ候へ、さてハ心つきなき申状にて候へとも、
こそうつ（故僧都）のミやに候し坊の二王の、よにありかたくわたらせ
給候へく候程に、御くたしたく□候、もしよきあふき（扇）はし候
ハ、、一二ほん御たつね候て給候ハ、、畏入候、何事も〳〵、
よに〳〵、御けさんニ入まいらせ申たくこそ候へ、恐々謹言、

十一月廿八日　覚俊

「（ウハ書）（切封墨引）
（煕允・什尊）賢寥御房　覚俊上」

○五〇四三　湛睿書状※ ○神奈川県立金沢文庫所蔵武本為訓氏旧蔵文書

久不啓案内、恐鬱無極候、
抑此程連々雑説繁多候之間、自今月廿八日、公私弥致精□（誠カ）令
申御祈禱了、即［　　］申入之由［　　　］企熊野参
詣候間［　　　］言上之由、令申候了、委細可［　］候、又可
蒙仰候、恐惶謹言、

十一月廿九日　沙門湛睿（花押）

進上　（円城寺カ）図書十郎右衛門尉殿

○五〇四四　覚恵書状※ ○神奈川県立金沢文庫保管結縁灌頂書写目六紙背文書

一先度状申候し扇・檀紙、御とりちかえ（取違）候て、めされて可給
候、前林殿えつかハされ候て、くたるへく候、一二百文五本
扇、百文ハ七本、一二百文にてハ檀紙、此内宜御計候へく候、
又来二月上旬にハ、必々可有御下向候、毎事期後信候、恐
々謹言、

十一月卅日　覚恵（花押）

「（ウハ書）（切封墨引）」

○覚恵は、五〇二二号・五二七二号文書にみえる。

○五〇四五 道久書状※ ○神奈川県立金沢文庫保管随自意抄六千比丘紙背文書

畏甘草・丁子・御くすり（薬）の代、おほせ候とをりに給ハり候、此御くすりハ、三日進上仕へく候、このよしを御□
恐惶謹言、

十一月卅日　道久上（花押）

御侍者御中

十二月

○五〇四六 朴艾思淳書状※ ○尊経閣文庫所蔵玉燭宝典第五紙背文書

預御教書候之様ニ申御沙汰候者本望候、官途所望人自関東御吹挙事、物無其御沙汰候之間、御吹挙事御斟酌候之由承候、為御得心令啓候也、抑箱根（相模国足下郡）兵士数輩一宿御雑事以下、預慇懃御沙汰候之条恐悦候、彼一所無相違在所にて候よし、内々其沙汰候と承候へハ、殊為興行喜入候也、恐惶謹言、

十二月朔日　思淳（花押）

謹上御宿所

○五〇四七 教円書状※ ○下野荘厳寺不動明王像胎内文書

御あんを候へハ、返々も悦入候、なお〳〵御心さしにあつかり候事、悦入まいらせ候、よく〳〵御申あるへく候、あなかしく、

十二月一日　けうゑん（教円）

おさは殿申せ給へ

○五〇四八 恵釼書状※ ○神奈川県立金沢文庫保管四分律行事抄中三見聞集紙背文書

病者被留申候之間、延引仕候、何様も今月十日比までも候ぬ□（とカ）存候、今度ハよも参申候ハしと恐存候、恐惶謹言、

十二月二日　恵釼（花押）

進上　東禅寺（下総国香取郡）御報

○本文書は、湛睿が東禅寺住持であった嘉暦元年～暦応二年の間の湛睿充文書とみられる。

○五〇四九　禅爾書状※ ○神奈川県立金沢文庫保管湛稿袋綴華厳・起信論紙背文書

借給之由書候也、無相違様調可被遣候、又十地品(華厳経)抄出事、是来候歟之由申候之処、不然候、此間下人候者、其時諸事可申候、恐々謹言、

十二月二日　禅爾

本如(湛睿)御房

○五〇五〇　小田孝朝書状※ ○常陸法雲寺文書

芳札之趣、委細拝見候了、

抑以栄蔵主示給候当寺未来事、可為門葉之御相続之由、可申定之旨承候之間、一通書進候、凡如載状候、於後々住持者、就于正受庵、以衆議被定候者、其後帯檀那判形、可有入寺候、此条不可被混余寺候歟、為得御意述愚存候也、恐々敬白、

十二月二日　沙弥恵尊(小田孝朝)（花押）

謹上　崇源寺(常陸国信太郡)方丈御報

○五〇五一　足利氏満挙状※ ○秋元興朝氏所蔵文書

二階堂出羽入道々簾妻藤原氏代貞兼申武蔵国足立郡芝郷内地頭職、号女子方彦部跡□(近)江守、去応安七年二月六日任父駿河入道忻恵(二階堂行春)譲状、当知行之上者、安堵事可有申沙汰候、恐々謹言、

十二月三日　氏満(足利)（花押）

左衛門佐殿(斯波義将)

○本文書は、永徳元年より明徳元年に至る間の書状である。

○五〇五二　聖一書状※ ○神奈川県立金沢文庫保管華厳法花同異略集紙背文書

蒙仰行願抄六巻令借進候、疏事雖不蒙仰候、若仰落候歟とて、令副進候也、充(疏、下同ジ)・抄都合七巻候、又梵□(網カ)充・法蔵義□都合五巻令返進候、于今打置候之条、為恐無申計候也、恐惶謹白、

極月四日　聖一（花押）

東禅寺(下総国香取郡)御侍者御報

「（ウハ書）（切封墨引）
東禅寺□　□　　□□」

○本文書は、湛睿が東禅寺住持であった嘉暦元年～暦応二年の間の湛睿充文書とみられる。

○五〇五三　真元書状※　○神奈川県立金沢文庫所蔵武本為訓氏旧蔵文書

可奉報子細候、愚身□□（も年カ）内無幾候へは、明春ハいそき可令参
拝候、兎角罷過候之間、于今此事不申入候事、返々恐入候、
心事期面謁之時候、恐惶敬白、

臘月五日　　　　真元

本如（湛睿）御房（ママ）御坊

「（ウハ書）（切封墨引）
本如御房御寮」

○五〇五四　上杉憲藤書状※　○下野皆川文書

長沼判官（秀行）就本領事申入旨候、被懸御意候者恐悦候、難去子細
候之間、如此令申候、毎事期後信候、恐々謹言、

十二月六日　　　　中務少輔憲藤（上杉）（花押）

謹上　伊豆守殿（上杉重能）

○五〇五五　明賢書状※　○東京国立博物館所蔵文書

御祈禱事、自京都被仰出候、即御教書之案文令進之候、大般
若経二部、今月廿日以前、可有御転読候也、恐々謹言、

十二月七日　　　　沙門明賢（花押）

謹上　称名寺方丈（武蔵国久良岐郡）

○明賢は、二四〇〇号・四七三一号・四八九二号文書にみえる。

○五〇五六　親乗書状※　○神奈川県立金沢文庫保管律宗要義抄形終戒謝紙背文書

態令啓上候、
抑御所労再発之由、輪如房被語申候、驚歎之外無他候、其後
何体御坐候覧、無心本令存候、兼又示給候間事等、雖不蒙仰
候、師跡と申、又御住持と申、旁
無□　□付公私□難義之体可有御賢察候、所詮可有興法利生、
始終相続之様、被懸御意者可宜候、及涯分候之程者、可申同

心合力候、年内何幾候者、明春者早々可申入候、恐惶謹言、

十二月十一日　　　沙門親乗（花押）

進上　東禅寺（下総国香取郡）御侍者

○本文書は、湛睿が東禅寺住持であった嘉暦元年～暦応二年の間の湛睿充文書とみられる。なお、輪如房は、二二三四号・四七一四号・五二六四号文書などにみえる。

○五〇五七　禅爾書状※　○神奈川県立金沢文庫保管愚案抄第三紙背文書

其後何条御事候哉、十地転法輪令始行給候歟、目出存候、度々彼談義皆無相違令成就候之上、随分吉事令計会候き、案先例候ニ、定檀那寺家嘉事令円満候□、当所ニも坐禅等興行候、生前之本懐、又

忩々五条へ可被遣候也、以外日数迫候、尚々早々可被立飛脚候也、近日此間路次狼籍（藉）無申計候之際、下道も雖難渋候、此堂寺大事候之間、閣万事進候也、御状ニハ為被加判候、未結之候、能々可有御心得候、毎事期後信候、恐々謹言、

十二月十二日　　　禅爾（花押）

本如御房（湛睿）

「（ウハ書）（切封墨引）」

○五〇五八　志随書状※　○神奈川県立金沢文庫保管湛稿冊子三十六紙背文書

疏も少々感得仕候之間、令申候、御一見御志候者、千金御所持候て、可有渡御候、尊勝院（大和国添上郡東大寺）僧正御講▨所記聞書、同以感得、今者花厳宗之末学ニ罷成候ぬと覚候、毎事難尽候、恐々謹言、

十二月十二日　　　志随

本如御房（湛睿）

「（ウハ書）（切封墨引）　　志随」

○五〇五九　定心書状※　○神奈川県立金沢文庫保管湛稿戒十四紙背文書

其後何条御事御坐候□（哉カ）、罷登候て後、愚状をも可進候処に、便宜不可然候て、于今不申案内候之条、自然懈怠恐入候、又いまゝて常地にて御坐候へハ、悦入てこそ候へ、何をも可進候へとも、当年末旅立て候之間、世間かうこ（合期）仕（ら脱カ）す候て、無沙汰に候事、返々歎入て候、是非明年ハ作法おほしめしやらせをハしまし候へ、東西ミな商人にて候

ほとに、夜も安から(す脱カ)候へとも、ひとへに御寺の御事ニ、命を
まとにかけて、在国仕候事、あちきなさ申ハかりなく候、次
之時者長老へも、此之由御申候ハ、畏入候、期諸事後信候、
恐惶謹言、

十二月十三日　定心上（花押）

常地別当熊王小童申させ□(給)へ

○五〇六〇　覚義書状※　○神奈川県立金沢文庫保管律宗要義抄無表惣別紙背文書

即日令下進候、諸事不令委細申候条、為恐無極令存候、恐惶
謹言、

十二月十三日　覚義（花押）

(下総国香取郡)東禅寺御侍者

○本文書は、湛睿が東禅寺住持であった嘉暦元年～暦応二年の間の湛睿充文書とみられる。なお、覚義は、一五五〇号・一五五三号・一五六八号文書などにみえる。

○五〇六一　妙本書状※　○神奈川県立金沢文庫保管随自意抄頓断無明紙背文書

又石□(なカ)りの硯を当時御用ニ入候ハすハ、ゐ(田舎)中に居住ほと、申
出候へき之由存候、恐々謹言、

十二月十四日　妙本

「(ウハ書)　（切封墨引）

(湛睿)本如御房御寮　妙本」

○妙本は、四六八六号・四七一〇号・四九五七号文書にみえる。

○五〇六二　畠山カ義清書状※　○東京大学文学部日本史学研究室所蔵相模文書

(伊豆国田方郡)吉祥寺事、可為諸山列之由、被成御教書候歟、殊目出相存候、
恐惶敬白、

十二月十四日　(畠山カ)義清（花押）

(相模国鎌倉郡建長寺)宝珠庵主禅師

○五〇六三　沙弥道順書状※　○伊豆三島大社文書

先立御音信候之間、御返事を申候き、定参着候哉、兼又小栗(武蔵国)
(那賀郡)郷大道無子細被請取候、□候、年内不幾候、明春者早
々可申承候、事々期後信候、恐々謹言、

十二月十五日　沙弥道順（花押）
謹上　長門守（矢田部盛直）殿

○長門守盛直は、伊豆国三嶋宮正神主で、三四一八号・三九〇三号・四一六九号文書などにみえる。

○**五〇六四**　伊勢貞継書状写※　○相模鶴岡神主家伝文書

鶴岡（相模国鎌倉郡）八幡宮御神領伊勢国長井（朝明郡）御厨事、承候、於当国、官（管）領之地一所無之候、如此以次申承候、喜存候、向後御同心候者、為悦候、恐々謹言、
極月十五日　沙弥照禅（伊勢貞継）（花押影）
謹言（上カ）　鶴岡八幡神主（大伴時国カ）殿

○**五〇六五**　高重茂巻数請取状※　○下総熊野神社文書

総州大河戸（葛飾郡）熊野権現堂歳末巻数一枝給候訖、悦入候、恐々謹言、
十二月十七日　前駿河守（高重茂）（花押）

○**五〇六六**　釼阿書状※　○神奈川県立金沢文庫保管称名寺文書

□（金）沢（武蔵国久良岐郡）称名寺毎年恒例之□（長）時不断両界勤行□（歳）末御巻数一枝進上仕候、以此旨可令洩披露給候、恐惶謹言、
十二月十八日　釼□（阿）
□

○**五〇六七**　業恵書状※　○神奈川県立金沢文庫保管求聞持一印口伝等紙背文書

もとの□て候三百□
畏申入候、御□国をハたち□
□御船まいりへき□まいらせ上候ハん□
□まかせて米を□よし、しやう
ち□かんとり（梶取）ミしんの□御
代官わつらいに□申入候、又今□
□候間、せけんきゝ□□（もカ）ぬす（盗）人かいそ
□り候間、ひやうし□
人を二人船ニのせ（乗）て候、又つころしのふなと（船津）にも、かせふき（風吹）候て、日かす（数）をくり（送）候間、よこと（夜毎）にひやうし（兵士）を大（多カ）をき

候て、ふね《船》をハたし《出》て候、ゐ中《田舎》の事、しゆ《須臾》のひま《暇》候ハす、
御年貢をいち大事とさんた《沙汰》仕候処ニ、水□《上カ》のならゐ《習》、あめ《雨》
かせ《風》心ニまかせ候ハて、御ふねをそく《遅》つき《着》候ハヽ、ひとへ
に入道かふさたに《無沙汰》、さため《定》て、をほしめ《思召》され候らんとなけ《歎》
き入候、
一ゆめかましく候へとも、あまのり《甘海苔》五て《帖》うまいらせ候、いま
たきら〱しくとられす候あいた、ほんせう《乏少》のいたり恐入
候、
一小僧ニ御めかけ《目掛》られ候よし、うけ給ハり候事、かへす〲
畏入候、諸事参上時申入へく候、恐々謹言、

十二月十八日　　沙門業恵（花押）

進上　御智《知》事申させ給へ

○五〇六八　千葉胤貞書状※　○山城頂妙寺文書

畏言上候、抑判物書進上候、兼又さやまき《鞘巻》給候、此代田地五
丁、平吉四郎太郎申候時ニて候、此旨可有御意候、以此旨可
有御披露候、恐惶謹言、

十二月十九日　　平《千葉》胤貞上（花押）

進上中山殿御返事

○五〇六九　政賀書状※　○神奈川県立金沢文庫保管湛稿戒百三十七紙背文書

貴札之趣、謹拝見仕候畢、抑罷逢候事候之後、七日比下向仕
候、乍恐上啓之所存候之処、于今不能之程、恐歎入候、剩如
此被仰下候之条、恐悦之□
無申限候、□能□御詞、以此旨可預御披露□《候カ》、恐惶謹言、

極月廿日　　政賀

「（ウハ書）
（切封墨引）
東禅寺《下総国香取郡》御房御返事　　政賀」

○本文書は、湛睿が東禅寺住持であった嘉暦元年～暦応二年の間の湛睿充文書とみられる。

○五〇七〇　広有書状※　○東京国立博物館所蔵称名寺文書

御貴札之旨、畏拝見仕候了、
抑常福寺《武蔵国久良岐郡》還住道明御房事、不可有子細候、以此旨可有御披露

候、恐惶敬白、
　　十二月廿日　　広有（花押）
進上　称名寺(同郡)侍者御中
○道明房は、一五五二号・四八三二号・五一五八号文書などにみえる。

○五〇七一　大掾高幹書状写※　○水戸彰考館所蔵常陸吉田薬王院文書
以御代官承候事、先驚入候、新大掾方(詮国ヵ)へ状を遣候、自然事も
候者、先可止狼藉之由申下候、兼又染物三給候了、連々如此
御志難謝申候、委細御使申候了、諸事期後信候、恐々謹言、
　　十二月廿四日　　沙弥浄永(大掾高幹)（花押影）
謹上　吉田別当御房
　　　　　御返事

○五〇七二　久我具通書状※　○大和東大寺文書
信濃国正税年貢事、先年寄進東大寺候、可被申成　勅裁於寺
家候、於検注者、可為家門之進止候、不混乱之様、可令得其
意給候也、恐々謹言、
　　十二月廿四日　　具通(久我)

帥中納言殿(広橋仲光ヵ)

○五〇七三　足利尊氏書状※　○相模仏日庵文書
しせん(自然)の事候ハヽ、この寺の事御ふち(扶持)候へく候、
金陸寺(武蔵国)領武蔵国さくらの郷のかハり(替)として、こいつミ(小泉)(足立郡)の郷を、
先年きふ(寄附)のところに、吉見いらん(違乱)のよし(由)、常在光院(山城国ヵ)の長老申
され候、さうゐ(相違)なきやうに、御さた(沙汰)候へく候、あなかしく、
　　十二月廿五日　　尊氏(足利)（花押）
左馬頭殿(足利基氏)

○五〇七四　足利基氏書状※　○神奈川県立金沢文庫保管称名寺文書
王法正論品一巻給候了、殊悦入候、恐々謹言、
　　十二月廿六日　　基氏(足利)（花押）
正法蔵寺(伊豆国田方郡)長老(顕空)

○五〇七五　恵釼書状※　○神奈川県立金沢文庫保管律宗要義抄無表物別紙背文書
金沢(武蔵国久良岐郡称名寺)之御状も、便宜延引候ぬと覚候、委細之旨者、御使者ニ

令中候畢、恐惶謹言、

十二月廿七日　恵釼（花押）

御報

「（ウハ書）（切封墨引）

御報御侍者　恵釼」

○五〇七六　湛睿書状※

○神奈川県立金沢文庫保管華厳宗信解安心要文集上紙背文書

此間参上可申入之旨、深相存候、公私計会事等候、于今延引
失本意候、年内無幾程、併可期明春候、
抑自久慈西（常陸国）御返事、令進上候、無相違可沙汰給候之由、被申
候、先以悦入候、偏由（ママ）御口入候歟□（とカ）相存候、殊恐悦無極候、
此使者今日午時、令帰参候、即令参候、毎事期拝謁之次候、
恐惶謹言、

十二月廿八日　湛睿（花押）

御侍者

○五〇七七　左衛門尉常資書状※

○神奈川県立金沢文庫保管律宗要義抄無表惣別紙背文書

御札委細承候了、
抑鎌倉（相模国）世上事、以外に聞候へとも、未定説承及候之間、諸事
不審無極存候、不被召聞、如此蒙仰候之条、恐悦不少候、実
に京都（山城国）御事、心苦さ無申計存候、毎事期後信時、恐々謹言、

極月廿八日　左衛門尉常資（花押）

謹上　土橋御寺（下総国香取郡東禅寺）御返事

○本文書は、湛睿が東禅寺住持であった嘉暦元年～暦応二年の間の湛睿充文書とみられる。なお、左衛門尉常資は、四九四三号文書にみえる。

○五〇七八　常住院良瑜書状案※

○山城八坂神社文書

「（端裏書）自常住院殿（良瑜）管領（斯波義将）へ御書案」
其後久不参会候、以便宜可入見参候、抑成田入道々成（泰員）申播州
須富庄（加西郡）事、重申入候歟、聊加扶持子細候之間、（無脱カ）忌憚令執達候、
御教書事、早々申沙汰候者、可悦入候、委旨期奉候、謹言、

十二月廿八日　常住院御判

勘解由小路殿（斯波義将）

○五〇七九　某書状※　○神奈川県立金沢文庫保管　戒律関係湛睿稿本紙背文書

御状候、尊［　］致候間、明春入見［　］申承候、恐々謹言、

十二月［　］日　［　］

謹上　東禅（下総国香取郡）［

○本文書は、湛睿が東禅寺住持であった嘉暦元年～暦応二年の間の湛睿充文書とみられる。

年月未詳

○五〇八〇　某書状※　○神奈川県立金沢文庫保管　随自意抄託事門紙背文書

去十一日総州（上総国天羽郡）佐貫寺下向候、昨日十七日罷上候了、即可参拝
候之処、以外窮屈候、相扶候、可参申上候、論義問題、可注
進由、蒙仰候了、未被定人数候之間、問題

○五〇八一　臨時御幣用途注文※　○神奈川県立金沢文庫保管　野金口決鈔紙背文書

［　］臨時御幣用途事

（四行分空白）

［　］用途九十ゝ一□（三カ）ケ月分

（約二行分空白）

［　］月□（十カ）九日　執行正預中臣祐永（花押）

○祐永は、徳治二年五月日の大和春日社司連署申文（鎌倉遺文二二九六二号）では、春日社権預中臣連祐永とみえる。

○五〇八二　俊才書状※　○神奈川県立金沢文庫保管　湛稿冊子九十九紙背文書

知事治定事、取進候、如仰令喜悦候、長老御労此際分御快令坐給候、
但本処如本候之間□無心本御事被思食候、両人受戒御免許畏
入候、灸差薬事自証□房方候之間、付円□房進□候、今者参
着候歟、［

［　］期後信候、恐［

□月廿六日　俊［

即如御房御返事

「（ウハ書）（切封墨引）
即□（如カ）御房御返事　　俊才□」

○俊才は、四八九一号・四九九七号・五〇八五号文書などにみえる。

○五〇八三　某書状※　○神奈川県立金沢文庫保管随見雑勘文第七表紙紙背文書

細々不参申条恐入候、只今□（良カ）空房（頼吽カ）他界仕候際、歎覚候、何様近候程参候て、可委細申入候、毎事期拝謁申候、恐惶謹言、

□月廿七日　　□□

「（ウハ書）（切封墨引）
□□上人□（御房カ）　　□□」

○良空房頼吽は、一五五〇号・四七三六号・四九九一号文書などにみえる。

○五〇八四　関白家御教書※　○下総香取大禰宜家文書

□　□長房（大中臣）申状□　□□（見）状候歟、可□　□知給之
旨□　□気色所候也、□　□如件、

年月未詳

□□（月）廿八日　　前内蔵権頭（花押）

□□阿波守殿

○五〇八五　俊阿書状※　○神奈川県立金沢文庫保管華厳経演義抄見聞集八紙背文書

上代（下総国海上郡東庄）のくろへ（黒部）、昨日廿八日、押領□申候て、ふたうち（札）て候よし、御代官の方より申て候、先々の様、千葉なんとの憑あるへしとも不覚候、又自当寺も又警固あるへしと不覚候、諸事歎入候〱、重恐惶謹言、

「（ウハ書）（切封墨引）
御報　　俊阿」

年月日未詳

山形県

上杉文書

○五〇八六　上杉憲方書状※　○出羽上杉文書

（端裏書）
「明月院殿自筆」（道合、上杉憲方）
ちやうき（長基）ゆつり（譲）二つう（通）のほせ候、きやう（京）へあんと（安堵）お申候し程
に、さき（上杉憲定）にしたゝめ（認）候しをハきやうへのほせ候ぬ、しせん（自然）の
ために、をなしやうに又したゝめてのほせ候、又二郎入道に
もたせて候、あなかしく、
（ウハ書）
「（墨引）」
（異筆）
「明月院殿御自筆」

○上杉憲方は、応永元年十月に没している。なお、上杉憲方は三五一三号・四二七〇号・四六二〇号など、上杉憲定は四三一一号・四三六五号文書にみえる。

茨城県

鹿島神宮文書

○五〇八七　常陸国鹿島大神宮一年祭礼記※　○常陸鹿島神宮文書

（常陸国鹿島郡）
鹿嶋太神宮一年中祭礼
□半六十九ケ度
大神事一百三十三ケ度
小神事七百余ケ度

護国院文書

○五〇八八　常陸国鹿島護摩堂申状案※　○常陸護国院文書

（常陸国鹿島郡）
鹿嶋太神宮護摩堂号護国院領等事
右護国院者、奉為　当太神宮法楽荘厳、威光増益、殊天下安
全、国土豊饒、興隆仏法、広作仏事、沙門正円所令草創也、

爰為当行資助、或割分廷弱知行之地、或令買得散在之田地、寄附之条、面々証状備砌、仍遼遠之堺正文就難持参、常陸大掾入道浄永(高幹)以校正案文令挙申之上者、早下賜安堵御判、備後鏡、弥為抽御祈禱精勤、粗勒状如件、

○正円は一六一七号文書、大掾高幹は八七五号・三二八六号・三八六三号文書などにみえる。

法雲寺文書

○五〇八九　復菴宗己諡号上奏案※　○常陸法雲寺文書

前住当山(常陸国新治郡法雲寺)復菴某(宗己)、平生行業徹于天聴、有旨、勅有司諡号大光禅師、蓋旌遺徳之可重也、緇素歓呼、山林増彩、長福禅寺住持沙門某、代門人某等、望
闕謝恩、
陛下恭願、
深契仏心、遐昌　帝業、乾元四被、九州々九々州、嵩嶽三呼、万歳々万々歳、下情無任瞻
天望　聖、激切屏営之至、

年月日未詳茨城県

○復菴宗己は、延文三年九月二十一日に示寂し、同五年に大光禅師の師号を賜っている。また、一六一二号・二七八六号・二九七八号文書などにみえる。

妙法寺地蔵菩薩像胎内文書

○五〇九〇　供養願文※　○常陸妙法寺地蔵菩薩像胎内文書

慈父教阿弥陀仏聖霊　悲母蓮覚聖霊
兼阿弥陀仏　忠綱　同子息　彦七　円道
源綱　観証比丘尼
円宗比丘尼
妙重　高重
善阿弥陀仏　藤二大郎入道母儀　教円敬白

○本文書以下三通の文書は、教円が作成した貞和六年三月八日から十五日の年紀を有する一連の印仏願文と関連する。

○五〇九一　供養願文※　○常陸妙法寺地蔵菩薩像胎内文書

円忍ノ二親聖霊　現在ノ分　亀夜叉　亀松　竹松
妙性　法サン　東阿弥陀仏　教円　円忍　広綱

佐藤三郎入道　道如　千代犬
入阿弥陀仏
智阿弥陀仏　与一
阿春比丘尼　祐禅比丘尼　明阿弥陀仏

○五〇九二　供養願文※（○常陸妙法寺地蔵菩薩像胎内文書）

筑後公聖霊　少輔□
ユサハ聖霊
アフラ入道性智□
彼岸経一結衆□
教円志聖霊等□

栃木県

荘厳寺不動明王像胎内文書

○五〇九三　教円書状※（○下野荘厳寺不動明王像胎内文書）

（端裏書）
「おさは殿申せ給へ　けうゑん（教円）」
此円春御房のひんき（便宜）に、衣のひほ（紐）一具給ハり候御事、御心さしいたり申つくしかたく、おほえさせをはし□（まし候）ハし候、又大方殿、小栗殿

○教円とおさは殿は、五〇四七号文書にみえる。

群馬県

長楽寺文書

○五〇九四　某寄進状案※（○上野長楽寺文書）

奉寄進
（月船琛海）法照禅師塔頭（上野国新田郡長楽寺）普光庵田畠等
一田四段　畠壱段
一田五段
右、件田畠等ハ、上野国新田（同郡）庄田中郷内、辻の四郎太郎か西ニ田四反、鶴か沢の西ニ畠参反、同郷柳宮南ニ田五反あり、彼所ハ親父頼阿の手よりゆつり給候処を、心さし候によんて、普光庵へ永代寄附申候、かの田畠等に、若子孫の中に違乱妨を申候者、氏女か跡を一分も不可知行、永不孝の子孫たるへく候、仍寄進如件、

○文書末尾の紙継目の裏に某の花押左半分がある。なお、法照は、一〇二六号文書にみえる。

○五〇九五　上野国長楽寺寺領目録※　○上野長楽寺文書

(上野国新田郡)世良田長楽寺領除不知行□知行所々、可被載御判所領等事

一(同郡、下同ジ)女塚村　寛元四年十二月十五日　沙弥栄勇(世良田義季)寄進之、

一世良田郷内在家一宇　康元二年二月十日　地頭前参河守源朝臣頼氏(世良田)寄進之、

一江田郷内堂垣内　建治三年十二月廿三日　浄院(世良田頼氏次女)寄進之、

一鳥山郷内　永仁五年丁酉六月十一日　慈円(鳥山時成孫ねをい御前カ)・念空(鳥山時成後家)等寄進之、

一中今居世良田四日市北野畠　所当二十貫文竹淵堀籠北　得(徳)治二年丁未二月十一日　源成経

一中今居内堀込畠　とくち(徳治)二ねん五月廿九日　源成経

一南女塚内在家二宇　元亨弐年十一月廿日　浄院

一小角田村内御堂前畠弐町六反　分所当十七貫文　元亨三年癸亥十月十七日(世良田)源満義

一小角田村内田畠　嘉暦三年戊辰六月一日　源満義

一那波郡飯塚郷那波上総二郎宗光知行　嘉暦三年七月十七日　相模守(北条守時)御判

長楽寺長老物田数五十六町七反分銭弐百五十壱貫七百文

年月日未詳群馬県

一(新田郡、下同ジ)八木沼郷内在家畠　嘉暦三年八月廿六日　小此木彦次郎盛光妻紀氏寄進之、

物畠十四町九段、新寄進分　所当四十一貫七百二十二文、除宮地定

一八木沼郷内在家畠、下江田村内赤堀在家一宇

物畠十五町二反　所当五十一貫五百七十三文此内三十三貫四百文　出作分

西谷村在家等事　嘉暦三年十一月八日

田畠十一町九反所当員数不見之、大谷四郎入道々海寄進之、

以八木沼郷以下散在之地、為義貞(新田)追善料所

将軍家(足利尊氏)御寄附御判

一新田庄小角郷内　観音堂西五郎跡新畠　元徳二年卯月廿一日　源満義

畠弐町一反　所当十四貫文今者河成

一同庄小角郷内畠地　元徳二年庚午十二月廿三日　源満義

一武蔵国(幡羅郡)中条保内水越郷古政所南深町　建長四年七月五日　左衛門尉時家(藤原)寄進之、

一近江国(坂田郡)上坂在家田地中条水越類地也

一(新田郡、下同ジ)新田庄大館郷内出塚村半分北方　所当十八貫文　観応三年六月十八日　了観寄進之、

一八木沼郷　加藤三郎跡　正平七年二月五日　御判

一新田庄相根郷　貞治二年閏正月十六日　御寄附

一田嶋在家一宇　田一町　所当員数不見之、

一上堀口在家一宇　所当員数不見之、

一平塚村　惣年貢▨▨八十一貫六百十六文、加目銭定任庄主方結解状注之、
一相根郷田畠弐十六丁一反半　所当四十九貫五百十文
一那波郡善養寺在家二宇　田四丁三反半所当十三貫文作人六郎二郎入と分
十五貫文作人弥藤三
一新田庄飯塚郷内源成経寄進在家三宇　田五町七反所当五十二貫七百五十文
一鳥山郷内樓井次郎入道在家一宇田弐町三反
一亀岡郷額戸方事在家・田畠坪付載別紙
明徳三年八月十一日　岩松禅師頼宥在判
已上

○▨▨は擦り消している。二二二三号・三三六〇号文書を参照。岩松頼宥は、四八四号・一八九三号・四五七三号文書などにみえる。

正木文書

○五〇九六　武蔵国五日市庭宿在家年貢注文※　○上野正木文書

五日市庭しゆく（宿）在家御年貢事
（武蔵国足立郡ヵ）
三反はたけ（畠）せに（銭）三百文　九升こむき（小麦）　四郎二郎
三反はたけせに三百文　九升こむき　五郎四郎
三反はたけせに三百文　九升こむき　からほう
四反はたけせに五百文　九升こむき　又六殿
一反人見やしき（屋敷）せに二百文　かうせん
三反同所せに五百文　人見のと（能登）殿
一反しきたいやしき代二百文　七郎太郎
一反半みまさかさいけ代三百文　平内三郎
以上　こむき三斗六升
代せに二貫六百文

千葉県

香取案主家文書

○五〇九七　下総国返田村新畠坪付注文※　○下総香取案主家文書

（下総国香取郡）
返田村の□　□新畠坪付之事
（小太郎ヵ）
こたらうかさく　□□との

○五〇九八　下総国佐原村源太祝領坪付注文※

〇下総香取案主家文書

佐原村（下総国香取郡）源太祝内坪付

三坪　司　二反　四郎三郎　源太祝　廿二坪　司　二反　源太祝
廿五坪　合力一反半　源太祝　二里　廿五坪　安久二反権三郎源太祝
二里　七坪　司　小　源太祝　廿六（坪脱カ）　実命七反三百歩 そのならひ一反小 源太祝の手
十九坪　司　二反小　中三郎　源太祝　五坪　司　一反　彦二郎　源太祝
一反之内大ハいしひちの前

○五〇九九　下総国丁古村田畠坪付注文※

〇下総香取案主家文書

丁古村（下総国香取郡）田の坪付事

二反　せんけんの下神　二反　こま田
二反　よこ田　一反　につへさき
一反大　こいけ　大　やまさき
大　きよ田　二反　はさま田
三反　ますわら　一反　とうほつ河
一反　あさきや　一反　くそ田
一反神　ねひき田　大　神田半
一反　金丸ひら田　一反　はうやま
一反　つき山のこし　三反　やくち
五反　くほいと　一反　まつもと
一反　かたしお同所々一反
大　まかた　大　しおくち
一反　せきくち　一反　みふね山のこし
一反　ふつしやう（仏餉）田　大　わたと
一反大　はさま田　大　はう山のこし
一反　しほ田　一反　ひら田
追野殿分　又五郎入道　六郎大郎入道
二反小　はう山　同所二反大
うきめん（浮免）の分　一反　こいけ
かやたの下に三反　おうはしに五反
さはら（佐原）の宿のうしろに一反
岩井口　二反　多田　一反

こやま　大
　畠之分
しのわら畠半たてかた　　おいの畠一反八神
につへ畠半　　くぬき内やしき又見神
御やすみと神　　二反半　つはら
一反半　みやうしやう畠　一反　かたしおうきめん
大　はう山うきめん　二反　はう山しやうのこし
一反　よしわら　　つのみや（津宮）のやしき（屋敷）
又つのみやにやしき
二反　まいはら畠

○五一〇〇　下総国丁古村田坪付注文※　○下総香取案主家文書

（下総国香取郡）
丁古村田の坪付事
二反　せんけの下（ん脱カ）　　一反　こま田
大　よこ田　　大　にんへさ□
一反　こいけ　　大　やまさ□
大　きよ田　　三反　はさま□

二反　ますわら　　一反　かた□□
一反大　まつもと　　同所かた□□
一反　はうやま　　二反　やくち
四反　くほいと　　大　あさきや
一反神　ねひき田　　半　大神田
大　みふね山下　　大　わたと
一反小　いやくち　　二反　大はし
大　せきくち　　一反神　金丸 ひら田
大　こやま神

○五一〇一　下総国丁古村田坪付注文※　○下総香取案主家文書

丁古村田ノ坪付事
廿六坪　御名六反　　廿五坪　五反□（内カ）一反大祝をくる 四反丁古殿
二里五坪一丁内　二反神擬祝をくる 八反丁古地頭分
同里廿三坪　師松三反　　同里卅三坪　御名二反小 丁古殿
三里一坪　一丁五反手
同里四坪　合力二反 丁古殿　　同里五坪五反 丁古殿

六里四坪　師松四反〇丁古殿　同坪重枝　大　御手
同里八坪　師松二反　御手　同里十八坪ヲイノトノ分　御名三反
六里卅坪　御名五反丁古殿
追野殿分
坊山二反小又五郎入道　同所二反大六郎大郎入道
津の宮分
カタシヲ一反六郎大郎入道　同所一反

○五一〇二　下総国某村御名検田徴符※

〇下総香取案主家文書

□□□□御名検田徴符事
□反　七斗三升　平太三郎入道越後内一反　〇(三)斗六升丁□寺
一反　「三斗六升」(補入)　若狭房丁古　一反　源二郎丁□
□反　平太四郎内　一反小　弥三郎根□
一反半　大夫五郎入道丁古　又四郎馬場
□反　大神主　二反　国行事
一反　浄日房(イ)吉原　一反小　判官代木□
□反　検非使吉原　一反　権禰宜

□半　孫三郎ハチ　一反　六郎祝
二十部　源馬入道　大　彦三郎ツノ□(ミヤカ)
大　三郎二郎ツノミヤ(津宮)　大　五郎二郎ツノミヤ
大　与三郎殿ナチ殿跡　三反　木内入道
□反　小長手　一反三百部　平次五郎□
□反　右馬入道　一反　お、いさいく(細工カ)
□反小　小井土神主　二反　中平神主

○五一〇三　内山中務領百姓内合力名坪付注文※

〇下総香取案主家文書

合
内山中つかさ(務)殿百性(姓)内合力名坪付
弥次郎内
三反　霜月六日神　弥二郎
一反　中町　同人　二反　千現の下　同
一反　ますわら　同人　一反　小いけ
小　はしもと　一反　なかぬま　一反やすひさ

平五太郎内
二反　よこた　平五大郎　　二反小　こまた　同人
三反小　いけいの上町　　一反小　同人
一反小　にんへさき　　一反　平五大郎
金次郎内
五反内二反古不
三反　すもた　　二反小　ひらた　同人
大　むかいた　　大　浄法さき又見の御神田
平六三郎内
二反小　はさまた　同人　　一反　かたしを　同
一反　ほつかわ　平六三郎　　二反　相田　同
六十小部　相田　　半　山さき

○内山中務は、三七一三号・四四二七号・四四三四号文書などにみえる。

○五一〇四　内山中務領百姓内合力名坪付注文※　○下総香取案主家文書

□□□(内山中)務殿百□(姓)内合力名坪付

合

弥次郎内田坪付
□反　十一月六日神　弥二郎　　一反　なかまち　弥二郎
二反　せんけんの下　弥二郎　　一反　ますハら　弥二郎
□反　なかぬま　弥二郎　　□　弥二郎
□□　やすひさ　弥二郎

き二郎内田坪付
□(五反)□内□□不三反作　き二郎　　二反小　ひらた　き二郎
一反　にへさき　き二郎　　□反□　き二郎

平五大郎内
□反　にへさき　平五大郎　　二反　よこた　平五大郎
二反　こまた　同人　　三反　こいけ　同□
一反　さうてん　同人

平六三郎内
一反　か□□□　平六三郎　　一反半　しへの　平六三郎
□反　さうてん　同人　　一反おわた同人

六十部《さうてん》　同人　三十部《さうてん》同人
□反小《しへの》　同人

○内山中務は、三七一三号・四四二七号・四四三四号文書などにみえる。

○五一〇五　下総国某所畠坪付注文※

○下総香取案主家文書

〔　　〕□□（中務殿）□□畠坪付事
〔　〕□□つはら　一反小　につへ（新部）　三反　さ〔　〕
〔　〕はらしやく　三反　おいのこんけ（追野カ）□（んカ）
〔　〕いしひち　三反　はうやま
〔　〕（一カ）いわやくち　一反司　おやすミと□□（ころカ）
大　良つのみや（津宮）やしき一所　一反　ほつかは（堀川）
一反　よしはら（吉原）　小　引地寺上
一丁　にやく　半　寺　につへ
二反　御名しのはら（篠原カ）　半　おりたち（折立）
一反半　めうさう内大　くぬき内
一反　はさまた　五郎二郎　やしき畠

○五一〇六　下総国某所検注帳※

○下総香取案主家文書

六十歩　さうてん　同人　□（半）　やまさき（山崎カ）　同人
大神田　大　同人　なかへニ大　同人
一反　あさき　同人
一　畠分
一反　ほつかハ平六三郎　一反つのミや（津宮）　同人
おいのやしき下畠一反御神　おいの上半神　平六三郎
一反　こいけ　同人　平五大郎
三反　やしきトもニおかたて　平五大郎
二反　ひこ内　同人　一反　たゆ田　同人
四反　弥二郎内　弥二郎　半そトやト同人
一反　はなたて　同人　まいはら　小　同人
きとしり　半　一反　ミや五郎内
二反　つはら畠　半　やしき　孫二郎

○五一〇七　下総国某所検注帳※

○下総香取案主家文書

□反　合力　七斗
三反　せうかれ　一石四斗
一反　かむろ　八斗
一反　こかす　四斗五升
一反　さかのした　五斗
二反　一石三斗　すミやき田
二反　大い田　一石三斗
二反　一石五斗　□□（八郎）四郎作
二反
二反

○五一〇八　下総国某所坪付注文※　○下総香取案主家文書

［　　　］　［　］　［　］
［　］さく下　（左馬カ）さんま
［　］く　七郎大郎
［　］（かカ）□さく　次郎
［　］さく　四郎五郎
［　］ほつこめ　まこ三郎
□（大）山たい　相良新左衛門
［　］［　］下　同人
［　］［　］（のカ）□さく上　いや七

○五一〇九　下総国某所検注帳※　○下総香取案主家文書

（下総国香取郡）大畠村十七ヽ（坪）　司三反小内　一反大　七郎二郎入道
一反大　民部殿

○五一一〇　下総国某所用途注文※　○下総香取案主家文書

二斗二升　ちおん
八升三合　返田神主
五升　平太四郎入道
七升　宮四郎

○五一一一　下総国某所作人注文※　○下総香取案主家文書

し［　］　［　］くれ上下［　］　［　］松［　］
（天津上カ）あまつかみの上　みのくち上下　い［　］

みのくち　つるかさく上下［　］
ゐのふたのへた　　ま［　］
きとのわき　四郎二郎ほつこめ［　］
きとのわき　［　］
よるつきのへた　いけの［　］
まつは　　ま［　］
にしのさく下坪　［　］
たうのまゐ　［　］
一地頭方作人之事
小松山のこし　［　］
つるかさく上　同［　　　］

○五一一二　下総国某所用途注文写※

○静嘉堂文庫所蔵色川本下総香取案主家文書

御相穀　□［　］　五石　［　　］
さいくわう内［　］　一石一斗四升三合　つは□(らカ)殿
［　］や内　□五合　御あんの分

年月日未詳千葉県

［　］や内　［　　］

香取田所家文書

○五一一三　下総国男体・女体御料注文※

○下総香取田所家文書

一男体御料
一大口一腰紅　　一□(御カ)［　　］
一御表袴《ウエノハカマ》有文 面蘇芳裏紅　　一［　　］
［　］衣《キヌ》一領　　［　］
一笏一位 挿《サシ》　　［　　］
一御沓《クツ》一足　　一帯《ヲビ》一筋《スヂ》　石銅
一半臂《ハンピ》一領　　一御衣二領蘇芳 単《ヒトエ》キヌ

一女体御料
□(一カ)御□(袴カ)□一腰紅　　一□　［　］
□(一カ)［　］一［　　］　　一御□《クシ》(櫛カ)［　　］摺《スル》
一［　　］紙 ［　］入ル ［　］イニノ　　一紅《ヘニ》［　《サ》　］
［　］油《□(ア)フラ》［　］三［　　］

○五一一四　下総国香取社神事酒注文※

〇下総香取田所家文書

料田あ□（る）によつて大瓶三あまりニて候、一八〔御蔵□□の〕
一ハちやうノ内、そはたかノ返あそ□（ひヵ）にまいり〔　〕
一六日瞻男御祭大瓶五瓶□〔子〕廿四瓶内〔与四郎入道〕
廿四瓶ノ内瓶子一具神主殿瓶子一具大禰宜殿
同大瓶一瓶子一御前にて是ハ土器内
同大瓶一従料酒同瓶子一蔵立丁古侍従勤〔日〕〔　〕
一八日勢至殿御祭大瓶八内一神主殿一大禰宜殿
六ハち□□（やう）ノ内同瓶子廿四瓶　権禰宜殿勤
一九日鹿嶋御祭次郎神主勤大瓶八瓶子廿四瓶〔同〕
大瓶一次瓶子
大瓶八内一神主殿一大禰宜殿
一十日若宮御祭権祝勤大瓶八瓶子廿四瓶。大瓶八内
同大瓶一次瓶子
一神主殿一大禰宜殿
一十一日佐渡殿御祭ヨノツネ祭今正判官代勤大瓶八瓶子　廿四
瓶大瓶八内一神主殿一大禰宜殿
一十二日火王子御祭当作小野性蓮勤但古不ふるによってニヨトム
今ハ大瓶六瓶子廿四瓶大瓶六内一神主殿一大禰宜殿

一十四日単山御祭多田殿勤大瓶二半瓶子二御前
同瓶子二内一神主殿一大禰宜殿
一十六日火王子御祭検杖《かなくほ》勤大瓶八瓶子廿四瓶大瓶
八内一神主殿一大禰宜殿
一十七日息栖御祭追野寺勤大瓶六御前ニ
瓶子廿四瓶内瓶子一具神主殿瓶子一具大禰宜殿
一十八日忍男御祭大禰宜殿御手大瓶六御前ニ同
廿四瓶内瓶子一具神主殿瓶子一具大禰宜殿
一十九日又見御祭大瓶二瓶子八内瓶子一具神主殿
瓶子一具大禰宜殿是ハ宝幢院勤
同十郎命婦勤大瓶二瓶子三
一廿日馬場殿御祭案主《スミ》勤大瓶六瓶。子廿内一具神主殿一具大禰宜殿
同日佐原禰宜勤今ハ大河原孫次郎入道勤大瓶一従料酒
瓶子四瓶
同日次瓶子大瓶一追野寺勤
一廿一日八郎王子御祭国行事殿勤大瓶四同瓶子廿四瓶
内瓶子一具神主殿瓶子一具大禰宜殿

一廿二日登戸王子御祭田冷勤大瓶六瓶子廿四瓶内瓶子
一具神主殿瓶子一具大禰宜殿
一三月御細工御神事大細工勤大瓶八瓶子廿四瓶
大瓶八内一神主殿一大禰宜殿
田ノ坪ハ小野
同次瓶子大瓶一一斗かめ瓶子一奉行酒田冷勤
同七禱酒大神主勤大瓶一瓶子一ハ吉色
一四月御田うへ御神事大瓶二瓶子四瓶肴ハわかめ中祝内
今ハ権祝勤
同土器内大瓶一瓶子二肴ハわらひ
同中平神主勤大瓶一瓶子一肴ハところ
一九月御神事大瓶一瓶子一ハおして権検非違使勤
同大瓶二同瓶子一具是ハさいちやうのおくり酒同
瓶子三御前ニ是ハ大禰宜殿御勤
同大瓶一同瓶子一行事禰宜勤
同神子別当内大〇（瓶）一同瓶子二内一神主殿一大禰宜殿
同大瓶一宝幢院勤

〇〔　〕は、色川本により補う。

年月日未詳千葉県

〇五一一五　下総国香取社神事酒白米等注文※

〇下総香取田所家文書

〔米〕□□三升〔瓶子三いほ〕□□□□アリ録司代　〔同〕□白米三升いほアリ〔魚〕
瓶子三田□〔所〕　同白米五升いほアリ瓶子三案主佐原
〔白〕□米五升其ノ内いほアリ瓶子二物忌　同白米二升五合
いほ有八人女大ゆか　白米三升式正六人　米一升歌人
米一升火あかし　米一升天道　米一升大命婦　八条机有
小机六前　小物　八人女まいとの　八条机有白米三升神夫六人
〔米二〕□□升いほ有〔出納〕□□小物長　米一升瓶子一むしろ　米一升魚有小魚
殿居庶子　小入物一升瓶子一蔵立正判官代　小入物二升にハはき
米一升同瓶子一くる夫土器　〔白米二升〕□□魚アリ　瓶子一大祝殿
白米二升魚有瓶子一副祝殿　白米二升魚アリ瓶子一権介
一地頭分　小机廿〇（五）前相助　一物神官達ノ前机ハ相撲
御神楽　〔元三〕□□共たかいニ相助也
元三御神楽同
一同廿五日ノ御酒禱ニ瓶子七ノ内〔二八〕□□御前ニテ但シ御前
〔三〕□テハタリハラ　六ッさんく殿（此三内）　おして已上（参ツ）　瓶子一かま殿
瓶子一さんさ殿　瓶子一押手　瓶子一御前ニテ　正日

廿九日
瓶子一御手□　瓶子一具廿七日ニ　一御蔵しつめの酒
太瓶一但シに□そ　一経所　七前ニ下前有但シ新供僧
〔　〕神主殿小上一前大禰宜殿　□□〔小上〕一前下前ハしやうしん

○〔　〕は、色川本により補う。

○五一一六　下総国香取社神領打渡目録案※　○下総香取田所家文書

「校□□」〔後筆カ〕
□渡　下総国香取社諸神官訴訟〔散カ〕□□□地半分事
□〔二〕□　物申祝分
三段七里三坪岩井口当作飯篠将曹半分　一反作人同人三里七坪大幡半分　一反小作人同人三里七坪ツフラタ半分
屋敷一宇作人同人ツノ宮惣神下半分　畠四反作人同人同所司半分　三反内山中務五里十八坪赤馬半分
三反内山中務一里十六坪佐原コマタ半分　二反小三郎兵衛エコタ半分　已上田者社家与地頭在談合下地ヲ半分ツヽ可別、後々同之
一副祝分作人左近入道
三反新部ミヱ尻半分　二反経田　一円渡塙四郎押領
一大神主分

二反小作人由木助直神田三里廿二坪　半分　二反節戸ホツト半分　三反作人相良一里返田助直半分
一小井土神主分
大シホカヤ半分　畠二反小屋敷内金丸
一土器判官代
二反経田四月五日御神田御田半分　一反大作人新左衛門又七馬打十一月五日カワラ打田半分
畠三反ヨコウ半分
一権次郎祝分
一反シイキ助直御名半分
一押領使分作人相良
畠二反屋敷庭ナキ半分　畠一反作人同人南内庭ナキ半分
一大長手分
一反コカス小橋下半分
一権検非違使分
大中村カヤモト半分　宮前中村ホマチ西　船津ホマチ半分
二反作人左近入道佐原半分　一反小同人花井下半分
二反小内山中務知行赤馬半分
一三郎祝分

一反作人内記シホカヤ御細工田半分　三反唯念内経田ナハシロハリ半分　作人飯条将曹ホックコヤハラ半分
一案主分
三反新部作人六郎三郎入道立沢分半分　二反小大橋半分　二反小作人彦四郎半分　新部
一神子別当分
二反コカハ田節戸　作人又三郎半分
一行事禰宜分
一反谷中半分　畠二反トタサク良半分
一大細工分
一反新部クホ井土日御子神田　作人内記半分
一伊勢阿闍梨跡分
一反小イナキ野元半分　一反ヤナクイ田三郎兵衛半分
大イナキ丁古半分　畠一反甲丸丁古半分
一正検非違使分
畠小吉原半分　甲丸御名一反三郎兵衛半分
一吉原検杖分
畠一丁作人彦五郎□□カキ内
一擬祝分

年月日未詳千葉県

○〔　〕は、色川本により補う。

○五一一七　下総国香取社神領司名屋敷田畠渡残分目録※　○下総香取田所家文書

香取太神宮御神領〔司名〕□□幷散在所々屋敷田畠渡残等事
一司畠三反脇鷹神　西藤内司田三反津宮神
網路一所おそろく内　小畠一所ウルシサク
同中村孫三郎
一司ホマチ一所津宮　司二反フチクチサワラ
司壱反半ナスヒ内此内ニ網路一通　司一反大ハシ
早田ホマチ一所サワラ彦三郎　立沢方
一司早田三坪ヲリタチ　司早田五坪津宮
司畠一所津宮ツヘヲ　司畠一所ヲリタチ　中沢方
一返田村内司新畠所々有之向坪可見

○〔　〕は、色川本により補う。

香取分飯司家文書

○五一一八　下総国香取社九月祭神事物帳写※　○下総香取分飯司家文書

(端裏書)「毎年九月御祭在聴(庁、下同ジ)すからもんさけの帳」

毎年九月御祭御神事物帳事

一在聴前ノすからもんさけ(酒)の米の事

一織幡ノ勤

くろ米二斗、同代官分ニくろ米二升

一織幡殿そしふん(庶子分)　大田殿勤

くろ米三斗　同代官分ニくろ米三升

これハ守安名二丁八反大ノ勤

一大蔵分　くろ米二斗　同代官分ニくろ米二升

右、毎年無懈怠可有沙汰候、

永仁本帳ヲ応安年中ニ書写畢、

田所藤井吉安在判

○五一一九　下総国香取社神官領注進状写※　○楓軒文書纂所収香取分飯司文書

(初欠)

一副祝分

若宮明神御堀内御敷地畠壱町幷新部村(下総国香取郡)同御神畠

壱町内八反畠一所　屋敷一宇ナカサコ宝幢院　五日市場ヨリ

小井土マテ中村押領

真吉三反クロ山　中村二反ヌク井宝幢院　一反篠原

一反牛若子　二反丁古　五反内一反四郎大郎跡 一反牛若跡 二反中村弥三郎跡

二反　於田当作宝幢院 三反金丸ニツヘ　中村　四反丁古　一反小中五郎跡

一反小クワヤマ　小藤次夫(ママ)跡

一大神主分

苅馬　廿七坪良吉方三反大内一反六十歩大神主 二反小小藤次　中村押領

助直　二反小神　中村　節戸　二反小　同人

助直　二反小一里三坪 クワヤマ　同人　助直　三反返田 サカラ　三郎大郎跡

一小井土神主分

田小新部崎　中村　大カマスカ同人　大シホカヤ同人　畠二反小押領 同人

一中祝分

五反ヌマシリ中村　二反越後内同人　大つはき中村
畠一反小井土アカヽリ内同人　二反小井土　同人
一追野検杖分
一反小司イシヒチ中村　六反内左原畠三反金丸内三反司此内八日市立中村
一反小金丸カツシリ船付津　同人　金丸一反ヒシヤモン堂下同人　五反　岩　同
大橋　同
一修理検校分丁古
平七内畠ヤシキスク井丁古名主押領　枝川畠　平太三郎入道アチコウチ
一反小池上大夫作　三郎兵衛押領
一土器判官代分
一反経田　作人新左衛門四月五日御田御神田　中村ヨコウノ畠　三反　同人
一反大馬打十一月五日土器分田同人
一権検校分
五反ツハラ中村　二反中秀野　同人　三反アイハナ　中村
一次郎神主分
四反鹿嶋神田ヒラタ　中村　一反脇鷹散供田ツハラサキ多田　三反カヤタノ下利助中村
二反小鹿嶋神田コキナタ多田

年月日未詳千葉県

一検杖分
二反　孫三郎入道ツノミヤ　二反半内神田一反宝幢院一反大応寺　畠三反宝幢院
利助二反宝幢院　畠三反内良一反　御名二反宝幢院
一禰宜祝分
一反ハヤタ大夫法橋跡　司畠壱所　屋敷一宇　中村
一反馬打　大ヨコカネ　多田
一四郎神主分
二反カタヽ　畠二反コヤハラ中村一反右馬四郎入道一反大夫二郎入道　田三反良　中村畠一所宝幢院
畠一所作人内木新右衛門中村　庶子死亡跡　二反カマカエ
一反畠中村　二反コヤハラ同人　畠一所コヤハラ同人
田一反小コヤハラ田所名
一中平神主分庶子死亡跡
三反吉原宝幢院　畠四反津原右馬四郎入道作　大平五四郎入道跡フクロタ
二反ホット塙四郎　小フクロタ大郎二郎入道作
一吉原検杖分
畠一町大カキウチアウリヤウ丁古二反小クホ井土　押領丁古
一権次郎祝

一反シイキ　中村　二反小岩井シリ　丁古三郎左衛門
一押領使分
二反宮下神死亡跡　二反アキヨ神死亡跡　三反ナミウチ司死亡跡　二反神田　しのふ田
一反シハサキ　一反ヤナカ　二反ナミウチ死亡　金丸一反神馬打
一反金丸馬打死亡跡　二反金丸西ノ井ノシリ　大神はし　一反神イケノシタ
畠二反死亡跡ヤシキ二ハナキ分　一反死亡跡ヤシキ御灯分　一反南内死亡跡にわなきふん
二反きたのさこ死亡跡　二反死亡跡宮下　一反小わた
二反ミタラシ　一反神ヤシキウシロ　一反死亡跡ヤシキ命婦内
大こなうかさこ　已上相良三郎左衛門入道一円押領
一田冷分庶子逃亡跡
二反カマノ田中村手作　二反ニツシヤウタ同人　二反イケシリヤエハタ同人
一反小追野寺　畠三反中村手作大畠同人　二反王子神手作同人
二反王子神つくき田同人　一反さわた手作同人
一大長手分
三反小カマ田死亡跡宝幢院　一反小橋下コカス　中村　畠一反半大畠宝幢院
七反神あふ田　織幡ノソク　一反小タキノシタ中村
一源太祝分

二反佐原合力中村　大内小八手ニモツ小八与一入道作　小大橋　同　畠一所うつきぬま同
二反寺畠ニツヘホリヲカキル　同人　今ノ新城此内也、中村タチツクニツヘノモト城
一疑（擬）祝分
四反死亡跡長田丁古三郎兵衛　一反小ヲハリ田内山中務
一反又畠　あち一かう内山中務　一反ムカヱヌマ安久中村
屋敷共六郎次郎跡　内山中務手　三反カタシヲ　中村死亡跡
一権検非違使分
三反かとた　四反ユヤマ　大マスワラ　大カヤモト　二反タマタ
二反大花ノ井　一反小同下　二反佐原宮ウシロノホマチ　西船津ノホマチノソク
二反ウサキヌマ一円中村押領　二反小　中務押領　三反コワタリ物忌
一田所分
一反小左原大橋上中村押領　二反大橋下同人　二反につへ同人　二反小同坪同人
二反ミナト中村ノソク　五反　小野織幡　畠一反小大畠中村
畠二反ヨシハラ　中村　関戸尼跡今ハ号豊前跡死亡
畠二反屋敷一所坪ハクホノシト　当知行安久寺
田一反小西ノ井土良　同人　田小同坪関戸七郎跡大応寺知行
一反　同坪　同人　一反大同坪良知行追野寺

田二反大内坪内一反小 一反小 吉清名 物申名 小八所務代 小八所務代
三郎左衛門知行丁古 已上 二反左原 所務 押領中村
田一反小ヒラタ同所務同人 畠二反ヒチヤ所務同人
畠二反吉原所務同人 田二反ヌマロ下地押領 中務跡
田一反小赤馬崎 下地同人
一六郎祝分
三反エタキワ 丁古 谷本入道押領
一三郎祝分
一反シホ カヤ御細工田 中村 三反経田唯念内苗代計同人
三反司畠唯念内同人 大良同人 一反御名金丸大越前内同人
一反 津原崎ノソク 助直・唯念内 二反 金丸越前内 ノソク
ホツクコヤハラ飯竹将監
一堀口神主分
一反小 金丸中村
一角案主分
三反神田 佐原名(谷カ)中村 二藤口同人 三反新部谷立沢押領
二反小同坪 中村一反小薬山名(谷) 三反神田沢田谷なわもとのつゝミ下追野寺

年月日未詳千葉県

竹山小畠南竹山 二反小大橋 中村追野寺押領
一反シホカヤ宝幢院
一神子別当分
二反小海戸 節戸中村
一検枝油井分
一反中 ミねの下ゑむきて一とをり中村
一行事禰宜分
一反谷中中村三郎兵衛 節戸小 丁古三郎左衛門
一別当分
追野村内 畠一所カクライ内 畠一所フツカス内 畠一所弥戸内不
畠一所 荒谷内 畠一所 □作内手 畠一所権現堂内
屋敷一所 田畠 前原ニ少アリ 神宮谷ニ田アリ
委細有帳 畠二所ウソ内
畠一所 長作手 内山中務丞押領 田五反 宝幢院
坊山シツ サイキノ野 大道塚(堺カ)ニアリ
中村式部丞押領 左原・新部・神宮寺谷
田一反小大ヒラ田 寺二反手七坪 寺一反小八坪 寺二反九坪

年月日未詳千葉県
寺十坪二反小大隅房録司代　寺十一坪一反小　寺十二〻合力一反小　寺十四〻大合力
寺十五〻一反小　寺四反十六〻　苅馬谷寺七坪三反油田宝幢院
寺十坪五反キヨタ中村　寺十二〻一反篠本　寺十九〻御名一反小
寺廿〻二反
此内、内山中務押領候地、本ヲ不存知候程ニ、委細、坪不付也、
司寺大相根　一反　民部作　寺二里廿七小実楽作　屋敷一宇宝幢院
二里田五反小ミしま田大和内　畠二反カクサ内作人キセイ孫三郎
畠一所前原丁古　畠二反小内一反小不　田大シハウヌマ
ぬまのつゝミそい　作人神子別当孫二郎　畠一所
けん太祝内の大ほつこめ一ゐん
追野内新部内畠五反シッサキノ下　畠一所ハチ入道下
田五反下地押領丁古内　三反司寺サ、ハラ大応寺
一反小寺小畠半アリ　イケシリ三郎左衛門　此内一反不
一権禰宜分押領坪付有別紙、
一在庁六郎介名田畠事
一大細工分

一反大シホカヤ御細工神田　中村一反新部クホイト同御子　中村
一判官代分ノフト
二反ヒラタ鹿嶋神死亡跡　中村
一笛大夫分
三反タキノ下中村
四坪カマスカ此内大中村手一反小彦太郎入道　大神作人四郎五郎入道
大不ほつと　畠五反新部　屋敷一宇　中村
一文三郎祝分死亡跡
二反織幡宝幢院　一反苅馬宝幢院　三反カマスカ同寺
一反合力　同寺　一反大合力　中村手　一反カマノ井　追野寺
大クヌキサキ中村　大セタタ　又見坊　畠二反宝幢院
一反ツホノウチ同寺　大カナクホ　同寺
一権祝分死亡跡
大司小谷原　中村　二反柴崎同人　一反小新部若宮神同人
一反小同神田サ、ハラ三郎兵衛　三反馬料追野寺　一反小津宮中村
畠二反司津原中村　二反司内一反神同人　一反大水ハミヤシキ同人
一反司若宮神ヨコウ同人　二反録司代名同人　一反金丸同人

一反私長サコ同人　一反新部司同人　二反大畠御そきはたの神畠同人

一反金丸　同人　小なかさく荒野　同人

一御物忌名　今吉帳面見候也、

一供僧少弐律師分

一町アウネ内山又次郎入道押領

虫払田　左(佐)原有　中村押領

二月常楽会料田一町内柴崎中村押領

毘沙門堂面(免)田　当々作

一正検非違使分

畠小吉原中村　田丸御名四反三郎兵衛　田丸御名一反同人

一孫大夫逃亡跡

屋敷一宇　田畠壱所　同あひはな畠一所　中村

一小長手分

鏑山五月五日鏑流(ママ)馬　鏑料　宝幢院

一秀野長死亡跡

良二反ツハラクホ井土中村　一反小新部ツハキタ同人

五反内新部ヲサ内一反六十歩宝幢院　一反三百歩中村　二反同人

年月日未詳千葉県

畠二反司ヒチヤ中村　一反カキノキ畠同人　屋敷一宇同人

一反小司ホツト　同人

一鴇判官代逃亡跡

二反コカス正月十五日神田　追野寺　屋敷一宇新部中村

畠一所新部クホ井土　宝幢院

一逃亡死亡神官跡事

権祝　中祝　秀野長　笛大夫　佐原禰宜

塙祝　録司代　検杖カチヤ　文三郎祝

一高倉目代分　屋敷一宇内ワタノ入道死亡跡　半分大応寺

五反ムシタ祭料御神田谷本入道　屋敷一所スクイ同山野畠

アチ二ケ所アリ知行三郎左衛門　薬師堂　山畠同前五郎次郎内　野同人

一同庶子逃死亡跡　宗真孫四郎跡

田一町　畠一町　屋敷一宇今三郎兵衛《サエモンノ》屋敷山野・新畠等在之

ハナワノヤシキ下ノ小畠等　三郎左衛門　同　大応寺

一同五藤内死亡跡　大大クワタシメウハウノアト　知行大応寺

二反スクイ大応寺　三反内イケシタ　一反大応寺　一反小見　一反安(久カ)大寺　大大クワタ大応寺

屋敷一宇　畠一反三郎兵衛

一同孫五郎入道跡　死亡
一反エタキワ三郎左衛門　畠小ミスミ大応寺　屋敷一宇・山野等同人
一同正月内田畠アリ逃亡也　大応寺　三郎右衛門知行
一同庶子伊勢阿闍梨死亡跡
一反小イナキ三郎左衛門・谷本入道二人　此内半分渡　小畠一所
一反小ヤナカ鎮守神田　知行三郎兵衛
一反ヤナクイ田千手堂修正田　同人半分渡
一反ミエシタ《ひしこ》　知行大応寺　一反クトタハしの下知行三郎左衛門
二反むなたか　三郎兵衛　畠一反サ、ハラ　三郎兵衛
此外、しるしもらしは、御尋ニよて申へく候、
諸神官等、庶子死亡逃亡跡雖多候、委細注申不及候、向坪
委細可申候、其外しるしもらしハ、追可申上候、

香取源太祝家文書

○五一二〇　某注進状写※
○下総香取源太祝家文書

目安
香取社(下総国香取郡)大禰宜(大中臣)長房悪行狼籍(藉)注文事
一宮中を屋敷とし、牛馬を立、犬ぉ□四足五身男女月水以下之不浄ぉ□(致カ)神ぉ穢申事、
一大小之御神事ぉと丶め、御祈禱ぉ□(不カ)致事、
正月修正・三月初午之御行御神事、四月五日御田之御神事、五月五日之御神事《やふさめ》、
一公家進止社官副祝を責亡、其跡之田畠を押領する事、
一神官等ぉせめたうし、其跡之田畠を若党中間等之恩ニし、あいのこる神官等ニハ非分之過料雑役を懸事、
一宮中之竹木をきり、私用ニし、大木をはふね(船)ニ作てうる(売)事、
一良田を知行しなから、社之修理以下之役ぉ勤さる事、
一かなとふろ(金灯籠)をたうしてなへ(鍋)ニゐ(鋳)、御とうのわつらい(煩)を致事、
此なへわれ(割)たる事、希代のきとく(奇特)也、
以此旨可有御披露候、恐惶謹言、

○大中臣長房は、八三七号・二六九三号・四六一二号文書などにみえる。

中山法華経寺文書

○五一二一　平某譲与注文※　○下総中山法華経寺文書

譲与状之外

一日祐聖人御本尊一舗、御自筆内記抄、御舎利幷聖教等

一宿坊屋敷、雑具等

一神保郷（下総国千葉郡カ）西山ノ大明神々田畠此内田一反悲母妙性比丘尼可被知行候、

一当坊廿八日講演　此分播磨公日筑所譲与也、

一御自筆御聖教一帖、日高聖人御本尊、尺迦（釈）・十罒（羅）刹・卅番神御影舗各一

一原郷（下総国匝瑳郡）多古村坊谷ノ神田一反、同郷三位内ノ田一反、合二反

一大瓶一、唐櫃

一相州今井（足柄下郡カ）講演、是ハ御不審御免候ハ、、可被行候、

此分義顕房御不審御めんまてハ、民王丸ニ領所也、

（裏書）「平（花押）」

○日祐は一七九号・二四七三号・三六五三号文書など、日高は二四七七号・二八七六号・二九七五号文書などにみえる。

浄光院文書

○五一二二　某安堵状案※　○下総浄光院文書

（校正了）可有早御知行下総国八幡庄（葛飾郡）蘇谷郷内大田入道居屋敷一（異筆）「宇歟」守幷田数七段六十歩事

右任先例、無相違可有御領掌、

○本文書は、二九四七号文書に続けて一紙に記された具書案と考えられる。奥の紙継目裏に某の花押がある。

妙本寺文書

○五一二三　日賢筆大石寺東坊地相続図※　○安房妙本寺文書

□□図

□□（阿）闍梨

日目 ─┬─ 宰相阿闍梨 日郷 ── 中納言律師 日賢
　　　└─ 伯耆阿闍梨 日道 ── 宮内卿阿闍梨 日行　今乱妨人也、

□（南カ）

以大石寺（駿河国富士郡）東坊敷地頭南条四郎左衛門尉時綱日賢亡父

建武五年五月五日寄進于日郷　日賢相続云々、

東坊敷地頭時綱（日賢亡父）
寄進日郷也、仍日郷筆領（管カ）
之間、日賢（同身）□（以カ）下門弟等相続

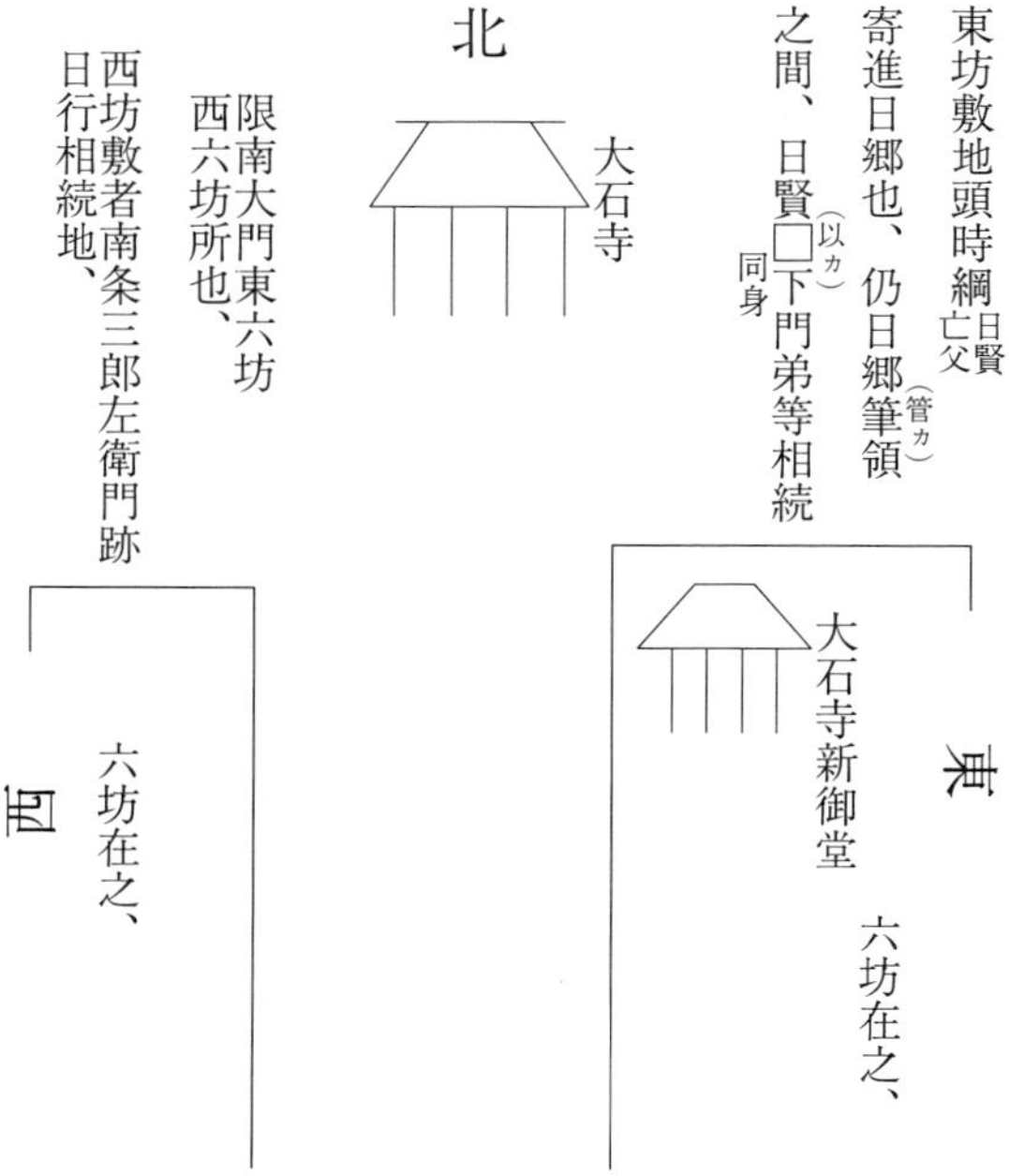

○日目は三五号・四一五号・一五四六号文書など、日郷は三九二号・一五四六号・二四四三号文書、日行は三五号・三二九九号・三三五九号文書、日道は四一五号・四六八五号文書にみえる。南条時綱の建武五年の寄進状は八二六号文書。日行と日賢の相論と日賢の勝訴は三三五九号文書にみえる。

東京都

九条家文書

○五一二四　九条家領仏神事役等注文※

○宮内庁書陵部所蔵九条家文書

（九条道房筆表紙外題）
「諸御領仏神事役等事」

諸御領仏神事役等□□（之事カ）、

和泉国
（南郡）久米田寺　証真如院領
　壇供餅百廿枚　報恩院殿（九条忠教）御代光明峯寺（山城国）毘沙門供々料ニ被成之
（日根郡）日根庄
（山城国）最勝金剛院寺役
無沙汰　修二月壇供餅□（五カ）枚　近年無沙汰　続松六百把
無沙汰　七月　供米一斗　同　雑菜
同　九月御忌日御布施紙裹一
　已上当時無沙汰

摂津国
　御懺法非時一具　一音院非時用途被成之歟、

輪田庄（八部郡）
報恩院供僧二口両庄（座カ）ニ被切下地云々、
御懺法非時一具一音院非時用途被成之歟、
生嶋庄（河辺郡）
浜郷　富松郷
已上春日（大和国添上郡）四季御八講料所ニ被充置之、
中郷　大慈恩律寺（山城国）ニ御寄附之間無他役、

紀伊国
井上新庄（那賀郡）
御年貢米内
三十石　高野山（伊都郡）蓮花谷不断念仏供料
十九石七斗八升余　長日御祈愛染王護摩供料麦十四
石七斗八升余　同護摩御明油代被充之、

武蔵国
船木田本庄（多西郡）
御年貢例布五百廿段内
百四十三段　光明院御忌日用途料

年月日未詳東京都

下総国
三崎庄（海上郡）
御年貢例布八百段内
無沙汰
四十四段二丈　最勝金剛院修二月料
同
二十段　同寺盂蘭盆講御布施料
同
五十二段　報恩院修二月料
近代無沙汰
六百八十三段二丈　彼岸御懺法僧二口装束料

恒例役
無沙汰
彼岸御懺法非時三具
最勝金剛院修二月役
被致其沙汰歟
香水覆上絹三丈　無沙汰
絹裏一
同
半帖一帖高麗　同
畳二帖
同
閼伽桶一口在杓　同
盤三枚
同
敷砂八両
報恩院修二月役
香水覆絹二丈　絹四丈絹裏料
白布廿九段御布施中子

已上無沙汰

能登国

（珠洲郡）若山庄

恒例役

無沙汰
宜秋門院（九条任子）正月御忌日用途一貫六百文

報恩院御八講御布施

綾被物一重　裏物一納布五段

無沙汰
畳二帖小文

同御影供十箇日日別百文

無沙汰
彼岸御懺法非時四具

同
最勝金剛院兵士一个月十二月二人

成就宮祭六丈上絹二疋　同神供三石

無沙汰
代花御祭禄馬一疋九月

備中国

（小田郡）駅里庄

成就宮祭禄布二段

無沙汰
報恩院念仏衆七月七日節供

同御影供六箇日日別百文

無沙汰
彼岸御懺法非時二具一音院非時用途足歟

紙子六百廿三結余内三百帖二季彼岸御懺法御布施

胡麻廿三石三斗余代油三石

一向報恩院寺用被宛之

阿波国

（那西郡）大野新庄

近年無沙汰
成就宮祭禄布一段

月輪殿（九条兼実）御影供三箇日日別百文

無沙汰
宜秋門院八月御月忌用途五百文

彼岸御懺法非時一具一音院非時用途足歟

洞院殿御忌日御経一部代五百文

備後国

三条院勅旨

恒例役

無沙汰
彼岸御懺法非時一具

常陸国

（茨城郡）小鶴南庄
恒例役
無沙汰 彼岸御懺法非時三具
尾張国
（丹羽郡）大県社
恒例役
成就宮祭禄上絹一疋動乱以後無沙汰
無沙汰 御懺法非時一具
肥前国
（彼杵郡）彼杵庄
恒例役
成就宮祭禄布五段
無沙汰 愛染王供米十六石四斗九升
同 法勝寺常行堂課役注文在別
（杵島郡）太田庄
恒例役
成就宮祭禄布二段
年月日未詳東京都

月輪殿御影供十箇日日別百文
近代無沙汰 御懺法非時二具
同 盂蘭盆講雑事
豊後国
（海部郡）臼杵庄
恒例役
成就宮祭禄上絹一疋
御懺法非時三具半一音院非時用途足歟
近代無沙汰 宜秋門院御忌日用途十二月廿六日
（九条教実）洞院摂政殿御忌日用途三月廿八日
月輪殿御影供十ケ日日別百文
美濃国
（大野郡）揖斐庄
恒例役
近代無沙汰 皇嘉門院御忌日被物一重
報恩院御八講被物一重
成就宮祭禄上絹一疋但御年貢内

年月日未詳東京都

近代無沙汰
宜秋門院御忌日用途
同
秋季御儭法非時一具一音院非時用途足歟
月輪殿御影供五箇日日別百文
讃岐国
子松両庄（那珂郡）
恒例役
成就宮祭禄国絹二疋
無沙汰
報恩院御畳六帖小文
同
同御八講中小垸飯一具
同
御儭法非時一具後戸一音院非時用途足歟
宜秋門院御忌日用途
月輪殿御影供廿ケ日
越後国
白河庄（蒲原郡）
恒例役
無沙汰
御儭法非時二具
伊勢国
和田庄（鈴鹿郡）
恒例役
無沙汰
御儭法非時二具
美濃国
岩田庄（各務郡カ）
恒例役
無沙汰
御儭法非時二具
新御領
播磨国
蔭山庄砥堀村（神東郡）
近代無沙汰
自在王院猿楽酒肴一具

○九条道房は、慶長十四年生まれ、正保四年の没。

尊経閣文庫所蔵玉燭宝典

○五一二五　朴艾思淳カ書状※　○尊経閣文庫所蔵玉燭宝典第四裏文書

路次之間、無別事日数十六日に下着候、無風雨難候之間、殊心安候、召功事、自関東為当寺（相模国鎌倉郡覚園寺）造営料可被付候之様、御吹挙

○覚園寺は、建武四年二月と延文三年十一月に、火災に遭っている。

○五一二六　相模国覚園寺造営成功事書※

○尊経閣文庫所蔵玉燭宝典第七裏文書

関東奉公人々官途所望可有御吹挙之由、□(御カ)教書事
関東奉公人々功銭可□(被カ)付覚園寺(相模国鎌倉郡)由事
□(筑カ)前権守覚園寺造営□(奉カ)行勤厚御感事
□(右カ)筆輩官途事
□所昇殿事

久我家文書

○五一二七　山城国長福寺寺領目録案※

○國學院大學図書館所蔵山城久我家文書

鹿苑院殿様(足利義満)　御判
京都(山城国、下同ジ)三条大宮長福寺洛中散在幷諸国寺領目録事
　合
一所　長福寺敷地四丁町
一所　四条油小路屋地
一所　四条壬生付巷所
一所　錦小路町号染物屋
一所　六条壬生大光明寺敷地幷寺領
一所　三条櫛笥四丁町三方入結長福寺円福寺　久我殿御庭ハキ三人知行
一所　神泉苑　巷所
一所　寂楽寺(愛宕郡)別当職
一所　尾張国海西郡真下庄領家職事粟田口大納言家寄進
一所　上野国玉村御厨(那波郡)内神人村半分事
一所　下総国大戸庄(香取郡カ)領家職事荒木田定延寄進同粟田口大納言家寄進
一所　近江国田根庄(浅井郡)内上野郷岩恒名事

○袖判を据えている足利義満は、応永十五年五月に没している。

神奈川県

円覚寺文書

○五一二八　浜名仍海置文※

○相模円覚寺文書

(端裏書)「事書」

仍海（浜名）誕生日、応長元年八月廿二日辰時候、如寄進状者、忌日之由、載書（書載カ）候、存命之間者、以廿二日、可預御祈禱候、滅後者又忌日御諷経候者、本望候、此旨当御住之時、後代住持可有御心得之由、被仰置之様、能々可被申候也、御住時、此事思定候之間、現当心安存候、長老御置文案文、同可写給候也、

○浜名仍海は、三六〇八号文書にみえる。

黄梅院文書

○五一二九　上杉憲方書下案※　○相模黄梅院文書

武蔵国六浦郷（久良岐郡）瀬崎勝福寺門前諸公事以下、任先規、所令免許之状如件、

明月院殿（上杉憲方）在判

○上杉憲方は、武蔵国守護在職のまま、応永元年十月二十四日に没。

神奈川県立金沢文庫保管文書

○五一三〇　某書状※　○神奈川県立金沢文庫保管戒疏見聞集紙背文書

「もし今度村をも一所御除候て、御□ことにて候ハヽ、先物郷御管領まてハ、御預□愚身も長老の御意かやうに候よし申□候、又去年冬はしめ大事ニいたハり候て、□臨終ニ取向候しかとも、別子細候ハす候て、入候て、□存命にて候、此便宜□▨▨（加地）近江守（景綱）も石川入道□□□□□御いたハしく候へとも、乏少候とも、御下給□□申候へきかと存候、石川入道の一族ニ□候、随分ニ愚身ニたに目をもかけ□をも大事ニ申候、近江殿の気色を□」

○加地景綱は、三八九号・一〇一四号・一九八四号文書などにみえる。

○五一三一　某書状※　○神奈川県立金沢文庫保管湛稿戒疏見聞集カ紙背文書

深井（上総国周東郡カ）ニ擬沙弥浄法房申候仁一周忌□□湯供養ニ転読□□経法（如法）花候、結願相当来十六日（十五日）候、彼敬白事申入候はやと観音寺常陸公被申候、御湯治之後不幾候、可為無骨之由、雖令申候、且檀那之志慇懃候、難黙止之旨被申候之間、如此馳申候、且又彼仁□当時因縁之浅（不）事候、能程之□者可有入御候哉、若又□使を忩々

○本文書は、戒疏見聞集あるいは業疏口決の紙背である。

○五一三二　某書状※　○神奈川県立金沢文庫保管戒疏見聞集紙背文書

京都への御状候之由、真如房(杲照)被申候き、此□給可付□□、
難去事候、此巻御□(談カ)不遂得候之条、深歎存候、於今者、可期
次巻候、
抑御薬湯事、

○真如房杲照は、六八八・一一四六・二九二六号文書などにみえる。

○五一三三　某書状※　○神奈川県立金沢文庫保管起信決疑抄紙背文書

自京都之御状、長老房ニ候、相尋候て、即令進之候、此下部
者今月八日下着□　□(候了、存知)仕候者、可進候けると、歎存候、下(下総
国葛飾郡)河辺事、如何候覧、就其候ても、寺領御事、無心本奉思候、
土橋(香取郡東禅寺)之事も如何

○五一三四　某書状※　○神奈川県立金沢文庫保管起信決疑抄紙背文書

こそ候へ、すてに□　□(御くたり)候へきにて候よし(由)申候つるも、
はやか(叶)なうましきに、□□(この)(下)くたりて候人申候、又々申入
候へく候、

ひんき(便宜)もたやすからぬ御事にて候、さしたる御事候ハぬまゝ、
つねに申入す候御事、よに〱御心もとなくおほえさせをハ
しまして候、ゐ中(田舎)にわたらせ給候し御ほとハ、なにと候ハす、
御たのもしき御事に申入候しに、つちハし(土橋)(下総国香取郡東禅寺)の御かた、みちハ(道)
とちて候、ことのほかに御こと〱しく、なに事もうけ給を
よひ候ハす候、しつまり(静)やらす候、さほう心くるしく、なけ(歎)
かしくこそ候へ、あまりひさしく申入す候ほとに、ひんきを
よろこひ候て申入候、のとかにもなり候て、ゐ中へ□　□
わたらせをハしまし候へ□　□(かしと)、ねんし(念)申まいらせ候よしを、
御心へ候て、けさん(見参)ニ入させ給候へく候、あなかしく、

○五一三五　某書状※　○神奈川県立金沢文庫保管信論義記教理抄巻六紙背文書

昨日参拝、恐悦之外無他候、
抑、総州御下向事、明日は御共可申候、明日早旦六浦(武蔵国久良岐郡)江可令
参会候、御時(斎)於六浦可用意候、渡海返々御痛□　□

○五一三六　某書状※　○神奈川県立金沢文庫保管行位章釈残紙背文書

追申候、
房主聖禅上人御方へも、以便可有御物語候也、諏方(信濃国諏訪郡カ)御参詣之
間、いとま(暇)申に参て候しかとも、空罷帰候き、重恐々謹言、

○五一三七　某書状※　○神奈川県立金沢文庫保管行位章釈残紙背文書

貴札謹令拝見候了、
抑房主入滅事、如此示給候、畏入候、於愚身ｏ(候)付真俗□契不
浅候ｏ(間、)悲歎(無カ)□申計候〳〵、

○五一三八　湛睿書状※　○神奈川県立金沢文庫保管許可目録折紙紙背文書

自何事当所作稲等、今年豊饒候覧、第一目出度候、守護方
違乱いかに可有静謐之期候、重恐々謹言、
逐啓
（後筆）
「　三貫許の分
一席事近年ハ□□哉、自当時其御秘計候て可給候、其料足ハ年貢用途候者
可有御立用候、若又自是可進候者、可随仰候、治部法師所進之、
一正文ｌ□散用帳進之候、増減事、御校量候、依時宜可被仰百姓等候、可
為肝要否之条ハ、」

○五一三九　某書状※　○神奈川県立金沢文庫保管口伝云幷緒勲真言紙背文書

「悦候て給はり候、今日まいらす候こと、返々御心もと(許)なく恐
まいらせて候、又忍照(密禅)御房の御仏は、悦候て給ハり候へく候、
まいり候て、御悦をも申入候へく候、あなかしく、」

○忍照房密禅は、一五五〇号文書に尼衆としてみえる。

○五一四〇　仏事用途注文※　○神奈川県立金沢文庫保管求聞持一印口伝紙背文書

一貫文　　仏布施
一貫百文　一日きやうれう(経料)
五貫文　　僧さい(斎)
二貫五百文　よねのしろ(米代)
已上九貫六百文

○五一四一　妙種書状※　○神奈川県立金沢文庫保管華厳演義抄会解記第四・八・九裏紙紙背文書

（封紙ウハ書）
「（湛睿）
本ニよの御房
御りやうへ申させ給へ　　妙種」

なを〳〵御けさむ(見参)にも入候ハて、くたり(下)て候つるこそ、
心よりほかに候へ、
さてもくたりの中に、けさんに入候へき心ち(地)して候しに、このいたわり(労)の、ちハ、よろつひころのやうにも候ハて、ある(歩)きなともせす候つるほとに、まいらす(参)候、返々心よりほかにこそ候へ、又かまくら(鎌倉)(相模国)ゐ(待)御いてのついてにハ、いらせをハしまし候御事もやと、まちまいらせ候つるに、御入も候ハす候つる、返々心もとなくこそ候へ、御くたりのひんき(便宜)には、これへもいらせをハしまし候ハヽ、返々よろこひ思ひまいらせ候、あなかしく、
「(ウハ書)(切封墨引)」

○五一四二　某書状※　○神奈川県立金沢文庫保管華厳演義抄会解記第六裏紙紙背文書

其後無指御事候之間、不啓案内候、自然之懈怠背愚意候、
抑此僧自南都西大寺(大和国添下郡)被下向候、為貴寺巡礼被参候、一向無案内□申候之間、乍恐挙申入候、指事ハなく候へとも、適参詣之次候者、

○五一四三　某書状※　○神奈川県立金沢文庫保管華厳演義抄纂釈ヵ紙背文書

先日鎌倉(相模国)御出之処、□預御使者候之条、恐□(悦)無極候、抑自京(山城国)都之□状令進之候、早々可進之由被申候之間、令進之□、京茶一袋令進上之□、□様於路摺損れそ候ら□
畏言上、

○五一四四　某書状※　○神奈川県立金沢文庫所蔵華厳経演義鈔見聞集一紙背文書

抑此間自是可令啓之由、相存候之処、世間忩劇上、又耕作已下諸事計会之間、于今無其儀候、態使者返々畏入候、又京都事、委細円輪房方被申候、又御私物御雑用出挙外、且売候分、現存九貫五文候、何様も今三貫計可有候、折節違例仕候之上□依寺領田別事候、諸方計会候、又耕作事に暫無隙候之□(間カ)、不能委細候、近日之程ニ可令啓候之旨、

○五一四五　某書状※　○神奈川県立金沢文庫所蔵華厳経演義鈔見聞集二紙背文書

□候、此間一両度令催促□候、来月分ハ定可有沙汰□又奉行の方へハ、いつか御□面候し、愚身未見参候条、無勿

体候、罷出候たひことに、□も及晩、又乗馬以外難治候
之間、乍思空罷帰候、
可罷向候、彼仁も愚身罷□□(出候カ)由をハ伝聞候て、なとこなたへ
ハ□(不カ)来哉と申候けるなる、便宜之時ハ可得御意候、又□きう
らの八郎殿、出家遁世□いかはかり親父入道殿被□仰候覧、
毎事期後信候、□謹言、

○五一四六　某書状※

○神奈川県立金沢文庫保管
華厳演義抄纂釈カ紙背文書

彼院家止住事、志のミはかりにて候、いかさまにても円林房(全玄)
にても、定覚房(智湛)にても、被上洛候ハてハ、寺役も及闕如、又
寺領等も散々ニなり候て、大事出来候へきにて候、相構く
急速ニたれにても御勧候て、上洛候之様、可有御計候、此条
非愚力之所及候之間、此人々上洛候て、不被沙汰候者、愚
身管領全分

○円林房全玄は一一四六号・四七五五号・四八一三号文書など、定覚房智湛は一五五〇号・五一八四号文書にみえる。

○五一四七　某書状※

○神奈川県立金沢文庫保管
華厳演義抄纂釈カ紙背文書

□候とて、上杉伊豆権守(重能)ニ付られ候之間、
▨(後)三人□無落居や候ハんすらんと無心元存候、信濃(二階堂)
入道(行珍カ)ハ御寺事なとをもねんころニ申候き、此尼衆たちの御事
をも、慇懃申候へハ悦入候、路次も無為成候て、便宜候者、
細々可申入候、可蒙仰候、重恐惶謹言、

○上杉重能に付けられたのは、秋庭郷と思われる。九一七号文書参照。

○五一四八　某書状※

○神奈川県立金沢文庫保管
華厳演義抄纂釈カ紙背文書

一赤岩村(下総国葛飾郡)々内検見事、人□内々申候しかとも、如此水損と申、
其上田頭水満々候と申、不可□年内候間、期明春候、損亡

○赤岩村の水損については、次号文書と五三〇七号文書にみえる。

○五一四九　某書状※

○神奈川県立金沢文庫保管
華厳演義抄纂釈カ紙背文書

畏令言上候、御領村々損亡事、雖百姓等歎申候、於国難計
候之間、為申下正見御使候、令急参候、可被委細仰下候、

一赤岩（下総国葛飾郡）内河分悉水損之間、未能注進候、百姓等不□（便カ）可有御察
候、

○赤岩村の水損については、前号文書と五三〇七号文書にみえる。

○五一五〇　湛睿書状※

○神奈川県立金沢文庫保管
華厳演義抄纂釈ヵ紙背文書

金沢文庫（武蔵国久良岐郡）随年令朽損、修理間事、可為何様候哉、
給分候条□（自カ）往古無其隠候、更非修理之料所候也、若□御不
審□もや候とて、委細令申候、恐惶□（無）極候、□

○五一五一　湛睿書状※

○神奈川県立金沢文庫保管
華厳還源観纂釈紙背文書

以若狭五師便宜、□月二日之御状御返事令申候、□□於
今到来候哉、其後同十一月九日御状之趣、畏承候了、
抑探玄記一部開板已事終□承候、自何日出相存候、宗学□（侶）
□随喜申候、兼又大充（疏）・玄談同又可被開之由承候、檀主御信
心、中々難申尽候由、院家ニも、宗学侶中ニも、喜悦申候、
付其当院家高麗本可被写候由承候間、其□

○五一五二　某書状※

○神奈川県立金沢文庫保管
華厳還源観纂釈紙背文書

破損之茶器台事、実ニ歎入候、但今日まてしたゝめて（認）不
進候事、不得心候歟、早々したゝめ候て可進候、
御茶器九十具、慥以令返進候、度々借領（預）候之条、返々恐悦無
極相存候、兼又、入御事、別可申之由存候之程物忩候て、思
忘候て

○五一五三　せんにん書状※

○神奈川県立金沢文庫保管
華厳還源観裏紙紙背文書

くたり（下）候ハさらんうちに、御め（目）にかゝり候て、中入候へく候、
ゐ中（田舎）にてちうようニあひて候し程ニ、をそろし（恐）さをもわすれ（忘）
候、又かまくら（鎌倉）（相模国）にけさん（見参）ニ入たき入〳〵も候つる程ニ、のほ（上）
りて候つる、とく〳〵これもくたりたく候へハ、御けさんニ
をそれ□□申入まいらせ候へく候、此よしを申させ給へ、

（ウハ書）
（切封墨引）
「御返事　せんにん上
つちはし（土橋）のちやうらう（長老）の（下総国香取郡東禅寺）（湛睿）
御方へ申させ給へ」

○本文書は、湛睿が東禅寺住持であった嘉暦元年～暦応二年の間の湛睿充文書とみられる。

○五一五四　某書状※　○神奈川県立金沢文庫保管華厳経旨帰見聞集紙背文書

御札委細承候了、先状体恐入候、抑、敵方乱妨間事、向後者
難有子細候、山倉殿・油田（畑カ）殿以下軍勢、自香取（下総国香取郡）次第〱被退
治来之旨承候者、可有御心安候、其上明日可分進軍勢二百騎
候、相構〱不被進退様に可有御計候、打出事候者、何度と（寄カ）
悦喜存候、なにも御楯つき候へく候、両管領一両日

○五一五五　某書状※　○神奈川県立金沢文庫保管華厳経旨帰見聞集紙背文書

やうになりて候程ニ、あさましき事ニて候、かまへて〱
よきやうニ御たすけ（助）候へく候、この人々も、かまくら（鎌倉）ニ
てしに（死）候ハんよりハ、まいらせて候、つちはし（土橋）（下総国香取郡東禅寺）ゑまいり
候へと申候へとも、さうなく（左右）と思ひまいらせ候て、まつ
申いれまいらせ候、はるに（春）なり候ハヽ、いかさまニも、
まいり候て、申入まいらせて候、このよしを申させ給へ、
あなかしく、

たひ〱（度々）御文まいらせ候しに、御返事もうけ給ハらす候御事、
なけき（歎）入まいらせて候、いなか（田舎）の御やうも、いかニとわたら
せ給候やらん、これのやう申ハかりなき御事ニて候ほとニ、
はやかつゑしに（餓死）候ハんするやうにて候、いかニとし候ても、
御てら（寺）ゑまいり候て、御時かゆ（粥）も給ハり候て、いくほと候ハ
んするニて候へく候

○五一五六　某書状※　○神奈川県立金沢文庫保管華厳経出家菩薩行儀カ紙背文書

候、屋代侍中早旦御入可宜之由申候ツ、又和泉衛門尉（兼政カ）於参□（州カ）（高師冬カ）
宿所対面仕、御事付令申候処、返答愚存より

○本文書および次号文書は、華厳経出家菩薩行儀、あるいは随自意抄の紙背文書である。なお、屋代は五二二四号文書、和泉衛門尉は一六五八号文書、高師冬は四七八号・一四四二号・一九五二号文書などにみえる。

○五一五七　某書状※　○神奈川県立金沢文庫保管華厳経出家菩薩行儀カ紙背文書

本主方より当知行之由、支申候也、為当作延引と覚候、かね
さハ（金沢）（武蔵国久良岐郡称名寺）へも、今日使参候ニ、委細ニ令申候了、倫空（友海）御房

○倫空房友海は、八二二号・八二三号・一五五〇号文書にみえる。

○五一五八　某書状※　○神奈川県立金沢文庫保管華厳五教章纂釈中六紙背文書

不慮之外、当寺ニ所領感得事候、京都へ安堵申ニ、妙意房(弘源)上候、京都ニテ用途難治に候て、方丈へ申入候、御口入候て五六貫借承候様ニ御申候者、悦入候、若京都ニ候ハすは、道明房被上候し庶人にて候へハ、可借給候、□□状を申入て候、是にても

○妙意房弘源は一五五〇号文書、道明房は一五五二号・四八三二号・五一七一号文書などにみえる。

○五一五九　某書状※　○神奈川県立金沢文庫保管華厳五教章上巻纂釈第六紙背文書

御札之趣、委細拝見仕候了、抑、下向事、依香取(下総国香取郡)造(営カ)労事、詳細被申候之処、可有御沙汰之由、被仰下候了、内々不可有、

「　」

○五一六〇　某書状※　○神奈川県立金沢文庫保管華厳五教章上巻纂釈第九紙背文書

路次「　」無術「　」指出何方候、御□候し「　」可参啓候、

「　」定被聞食及候歟、東□(禅カ)寺(下総国香取郡)所領分之注(令カ)進事候、仍当院家領知之分、可

○五一六一　某書状※　○神奈川県立金沢文庫保管華厳五教章中巻纂釈第三紙背文書

御方へつたへ(伝)申候へきよし(由)をうけ給候ほとに、ひんき(便宜)はひゝ(日々)に候へとも、おほつかな(覚束)く「　」まいらせ候、あなかしく、

たんな(檀那)の御あさり(阿闍梨)の御こと(事)ゝ(共)もうけ給候、御いたハしさ(労)、心くるし(苦)さ、申つくし(尽)かたく(難)こそ候へ、つちハし(土橋)(下総国香取郡)・つきうら(次浦)(同郡)の

○五一六二　湛睿書状※　○神奈川県立金沢文庫保管華厳宗信解安心要文集上紙背文書

下向之後、連々可言上之由、思給候、当所(下総国香取郡)動乱異他候、当寺(東禅寺)興廃偏▨此時候、大事未出之前、愚慮之所及、為廻隠顕無方之方便候、都鄙遠□(近カ)可致秘計候、纏頭無極候、仍于今□(不カ)令申案内候之処、遮預御状候、返々恐入候、凡当所之物忩者、作毛出来候□(者カ)、弥成増盛、可有是非之落居候之間、十之八九者、可安穏とも不覚候、其又

相違之様可有御秘計候、又赤岩(下総国葛飾郡)等事面々御沙汰間事、可存其旨候、諸方落居之後、御上候て、諸事可申談候、又浄教事ハ敢相存之旨候、其辺に教智か候なれハ、無殊子細候者、時々やとい被召使候はん事如何、所詮如此事等ハ入見参、心閑可有御談候、

○浄教は、九六四号・五二五三号・五二六一号文書にみえる。

○五一六四　湛睿書状土代※

○神奈川県立金沢文庫保管華厳宗信解安心要文集上紙背文書

今度御上之次、必懸御目、〔心事〕可申入之旨、〔深〕相存候、即以義憲(元範)房、啓案内之処、讒一両日御逗留、即忩可有御下向之間、〔承候〕翼〔即〕(翌カ)日可参申候之処、深雨深泥、共以難治無申計候之間、乍思空罷過候、返々失本意

○義憲房元範は、八六五号・一五五三号・一九〇〇号文書などにみえる。

○五一六五　某書状※

○神奈川県立金沢文庫保管華厳宗信解安心要文集上紙背文書

路次無為罷下候畢、

抑、寺御領無違乱可打渡之由、政所も申候之間、先以喜存候、就其候て、施行正文・寄進状

○五一六六　某書状※

○神奈川県立金沢文庫保管華厳宗信解安心要文集上紙背文書

畏令啓候、

□月晦日禅札之趣、謹拝見仕候了、抑当寺凶賊狼□(藉カ)事、其後者無殊子細候、□仰大方之御沙汰之体、承及候ニそ、如此事等不可有□(其カ)甲斐事に候、諸事□(無カ)力次第相存候、但内々〔御〕秘計尤可然候、道明御房御下□(候カ)者、諸事可申談合候、

○道明房は、一五五二号・四八三二号・五一五八号文書などにみえる。

○五一六七　茶用途日記※

○神奈川県立金沢文庫保管華厳宗信解安心要文集上紙背文書

□茶用途日記

□十三貫文　米六石五升いつれも寺升五升

残分銭
□五百文　油
□五百文　小豆
□□貫文　正月御米料
御時式日
□日　六斗
□日　六斗
□日　六斗
□日　三斗五升
□日　三斗七升
□日　三斗五升
□日　三斗五升
□日
□日　四斗
□五日　六斗
□四度　一石二斗もちい（餅）もり物共
□七日　二斗　みそうつ（味噌水）
□五日　二斗　粥
一斗五升もり物のあかいもちい
□三日　五升　かゆう人

○五一六八　湛睿書状※　○神奈川県立金沢文庫保管華厳宗信解安心要文集上紙背文書

理本房（英宣）、知客元了房（凞允カ）、蔵主証也（寥厳）（房脱カ）、殿司本泉房（素睿）、浴主良正房、
無常院別当蔵禅房（祐賢）如元、沙弥知事道空房（英禅）、侍者文一房如元、
にて候、
一疏一上、抄一上下、小経蔵本取進之候、
一方々状共進之候、宰相僧都幷御仁和御状者、戒静房被取進候、又御下向之刻、東殿方（如空カ）遣茶候、彼返事進之候、大日寺（伊勢国三重郡カ）坊主幷真如房（杲照）状、前月到来して候しと覚候、
一別食余残事、或者に申含せて放之候、未事終候、
一今年茶五番まて取て候、尋申し候ハ可終之由内々物語申候了、全分未道行候、

○理本房英宣は一二四〇号・一四二三号・一六三三号文書など、元了房凞允は八〇五号・二四四七号・五一七九号文書など、証也房寥厳は六一四号・一五六八号・二四四七号文書など、本泉房素睿は一九三号・

八二五号・一五五〇号文書など、良正房は一四二三号・一五六八号・一七七号文書、蔵禅房祐賢は一五五〇号文書、道空房英禅は八二三号・一五五〇号・三八八七号文書など、戒静房は五一八〇号文書、真如房杲照は六八八号・九三二号・二九二六号文書など、東殿如空は八二三号・一一八四号・一五五〇号文書にみえる。

○五一六九　そあみふつ書状※

○神奈川県立金沢文庫保管華厳宗信解安心要文集下紙背文書

又十二月かたひら《帷子》給はりて候しをもつて、□□□のふゆ《冬》
つくりし候□□□事、よろこひ《喜》入て候、
ひんき《便宜》をよろこひ□うけて候、かねて又そのゝち《後》ひさし《久》
くかきたへ、申うけ給□候ハす候事、心もと《許》なくあ□□し
候、又ゑんきやうハう《円教房》のかたニも□《何カ》と候やらん、心もとなく
こそ候□《へカ》、又これにハつれなくけふ《今日》まていき《生》て候事をこ□《そカ》な
けきに申候へとも、ちから《力》なく候、ミなミの人々上下一人も
のこら《残》

○そあみふつは四七七八号・四八六二号・四九〇八号文書など、円教房は一五五〇号文書にみえる。

○五一七〇　そあみふつ書状※

○神奈川県立金沢文庫保管華厳宗信解安心要文集上紙背文書

又この三人てら《寺》へ候は、たしかのものにて候へハ、よく
〳〵の事候ハゝ、おほせ《仰》られ候へく候、又これていにわ
つらハしく申候事、心なくおもいまいらせ候へとも、り
んし事かけ候て申候也、
すき《過》候しニ御ふミ《文》まいら《参》せて候へハ、をりふし《折節》たきやう《他行》の時
にて候けるあいた《間》、本その御房うけ給て候と、うけ給はり候、
かねて又下りの事ハ申さす候し、かミそり《剃刀》をもち《持》候はす候あ
いた、かミそりのとりかえ《取替》候ハゝ、たひ《給》候へと申て候し、も
し候ハゝ、このひんき《便宜》に給ハり候へく候、▨こ二郎入道のほ
りて候也、もしそれに候ハす候ハゝ、ゆいしやく《唯寂》の御房のかた
に候ハゝ、きこしめされ《聞食》候へく候、さて又かうつけハう《上野房》

○唯寂房は、四六五六号・四七三二号・五〇一九号文書などにみえる。

○五一七一　某書状※

○神奈川県立金沢文庫保管華厳宗信解安心要文集紙背文書

なる事にてハ候ハねとも、なをりもまし候ハて、うちふし《打伏》か

ちにて候ほとに、はるかに御てら(寺)へもまいり候ハて、ひさし(久)く御め(目)にかゝり候ハぬ、心よりほかにおほえさせをハしまして候、つちハし(土橋)(下総国香取郡東禅寺)の事も、とくつた(伝)へうけ給候、いかにと候やらん、

○五一七二　加地顕智書状※

○神奈川県立金沢文庫保管華厳探玄記第一疏抄類聚紙背文書

□抑□(加地)□(景綱カ)近江守□候て、又自明年二ケ年を請申候へき
□(由カ)愚身難量候由申候ニ仍(依カ)近江守熊(態カ)□使者を立候、去年申入候
しことく、代□資縁も或小所、或不作なる体ニ候へハ、酒□(町カ)(越後国蒲原郡、下同ジ)・
二子橋・かいや(貝屋)・そね(曾根)・かいつか(貝塚)・政所給、此□候へ○御ぬ村を一所
き候て、残候所を御めん候へく□(候カ)、兼又去年今年の直銭、存
外ニ乏少□、今度ハ少御増可有候歟、所詮直□下、又村一所
を御除之事、只可被御□此之便宜はかりにてハ、事之子細、
道□と存候へハ、其付候ても、能々御申合□事候へく候、御
代官定疲労御□

○加地景綱は、三八九号・一三八〇号・一九八四号文書などにみえる。

○五一七三　乗一カ書状※

○神奈川県立金沢文庫保管華厳法花同異略集紙背文書

歎入候、余背御□□(定候カ)事も恐入候□(間カ)、一疋ハ給置候也、若
又修補事候ハゝ、今に令□奉加候、此等子細も、何様此
物忩以後、可令見参申候、報恩寺ハ、□□(以)被立候間、以
御札必僧徒ニ令付進候也、委細□(使)者僧如申入候、重恐々
謹言〳〵、

貴札謹以令拝見候畢、抑如示給候、今宵之初雪、併昨日之瑞
花と、人々感歎無極候、自是も以使者□(必カ)［　］入候、一向

○五一七四　某書状※

○神奈川県立金沢文庫保管華厳法花同異略集紙背文書

今月十五日宗恵房下向之時、□細進状候了、能々可被覧□(候也カ)
□、
不及申□、
一法勝寺上人方へ令進給日安等□趣、何体候哉、雖存知候、
一土州対面之時、赤岩(下総国葛飾郡)等正文事、加□(一カ)見書取候了、但御倉料

所と申候之□用途たに候□、今も可給候へと□無力候、就其候ても、月蔵房用途紀返候之条、不得心、無申計候、申て月料□可計由之候なり、一向虚誕事□今度御状付之候て、種々懇望之[ ]其も無正体候、

一奏聞事、以足利方御推挙□□勝寺連々雖責申候、此間ハ殊依□産事、奏□□以外難義候之間、□雖被参　内候[ ]間[ ]候しても□帰候、心苦[ ]いたはしく□

○宗恵房は、五一九八号にみえる。

○五一七五　某書状※

○神奈川県立金沢文庫保管華厳法花同異略集上紙背文書

□(とカ)うけん(道顕カ)房のこつ(骨)の候はむするさしきあミたゝう(阿弥陀堂)にて候ハんすると、うけ給候し程に、ひんき(便宜)もよく候、又たひ〳〵(度々)の御はか(墓)所にても候へハ、かた〳〵心やす(安)くおほえ候つるに、室にて候ハんするよし、うけ給候□[ ]て候や[ ]□(いカ)ろ[ ]

よし[ ]候へ、御ひろ(披露)□(うカ)候へく候、あなかしく、

(ウハ書)「御返事　申させ給へ」

○道顕房は、八二三号・一五五〇号・三九四〇号文書などにみえる。

○五一七六　某書状※

○神奈川県立金沢文庫保管華厳還源観纂釈紙背文書

砂金
用途一貫六百文進候、此内三百文ハ私ニ借申候しに候、○今(余ハ自)
方丈まいらせ候、
五百文まいり候ハんするに、与性房とりてつかはれて候、自田舎被上候ハヽ、可被沙汰由可申候、又明日ハ入御候て、是にて御時まいらせ候へく候、

○五一七七　某書状※

○神奈川県立金沢文庫保管戒疏見聞集カ紙背文書

新春御慶賀事旧候了、

抑当寺長老今月一日寅剋御入滅□(候カ)、御臨終之体、如日比所存無相違□(候カ)、悲歎中ニハ悦存候、惣相ハ此両年□御労にて候へとも、殊更御労出来候之□[ ]

○五一七八　某書状※

○神奈川県立金沢文庫保管古題加愚抄能遍口カ紙背文書

彼沙汰事、浄心房下向候、乗覚(定カ)(智湛)房申候へハ、惣不存知候之旨、

如当時者、以外難治沙汰成候、中々申損なとし候なハ、可悪候歟、其上近程、依指事候、河内罷下事候、如何可為候哉と申候、今度便宜委被計仰候也、

○浄心房は一五五〇号・四六七七号・五〇三五号文書など、また乗覚房は定覚房として一五五〇号・五一四六号文書にみえる。

○五一七九　道顕書状※

○神奈川県立金沢文庫保管三行御印信事紙背文書

昨日雨中に帰てこそ候へ、かまくら（鎌倉）よりの御事つけとも、まいり候て、申入候へく候ニ、雨風やみ（止）候をまち（待）入て候、又一ほんまいらせ候、よくも候ハしなれとも、まいらさせをハしまし候へく候、あし（葦）みち（道）をこき（漕）候て、はき（脛）かすくミ（竦）て候、とりなをし候ハ、まいらせて申入候へく候、あなかしく、

道顕（宗忍カ）上

（ウハ書）
「元了（凞允カ）御房御かたへ
　申させ給へ」

○元了房凞允は八〇五号・一七一一号・二四四七号文書、道顕房宗忍は八二三号・一五五〇号・三九四〇号文書などにみえる。

○五一八〇　湛睿書状※

○神奈川県立金沢文庫保管四分律行事抄見聞集カ紙背文書

「　　　　」候歟如何、又関東可有管領沙汰十一国中に、信州其随一候、□□付其候者、此寺領之沙汰ハ、可為何様候哉、付是非可案内之旨相存候、又諸国之闕所、定令競望之人候、歟〈仍〉此大蔵（信濃国水内郡）をも指申人候歟、抑〈即〉去月□（廿カ）六日、以戒静房参州（高師冬）方へ、触申京都御沙汰之趣候了、

○戒静房は、五一六八号文書にみえる。

○五一八一　湛睿書状※

○神奈川県立金沢文庫保管四分律行事抄見聞集カ紙背文書

当郷給主にて被坐候間、大方殿御さゝの方、又小弼殿方へ遣愚状候、又付土橋寺（下総国香取郡東禅寺）事、千葉介（貞胤）・図書左衛門（円城寺）・御寺方へも遣状候、いつれもくゝ内々御披覧候て、得此意、加御詞、可伝仰候、又戒壇院等への状、以慥便宜可付遣候、又原四郎の方ニ何事候覧、便宜ニハ可有御音信候、

○千葉貞胤は一二四号・六四〇号・一六六一号文書など、原四郎は四七七三号文書にみえる。

○五一八二　某書状※

○神奈川県立金沢文庫保管四分律行事抄中四見聞集ヵ紙背文書

御札之旨委承候了、
抑中関間事、無相違於所々者、不可有子細候、残所者、両方
之土民等召出候て、尋承候て申示、注進申までの事に候あゐ
た、自□入部無用候、就中如此田地事等、不知案内候間、
中々代官大切候ハんか、又中村方よりも、今朝代官を可進由、
□それもすへて

○五一八三　某書状※

○神奈川県立金沢文庫保管四分律行事抄見聞集紙背文書

□彼御事、被入御意候由、彼僧被申候間、先日出度候候（存）、又
陳状ニ□（所）載之趣、如蒙仰候、其旨得意□（候カ）て、雑掌等にも可申談
候、衆中の書見之時も、此旨秘計可仕候、又□衛遠江殿御他
界歎存候、此御沙汰随分得御意候つる間、奉憑入候処、如此
候へは、落居事も如何無覚塚（束）令存候、又孫八食料如此慥給候
条、傷存候、当時者無用候間、費無申計候、付其候ても、御
沙汰早々落居成候へかしと念願仕候、茶者金沢（武蔵国久良岐郡称名寺）へ申候て、歳
末諸方へ可遣候、以此旨可有御申候、恐惶敬白、

○五一八四　某書状※

○神奈川県立金沢文庫保管四分律行事抄見聞集紙背文書

追啓
吉野御事、定委細真如房（杲照）被申入候歟、同遍（篇）之間、不言上仕候、
於今者、天下静謐勿論候哉、目出候、重恐惶謹言、

○真如房杲照は、九三二・九六四・二九二六号文書などにみえる。

○五一八五　某書状※

○神奈川県立金沢文庫保管四分律行事抄見聞集十八紙背文書

畏候て令申候、何事候はすと□（もカ）、案内をも申入候ハんと存候
□さしたる御事の候ハぬ間、申入す候事恐入候、気もはて□
御下も候ハすらんと相存候□（処カ）、いまに無御下向候へハ、無□
□存候、はやとしのくれ（歳暮）にもま□（かりカ）なり候へハ、御下向候ハ
ん御事□入候、兼又行空御房御他界□御事、驚あさまし
く歎入候、□□なる御事と承候しかハ、定御□候らん
と御心中さつ（察）したてま□尚々此御他界歎入候、か様□

○五一八六　某書状※

○神奈川県立金沢文庫保管四分律行事抄上二見聞集紙背文書

畏拝見仕候畢、

□達房未無下着候条、無心元令存候、兼亦、御沙汰も今月六日始被行候之由承候、無何程候之間、年内者不可有御出仕之由、ο（奉行）申候、又浄光明寺（相模国鎌倉郡）事、先度令申候き、彼仁召請候へとも、此間者無隙候程、于今延引仕候由、浄心房被申候、連々□役仕候、落居之旨者難知、□（難カ）

○浄心房は、一五五〇号・四六七七号・五〇三五号文書などにみえる。

○五一八七　湛睿書状※

○神奈川県立金沢文庫保管四分律行事抄中一見聞集紙背文書

□並会解記一二三、纂釈第一二三、並鈔一下之纂釈上中下令返進候、此内大㐬（疏）一上一本ハ留置候、又疏一上三本鈔二

○五一八八　某書状※

○神奈川県立金沢文庫保管四分律行事抄中四見聞集紙背文書

「めくすし（目薬師）にて御わたり（渡）候なる、いつやらん大仏（相模国鎌倉郡）のそう（僧）も、御文を申てあいまいらせて候けるとて候、御文一給はり候て、この人をまいらせ（参）たく候、むかへ（迎カ）の御あんしち（庵室）の房す（主）もそのれうち（療治）にて、御め（目）ハよくなりたると御物かたり（語）候しに候よし、申させ給へ、あなかしく、

（ウハ書）
「（切封墨引）
ほん（本）如の□房の御方へ
（湛睿）　中□」

○五一八九　某書状※

○神奈川県立金沢文庫保管四分律行事抄中四見聞集紙背文書

空禅の御房の御事、をと、ひ（一昨日）はしめ（初）てうけ給候、昨日ハねはんゑ（涅槃会）にて、あまり（余）にそう〱に候つる程に、けふ（今日）申候ハんとして□（候カ）へハ、このひんき（便宜）の候よし（由）、□（うカ）け給候て、まつ〱申入候、□（さカ）ためてことに〱御なけき（歎）□（候カ）らんと、をしはかり（推量）まいらせ候、なを〱なけき入候、とかく申つくし（尽）かた（難）く候、」

○五一九〇　宗忍書状※

○神奈川県立金沢文庫保管持犯篇後抄紙背文書

（封紙ウハ書）
「引摂寺御侍者□（御カ）報　宗忍」

こんはう（牛蒡）三把進之候、少分候事恐入候、

先日愚状進之候処ニ、御返事給候、恐入候、受者無子細御受願候之条、目出度候、兼又檀方違例より（に脱カ）候て、鎌倉（相模国）へ御上道

候之間、御辛苦恐（ママ）なから察候、さりなから御とりなをし候へ
ハ、我等までも悦喜申候、

○宗忍は、八二三号・一五五〇号・三九四〇号文書などにみえる。

○五一九一　宗忍書状※ 〇神奈川県立金沢文庫保管持犯篇後抄紙背文書

喜便宜令申候、抑鎌倉（相模国）へ御上路次之間、御辛苦恐なから察候、さりなから壇（檀）方の御病気無子細御とりなをし候事、我等まて悦喜申候、御意乍恐察申候、参候て可申入候候（衍）へとも、近比庫院指合

○宗忍は、八二三号・一五五〇号・三九四〇号文書などにみえる。

○五一九二　某書状※ 〇神奈川県立金沢文庫保管持犯篇後抄紙背文書

愚状之体可□（蒙）御免候、

御しやう（状）おそれ（恐）入おほせ（仰）かふり（蒙）候ぬ、まめ（豆）のかわり二百文給候、今日いち（市）にてかひ（買）候てまいらせ申□（候カ）、こやなきのまめの事うけ給候、いまたこなたのまめのうりかひ（売買）さたまら（定）す候、御ようとう（用途）を給候て、まめのうり□（かカ）いをまち（待）候て、とり候て、まいらせ候へく候、こなたのつくり

○五一九三　体蓮書状※ 〇神奈川県立金沢文庫保管折伏要文集紙背文書

一日の菜のありかたさなん、そのさうめん（素麺）のあた、かさハ、乃至雑菜の汁ニ至まて、珍重候へく候、なを〳〵御憚候ハて、あそハしてたひ候へ、次ニ御才覚もしりたく候、檀那ハ近程僧ニ成て候、同時ニ親子七人ニ別候て、遁世して候、

一日不取敢之体候て、諸事不心静候事、無心本候、雖無骨申状候、如法経の十種之供養之表白等、御書写候て可給候、若因縁等も大切候、近日ニ可下向仕候、路次にて可入事に候之間、令申候、同者施主殿もあそハして給ハり候へ、為二親為子息にて候、万事○（奉）憑入候、加布施をこそ不進候ハめ、法花経めつらしく候、たん尺如法経の功能等、其あはひ御心え候て可給候、下向之便宜可入事候之間、万事に闕候て令申候、恐々謹言、

体蓮

「（ウハ書）（切封墨引）」

本如(湛睿)御房　　　　体蓮」

○五一九四　用途注文※　○神奈川県立金沢文庫保管折伏要文集紙背文書

一うるし(粳)し(ちヵ)のしろよね(白米)　一斗五升
一もち(糯)のしろきよね　三斗
一もみ(籾)　おほむき(大麦)　こむき(小麦)
一まめ(豆)　これらみな一升つゝ、
一こま(胡麻)一升

○五一九五　某書状※　○神奈川県立金沢文庫保管初心成覚文集ヵ紙背文書

新春御吉事、自他雖事旧候、猶以不可有尽期候、
抑抄物事示給候也、愚身か極楽寺(相模国鎌倉郡)祥円房被借用候歟、不然者
多宝寺(同郡)ニ候と覚て候、
　　　　　　　　　　　　」

○祥円房は、四八五五号文書にみえる。

○五一九六　某書状※　○神奈川県立金沢文庫保管真言関係聖教紙背文書

先度蒙仰候之後、即可令啓候之処、令申候之注文事、菟角依
異儀候、于今不道行候、又京都茶自輪如房只今進置候、自然
ニ船便宜候者、御事付にて可然候歟、兼又自此可令啓候、如
当時者、音信難義之間、諸事難叶候之由被申候之間、三斤
一番茶令進上候、又御私物注文大概録申候、委細又以後便宜令
言上候也、又田舎忩劇菟角無申計事等候、又僧食事、尫弱物
請取候て、耕作已下計会無申計⌈　　⌋」

○輪如房は、一二三四号・四七一四号・五二五二号文書などにみえる。

○五一九七　某書状※　○神奈川県立金沢文庫保管題未詳真言関係紙背文書

畏申上候、
⌈　⌋内堯円(等義)御房⌈　⌋と下給候ける、近日となり⌈　⌋もん
仕候之間、⌈　⌋御返事⌈　⌋人事⌈　⌋歎入候、夫ニ付候て、
堯⌈(円ヵ)　⌋之事、仰ニ可罷随候、田⌈　⌋事⌈　⌋ハ、ともかくも、
是にて⌈　⌋満(万)福寺(下総国葛飾郡)堤道事、無指事候由⌈　⌋仰下⌈　⌋中
⌈　⌋をは⌈　⌋相⌈　　⌋」

○堯円房等義は、一〇一七号・一五五〇号・二〇二二号文書などにみえる。

○五一九八　宗恵書状※　○神奈川県立金沢文庫保管 題未詳真言関係紙背文書

畏申上候、□(去月三ケ)日□(之)御書下□□(間カ)所持仕候て、被仰下□(処)□幷□□仕候之処、毛呂郷(下総国結城郡)事者、とも□□(取)計かたかるへきよし、再往□□此段定堯円房(等義)申入候ぬと□□□少之所、恐入候へとも、帯□□□進上仕候、以此旨可□□披露候、宗恵恐惶敬白、

□　　宗恵「　」

○堯円房等義は、一〇一七号・一五五〇号・二〇二二号文書などにみえる。

○五一九九　某書状※　○神奈川県立金沢文庫保管 秦洛楚夏訓解紙背文書

候ハむと申候なれハ、おなし事にて候ぬとおほえ候ほとに、それのいてやうに申つけ候、ゐ中(田舎)えまいりの事申て候、のほり候ハヽ、やかてわたし(渡)候へく候、ち(地)もさた(定)まり候ハヽ、やかてそのちへこほち(毀)わたし候へく候、この御うれし(嬉)さも、やかて申たく候つるを、このほとのあめ(雨)に人もまいらせ候へす候つる、あなかしく、

一日の御返事に、ちの事さたまりて候やうに、うけ給ハり候し、返々申しつくしかたく、よろこひおほへて候、とよう(土用)すき候ハヽ、やかてこのや(屋)をわたし候へく候、その御てら(寺)のハんしやう(番匠)に申つけ候ハむとて、人をつかハし候、心やすくふきやう(奉行)し候へきものも候ハねハ、一ゑんにハむしやうに申つけて候ハんそ、よく候ぬとおほえ候ほとに、そのやうを申候、それよりもそうへかなと、よく〱おほせつけさせをハしまし候へく候、よろつ御たのもしく思まいらせ候て、それへまいり候へハ、みちゆき(道行)候事、返々よろこひおほえて候、ハんしやうのすくれしにハ、かまくら(鎌倉)のハけんして申候へとも、それのハさんしやを、心さしにつく□(りカ)てまいらせ

申させ給へ　　いなり より

「(ウハ書)(切封墨引)」

○五二〇〇　某書状※　○神奈川県立金沢文庫保管 随自意抄巻六カ紙背文書

阿弥陀経疏恩借之条喜入候由、以便宜之時、如仙(高慧)上人御物語候者、可然候、加様申候処、猶人之御本伝借申候て、

両本近年者、此本主如此秘蔵被申候、能々御所持可有之
由、可被仰付候歟、
旨・帰二部返給候了、又大疏鈔者所持候分、先日如仙上人被
借召候畢、村上蔵人之本令伝借之由令存候、後日以便宜可被
召候、只今名越(相模国鎌倉郡)候間、御使
○如仙は一二号・六一四号・四七六五号文書、村上蔵人入道妙悟は四三八五号文書にみえる。

○五二〇一　某書状※　○神奈川県立金沢文庫保管　随自意抄巻六ヵ紙背文書

昨日自久慈西(常陸国)下部到来仕候、当郷之代官等、無別事候之由申
候、但近日合戦事候けるに、彼代官之親類少々討死候之由申
候、於郷内は無子細候、依目

○五二〇二　某書状※　○神奈川県立金沢文庫保管　随自意抄巻十ヵ紙背文書

不慮外鷲尾(山城国双林寺)へ罷上候、若京都にて罷入、見参事もや候ハんす
らんと存候、毎事不定候之間、令申候、御渡唐之程ハ、併□
御祈禱をのミ申くらして候也、又誂進候し者ハ、本如(湛睿)御房ニ

奉申置候、可被遣候ハヽ、主の方へ可有御伝候、委細事

○五二〇三　俊才書状※　○神奈川県立金沢文庫保管　随自意抄根本無明紙背文書

為(被)仰合大切之条、其□候歟、
一是如房今夜寅刻平産候、但産以後尻腹痛候之間、隆円房・
妙円房等、惣無隙候之間、差参□不能尋申候、落居後、相
尋候(ママ)候者、後便可付進候、尚々俊才住京事、看病者雖本望
候、□□貴寺事等、不▨□納候之条、非本懐□(候ヵ)、又付私事
ハ、賀州西泉寺等可承事等多候、是皆如当時儀無候□(也ヵ)、如
此事、可令高察候哉、
一教恩房今一度不遂向顔候歟、歎存候、付諸事無便事候歟、
哀々□無別事候へかしと念願無他候、拝朝□(事ヵ)彼仁沙汰候、
其物何様支配候□(覧ヵ)、若無沙汰事候者、可尋置由、円浄房可
有御催促候歟、□(恐)惶謹言、
○俊才は、四八一三号・四九九七号・五〇三一号文書などにみえる。五二〇九号文書にみえる五条隆円房は本文書の隆円房と同一人物か。

○五二〇四　某書状※（○神奈川県立金沢文庫保管随自意抄根本無明紙背文書）

□□いつも紙状体恐入候、真如房（杲照）幷法花寺（照覚房カ）御返
事等進候、
御書謹拝見仕候了、自何事も此夏中御窮屈、驚歎入候、雖然
□（無）別御事候之由、此御力者申候之間、聊令安堵候、近日無慥
便宜候之程ニ、于今不令申入候、真如房今月八日賀州下向候
了、此御使於路次行合候之由申候へハ、定申入候歟、越州幷
信州等物忩之由、近日□候之間、無心元候、京都ハ無殊事
候、御上洛今年御延引事承候了、縦雖御急事候、御進退御心
労の

○真如房杲照は六八八号・九三二号・二九二六号文書など、法花寺照覚房は九六〇号・一一八四号・五二五八号文書にみえる。

○五二〇五　某書状※（○神奈川県立金沢文庫保管随自意抄紙背文書）

常企参拝、可懸御目之由相存候之処、程遠候之間、乍存罷過
候、背本意候、近日令参候、可申入候、抑□此申状、其恐不
少候、難去茶会仕事候、四室茶相尋

○五二〇六　某書状※（○神奈川県立金沢文庫保管随自意抄終教地前断惑紙背文書）

久不承候、何条御事候哉、抑今度ハ那須（下野国那須郡）ニも候へき由存候之
処ニ、人をたひて候程に、罷上候、那須方丈□即御下向候由
候しか、鎌倉（相模国）留給候よし承候、一定候ハヽ、又下□所全な
く候へハ、暫いつくにも居候ハ、やと存候、此たひもそれへ
まいり候ハむと存候へとも、

○五二〇七　湛睿書状土代※（○神奈川県立金沢文庫保管随自意抄諸仏同説付法花紙背文書）

雖然如今者、依此病気不可有大事と覚候、付其候者、如仰
往年芳眼異他□と申、先師帰寂之後、且奉仰候者、形見□
あはれ〳〵、近程に候者、細々懸御目□紹隆事（も）奉申合候、
自行利物之芳□申入候、蒙仰候、なましと不等閑、深相□、
凡関東律家之体、別てハ当寺人□衰微、相当如是之時代、
愍ニ存命候□見聞候、宿業之程悲深、仏天之知（見カ）□奉浦見入
候、馳筆候、悲涙難禁候、□（可カ）有御察候、
一智土（因幡国智頭郡）師代官芝禅門之方遣愚□以慥便宜可付遣候、

○本文書は、紙面を抹消している。芝禅門は、一三八〇号文書にみえる。

○五二〇八　某書状※

○神奈川県立金沢文庫保管　随自意抄託事門紙背文書

逐申候、
五条隆円房方へ、賢観御房御方へ、金沢(武蔵国久良岐郡)よりの鉢子内□(赤カ)五入、
令誂進候、参収候歟、無御返事候之間、無心本候、去五月初之
比かと存候、謹言、

○五条隆円房は、五二〇五号の隆円房と同一人物か。

○五二〇九　某書状※

○神奈川県立金沢文庫保管　随自意抄頓断無明紙背文書

追申上候、
所詮此屋敷付畠等、如本丞大夫入道もたせて、年貢を可取進
候由、可被仰下候、乍爾能々申候旨、可有

○五二一〇　某書状土代※

○神奈川県立金沢文庫保管　随自意抄八九識紙背文書

抑先度令注進之候上総国周東郡内寺領分国□年貢事有没

○五二一一　某書状※

○神奈川県立金沢文庫保管　随自意抄別教行布紙背文書

一今年茶事、了文に申付候事、及斟酌候しを、去年既無子細
之由、被仰出候之間、於此事改申候之条、令参差之様候し
程に、如日来申付候て、ハや三番まて取て候、一番ハ四斤
にすこし不足候、二番は二斤候、三番全分不萌候て、わつ
かに
一斤、ひくつ(籤屑)一斤余候、不思議余茶薗も同不萌候之間、無
力次第候、其条不可有隠候、一番ハ去年よりも殊勝候之由、
令申候之間、仍少分進上仕候、就沽却事、可得意之由承候、
自元存其旨候、大方ハ寺中之作法如今者、恒例之式候之間、
不珍候、剰於他所面々調候之間、今年者殊更令販瞧(ママ)候、但
此御坊茶ハ、遠所御坐之間、不被知食候を、私相計擬坊中
之資縁等之由、事□□(次ニカ)ハ語申候、去年一番茶も四斤ハ販之
候て、余ハ徒打置候、晩茶も多分販候て、惣合六貫八百許
候しを、細々下行之残、今現在之分三貫四五百ハ、此間茶
誘に、連々可下行候、凡沽却事、進退難義候、
一去年了文方より、用途四貫内三貫にて取て候し米令沽却候、

代物四貫百許候、又去年円修（頼憲）房之便宜送給候米
此辺にも申合候、尤以難義御事皆察申候、去月下旬元空（恵釼）上
人下向之便宜に、摺写探玄記□

○円修房頼憲は一五五〇号・五〇一七号文書、元空房恵釼は一五五〇号・四六七六号・五二六二号文書にみえる。

○五二一二　物代銭注文※

○神奈川県立金沢文庫保管
随自意抄別教行布紙背文書

物代銭事

□百文	七条
□□（五カ）文	五条
□三十文	鉢子
□百文	鉢子
百五十文	褊衫
百五十文	同
□（三カ）十文	同
百六十文	脚布小
十文	脚布
十二文	帯細
五文	壺
卅文	帷
十文	鉢巾
廿文	蒲団
三十文	布袋二
□	手覆
□文	皮籠
□文	机二脚
□文	ラソク（蝋燭）台
□文	風爐
□文	皮
□文	衾
□文	小袖
□文	足駄
□文	火箸
□文	サク
□文	鑵子

□文　銅盞
□十文　念珠箱
□四十文　笠骨二本
□二十文　手巾
□（三カ）十五文　小袋三
□水精簾珠一耳桃一
□カラ（唐）紙三枚
已上四（六）貫六百三十五文

○五二一三　某書状※

○神奈川県立金沢文庫保管随自意抄別教行布紙背文書

此間無便宜、不令申入候之条恐入候、抑千田孫太郎（胤平）殿、子息滝楠殿、千葉介（貞胤）殿と一味同心、可落大嶋（下総国匝瑳郡）之由、依被申下候、竹元と岩部中務□□（始終）合力仕候、竹元も去月廿一日大原へ付候て、国中軍勢を集候、雖然候、けハし（険）き合戦ハ未遂候、

○本文書は、暦応二年もしくは同三年のものと考えられる。なお、千田胤平は一七八号文書、千葉介貞胤は一二四号・一二七三号・一六六一号文書などにみえる。

○五二一四　某書状※

○神奈川県立金沢文庫保管随自意抄別教行布紙背文書

処々破損、可有御察候、連々次第可加荘厳之旨、懸心候也、又愚□（身）上洛事ハ、先度令申候了、来冬之比なと存候、若可爾にて候者、今年々貢等を可充擬候、但此老体以外気力衰損、無申計候間、大方ハ志のミ□（にカ）して、無力之作法候、凡此条ハ連々便□（宜カ）之時、逐可申子細候、又惣公文触事、姧曲不忠候覧、対治之道、可有御思案□（候カ）、又地下百姓等之体、如先度承候者、大□調順候歟、如是候者、且御堪任（忍）も候へく候、若又可有御退幅之体候者、不申及候、定御等閑候ハしと、遺愚意候、又円林房若被伝聞食事候歟、不載紙上候、
〻〻〻

○五二一五　某書状※

○神奈川県立金沢文庫保管随自意抄別教行布紙背文書

去月十九日以妙義令進金□（山カ）（越後国蒲原郡カ）之正文四通候、定参着候歟、此法師未下向候、又今月九日文一房令上洛候便宜、進愚状候、上洛之間事委細令申候了、此腫物いかにもして、年内療治候、明春ハ可思立之旨相存候、在京等之資縁可被懸御意有御案候、但此老体自去年以外気力悉尽候、寺中及近き、又金山よりも近日令音信候、如其状申候者、三浦下野入道（道祐、貞宗カ）

可打入当郷之由、□□荒説候と歎申候つるに、当時京都沙汰之体、申下候了、付其候者、

○文一房は一三四九号・五一六八号文書、三浦貞宗は七七一号・一四六五号・二五三五号文書などにみえる。

○五二一六　某書状※　○神奈川県立金沢文庫保管　随自意抄無出家故紙背文書

喜便宜令啓上候、
抑雲富寺(下総国香取郡大慈恩寺)長老下向之時、御札之趣、謹拝見仕候了、先代人々仏事、其正忌日者、人々御営之由、承候之間、引□五月十日より三昼夜、光明真言取行候て、令廻向候、其より連々廿五日□、上下面々の仏事、思外事候き、又今□(月カ)十九日にも、一日陀羅尼候、兼又妙通□再受等事、雖其志深候、依所之一□今者難義候之間、廻其方便候、仰旨令返候之処、細々承候之間、喜入候、又寺□等事者、今者無相違候、荒居年貢□池田幷大日堂分、可廻候之由承候、其□臨時如何転候すらんと覚候、又□室殿五月廿七日他界候、老体之間無□(為)□等親房・了乗房・母儀已下一人も不残相労候、乍去無別事候、未病者絶候□(也カ)、小崎女房他界、我身子息等皆労□無子細候、此僧下向之時、可有御音信候歟、□香取中村(下総国香取郡)子息彦六他界、親父□(禅カ)門歎無申計候、又下庫落破候之間、□(付カ)諸事候、難治候へとも、加修理候、又今年□役者大事候、殊知事役第一之大事候、為寺為僧、返々難義候、当寺の僧□

○妙通は四八五四号文書、了乗は九六五号・一五五三号・四六六二号文書などにみえる。

○五二一七　某書状※　○神奈川県立金沢文庫保管　随自意抄無出家故紙背文書

畏令啓案内候、
抑千葉大嶋(下総国匝瑳郡)合戦以□(外カ)候、雖然候、於寺者、無別□(香取郡東禅寺カ)間、無申限目出度悦□(候カ)、合戦之間事、定余之□(方カ)より被申入候ハんと存□(候カ)、委細不申入候、恐存候、又愚身□(可カ)追出候之由雖承候、於今者□(無カ)別事候、令寺住候、為悦候、□□(付公カ)私候無為候者、返々目出度承存候、以此旨可有御披露候、恐惶□□(敬白)

○本文書は、暦応二年もしくは同三年のものと考えられる。

○五二一八　某書状※　○神奈川県立金沢文庫保管　随自意抄無出家故紙背文書

追令啓候、

井土山(下総国香取郡)事をもちて雖可申入候、物忩之間、不申入候条、恐存候、今度も合戦▨《御》寺無別御事候之条《御事》、無申計悦入候旨、よく〳〵申へきよしを申入候、いかさま(如何様)にも御寺ひんき(便宜)に、重可申入候、重恐惶敬白、

○本文書は、前号文書と同筆である。

○五二一九　某書状※

○神奈川県立金沢文庫保管大乗起信論義記教理抄巻七紙背文書

畏申候、此間何事わたらせおはしまし候やらん承度存□(候)、兼又海円御房の御他界、年久候て、なれまいらせ候し御事候間、歎入候、

○五二二〇　某書状※

○神奈川県立金沢文庫保管探玄記二疏抄類聚第一紙背文書

きこしめしあえぬ程の御文、猶悦思ひまいらせ候、まことにくうりん(空輪)の御はうのあえなさ、これをハしめぬよにて候へとも、こと□まのあたりかハゆ□事とも、申ハかりなくおほえて候、□せんほうのちまて、たんとき事ニ申され候しものをと、この御文見まいらせてまつ思ひいたされて候、かくもおなしく候□、たひ所ニて、さなからとめ□、あなかしく、

「(ウハ書)
(切封墨引)
御返事申給へ」

○五二二一　某書状※

○神奈川県立金沢文庫保管探玄記第七疏抄類聚中紙背文書

大楽寺(相模国鎌倉郡)東塔(堂カ)御上洛之時、御書九月廿二日京着、謹拝領仕候畢、

抑御所労御再発難治御事、先□(歎カ)入候、先日承及候分、令得御減給候よ□(しカ)伝承候、取延愚意候之処、依御危急□、土橋(下総国香取郡東禅寺)長老御上之由、承及候之条、返々□(畏カ)存候、愚身下向事、返々蒙御誡仰候之間、□□(不)雅意候条、歎入候、哀寺訴落居候て下向候、今一度懸御目候はやと、念々無懈□□(怠カ)、一上代(海上郡)等正文書箱一、杉谷殿御上洛之時、慥拝領候了、此条先度土橋僧顕円房下向之□(時カ)、令言上候了、凡彼所々安堵事、余ニ寺訴□(事カ)計会候之間、うちまきれ候て、今月六日調申具

書等候、当寺之本奉行雅楽民部大夫(三須信重カ)□□方へ被賦渡候了、但黒部村(海上郡)事、私寄進にて候間、自余の可為煩候程ニ差置候了、

一当郷彼本主子孫等濫妨狼藉之篇を□申候、打渡之御教書一通、令取進之候、先□以前可令付給候、彼仁等若〇《以》正中御下文之安堵等之事哉〇《申候》候とて、於諸奉行所承廻□(候カ)、未無其儀候、何体之次第候哉、縦向後□申子細候、多分今度安堵之時、奉行人□(等カ)存知候上、左様之時者、如此数通御下知□一御事にて候、

一先日土橋僧顕円房下向之時、山口郷(下総国埴生郡)重奉□誂進之候き、已参着候哉、当時殊更路次不意候事候へハ、参否不定覚候、無心元候□所詮此事、数度御教書ニ、国地頭代一□無承引、遵行于今遅引仕候之条、愁□(訴)至極候間、所申尽理候上者、彼右馬頭□京都御代官を被召、御内談之砌、急速□避渡之由、被加厳密下知候て、先度令□進奉書ハ〇《是にて候》也、代官とは典厩御代官候、千□(葉カ)介(貞胤カ)代にてハなく候、

一大倉郷(信濃国水内郡)事、先進ニ委細注進候了、此事已内談落居候て、以勘録可伺申評定候、如此禅律沙汰日一月ニ只三ケ度《ニ》成候之間、延□未賜御下知候、月ニ二日六日にて六度候したにも、□之習、延引かちにて候ニ、結句只三日にて候程ニ、諸人□歎、只此事候、敵方ハ如此延候之間、悦喜候歟、寺□(家カ)当年之毛上と〇《いり》もみつれとも、不〇《任》意事、無力微運候歟、千万出来候者、東堂□□(御下)向之便宜、可誂進之候、又これも今月六日□(禅カ)律沙汰之時、諏方大進房(円忠)告申候を承候へ□番之引付ニ当郷事施行を競望候之仁候之由、□及候間、奉行人何仁ニ候哉、又奸訴之物名□何様申ける由、尋申候へとも、依物忩不分□(明カ)とて、不明申候、此又不可思議事候、

一千土師郷(因幡国智頭郡)事、先日雖下人候、猶以不打□(渡カ)、結句守護改替候了、此ニ国の〇《寺家》代官許ま□(てカ)申上候ハ、彼矢部左衛門上御使者にて、当国□寺社領先守護未遵行之地、悉可打渡候□甲斐二郎と申仁与矢部相共ニ、急速之可□沙汰由、被仰下候〇《間》寺家雑掌得理令問□(答カ)矢部ニ之時、少利候て、さらは甲斐二郎ニ□成御教書候ハ、、可打渡之由〇《矢部》申候、忩々能々可沙汰之旨申上候之間、奉行人其子細申候之処、修理権大夫(吉良貞家)

殿古公内(宮カ)大夫殿因州守□(護)被荷(補カ)候間、彼方へ重奉書を被成候了、□
去月卅日下遣候了、如此候之処、彼矢部□御教書四ケ度違令
背候之間、以○先守護注進□免、及罪科之御沙汰之由、彼○矢部
京都代官幷□者矢部十郎右衛門尉と申仁、当寺之奉行雅楽
民部大夫許ニ出来候様ニ、歎申□、可然候者、罪科御沙汰
を被延候、忩々国へ□申下候由申候ける間、奉行さま〳〵
ニ怖□候、さらハ称名寺(武蔵国久良岐郡)雑掌僧ニ此子細被歎候へ□此僧
不承引候と、やう〳〵におとし申候ける間、代官来候し程
ニ、自元理運候上、無尽権門ニ□取紛書雖付申候、無承引候
間、難治候へとも、□□渡候ハ丶、沙汰ハ可相延候、所詮
□(今カ)年□

○雅楽民部大夫(三須信重)は一三七号・一一一一号・一四九八号文書など、顕円房は一四二七号・一五五〇号・四七六九号文書など、右馬頭は九〇九号・五二六一号文書、千葉介貞胤は一二四号・一五五三号・五一八一号文書、諏訪大進房円忠は一三七号・二八七八号・三四七五号文書、吉良貞家は一一九八号・一四八五号・二五一七号文書などにみえる。なお、吉良貞家が因幡国守護に補任されたのは暦応二年頃と貞和二年頃である。

○五二二二　某書状※　○神奈川県立金沢文庫保管探玄記第七疏抄類聚六紙背文書

年月日未詳神奈川県

雖無指御事候、細々啓案内、参懸御目、可入申之由相存候処、
殊更以亦申て候、参州(高師冬)帰参上洛事、□寸無隙候、乍思候罷過
候条、所存之外恐入候、兼又以使者申旨候、委細被聞食候、
蒙仰候者、恐悦候、何様にも近日参候

○高師冬は、九六二号・一四八〇号・一九八七号文書などにみえる。なお、師冬が帰参上洛したのは、康永三年二月～同四年八月の間である。

○五二二三　某書状※　○神奈川県立金沢文庫保管湛稿冊子八紙背文書

畏令申入候、
東御領御年貢早米、少々自本主方押候、又所々下札候之間、
愚身罷越候、札をも抜捨候、及早米等をも当寺へ持越候了、
雖然重猶人入候由、自三田入道方被申候、今日七日又人余差
遣

○五二二四　某書状※　○神奈川県立金沢文庫保管湛稿冊子二十二紙背文書

□□□□(此沙汰事カ)［　　］此寺へ御出可有如何候哉、屋代如此被申
候之間、永順房左右までもなく、進入候、只今善勝寺罷

向候也、
参州(高師冬)幷屋代対□(面カ)仕候了、先為御□罷出候之由令申候□(了カ)、最前
蒙仰進□由被申候、今夕有御出、大楽寺(相模国鎌倉郡)御寄宿□明旦疾御対
面可□

○高師冬は九六二号・一〇一七号・一九八七号文書など、屋代は五一五六号文書にみえる。

○五二二五　常光寺知事某書状※

○神奈川県立金沢文庫保管
湛稿冊子二十四紙背文書

「(封紙ウハ書)
鎌倉金沢寺え(武蔵国久良岐郡称名寺)
　田村常葉寺より(相模国大住郡)
謹上　本如(湛睿)御房御侍者　常光寺知事(葉カ)状」

態令申候、抑唯寂御房本病、其上ニ左眼上ニ腫物出来候て、
去七月五日巳時計ニ御他界候、只臨終体如所存、阿字外縛印
にて了候、負一張(笈カ)進候、何事も委細旨者、唯文定可啓案内候、
何事も

○唯寂は、四六五六号・四九〇五号・五〇一八号文書などにみえる。

○五二二六　某書状※

○神奈川県立金沢文庫保管
湛稿冊子三十五紙背文書

逐令啓上候、
茶一裹令進上候、下品与軽微旁々恐入候、兼又顗円房下向之
時、竹元殿□(御カ)返□(事カ)令進候、又大原過書事、被申候之間、御意
者憚入候なからに、難去候て申入候之条、返々恐歎入候、重
恐惶謹言、

○顗円房は一四二七号・一五五〇号・五二二一号文書など、竹元は四九四三号・五〇〇四号・五二一三号文書にみえる。

○五二二七　某書状土代※

○神奈川県立金沢文庫保管
湛稿冊子三十九紙背文書

故長老(釼阿カ)入滅の丶ち、ゆいせき(遺跡)申あつらへられ候しを、なまし
〳〵に申入候、又おほせを□ふり候ハいまもふかくそのむねを可存候、あま
いにさうなくりやうしやう申候へハ、やかて〳〵そのしさ、(い脱)
りに〳〵ふちあんないにて候、あまりにうい〳〵しく候て候ほとに、さうな
直ニ申入たく存候しかとも、かた〳〵をそれは丶かり入候て、
くと存候て、
た丶真如房(杲照)そのやうを申入候へくと申候、このゝちハいまはさのミすく
し候ハん事も又をそれ入候あひた申入候、当寺のこうりう(興隆)の
事、ひとへに御うちへ申入候へきよし、故長老も申をかれ候
あひた、なに事もは丶かりを

○本文書は、墨線を以て字面を抹消している。真如房杲照は、九三二号・九六四号・九六五号文書などにみえる。

○五二二八　某書状※　○神奈川県立金沢文庫保管湛稿冊子四十六紙背文書

御札之旨、謹承候了、
抑当御院家之領等、依地頭入部押妨之由承候、返々歎存候、
其上当年者、諸国平均之損亡候之上者、御領等も不甲斐〳〵
候之（ママ）歟、就是非歎入候、
明印房退出之後、行阿又出候之由承候、致煩輩等、皆以如此
候之間、一円御興行目出候、私へ給候御状委細坊主被加一見候了、今
年しも方〳〵難治候事、返〳〵歎入候之由被申候、如形之資
縁も不被計申候事、於身も失面目候、且当寺之式兼御存知事
候歟、今年者関東一向飢

逐啓候、
当寺ニハ雖小所候、自諏方入道方、武州たハ河、今毎年八十余
貫寄進候、又副田庄散在所任かつさ殿注進可有知行之由、御
書下候之間、此後ハ少僧徒安堵候歟、便宜之時ハ、可有御札
候歟、猶々上之事、明春者必々可立候、重恐惶謹言、

○明印房は、一一二六号・一六三三号・二九二五号文書などにみえる。

○五二二九　某書状※　○神奈川県立金沢文庫保管湛稿冊子四十七紙背文書

畏令申候、明日儀憲房（元範カ）下国之由承候之間、自是も人を可副申
由申て候、覚胤房（云阿カ）事未道行候間、侍所為対面出鎌倉（相模国）候つる、
未帰寺候間不申入候、此等子細堯禅（朴慧）為言上

○儀憲房元範は八六五号・一五五〇号・二五四七号文書など、覚胤房云阿は一五五〇号文書、堯禅房朴慧は八二三号・一一二六号・二五一〇号文書などにみえる。

○五二三〇　某書状※　○神奈川県立金沢文庫保管湛稿冊子百七紙背文書

畏令言上候、
抑自一宮尼寺（上総国埴生郡）状進上候、彼房主より被申候ハ、受者等渡海難
義之上、重病之沙弥・尼も候間、旁以難叶候由被申候、不苦
候者、雲富（下総国香取郡大慈恩寺）へ御状給候て、受者を進度候、此旨愚身参上仕候
て、可申入候之由被申候へとも、此深泥ニ

○五二三一　某書状※　○神奈川県立金沢文庫保管湛稿冊子百二十二紙背文書

なを〳〵この御文、ちやうらう（長老）の御かたへとく〳〵御けさん（見参）ニ入させおハしまし候て、御返事給ハり候へ、

さてもこのおほせうまう（大焼亡）のをそろし（恐）さ申ハかりなく候、なによりもたほうし（多宝寺）（相模国鎌倉郡）のやけ（焼）させ給て候御事、中々申つくしかたく、あさましく、なけき入て候、又あしかゝ（足利）（下野国足利郡）よりほんち（本智）の御房へ御ふミ（文）の候か、ぬしハゆ（湯）にわたらせ給候へハ、ちやうらうの御かたへ、御けさん（見参）に入させおハしまし候て、御返事いそきとらせおハしまし候て、このつかひして給ハり候へ、ゐ中へ御文のまかり候、よく

御文ハのほりて候、又かやうにかまくら（鎌倉）（相模国）中のやけ候て、御てら（武蔵国久良岐郡称名寺）もやけて候へハ、事のハ（言葉）もなく候、又々申候へく候、

□のつかひをハ、これにてハやミ候とて、まいらせ候、あまりに〳〵人のひまの入候ほと□

「（ウハ書）　（切封墨引）

ほん（湛睿）□（如）の御房の御かたへ　まいらせ候　□□」

○本智は、五二七一号文書にみえる。

○五二三二　某書状※　○神奈川県立金沢文庫保管湛稿演六紙背文書

候へかしと思まいらせて候、さしたる御事も候はねとも、あすときいせん（斎以前）に、

「（ウハ書）　（切封墨引）

つちハし（土橋）（下総国香取郡）のちやうらう（長老）（湛睿）の

御かたへ

申させ給へ」

○五二三三　某書状※　○神奈川県立金沢文庫保管湛稿戒六紙背文書

雲富坊主（下総国香取郡大慈恩寺）の方より、金沢長老（武蔵国久良岐郡称名寺）方へ小袖を被進候、慥の便宜に、無相違令伝進候之様、可有御計候、紙袋にて候間、無心本候、若布袋候者、入て付封可令遣給候、若不爾して中途にていかなる違失も候ぬと覚候、京都へ以智光房令申候、委細

○智光房は、四九五八号文書にみえる。

○五二三四　某書状※　○神奈川県立金沢文庫保管湛稿戒九紙背文書

この廿日ころ《頃》ニ、尼衆の受戒のためニきたられて候し、かたられ候浄地ハ、盗人入候て候けるニ、身かふん《分》もとら《盗》れたるよし《由》うけ給候、もしまこと《誠》にて候ハ、あさ《浅》ましく候、明年の夏中ハいか《如何》にもしてのほ《上》り候ハんする、其時の雑用とあて《充》ゝ候つる、むな《空》しく候ぬ、ちから《力》なき事とハ申なから、もたい《勿体》なく候、たゝし事のやう《様》うけ給候ことくハ、こうりう物とて、へち《別》ニ

○五二三五　高楚書状※　○神奈川県立金沢文庫保管湛稿戒十一紙背文書

（封紙ウハ書）
「（下総国香取郡東禅寺）土橋寺方丈（湛睿）御侍者　　高楚」

「恐怖無極候、先日雖令啓案内、⌈
□訴⌈　⌋闍之候之由、歎申候、⌈　⌋仰哉候はんすらむと怖畏候歟、一寺⌈　⌋無御⌈　⌋はん事⌈　⌋御興隆哉候はんと、伺便宜、長老御中⌈　⌋本望候、内々令申談⌈　⌋
⌈　⌋　　高楚

○高楚は、四七五九号・四八〇八号・四八六七号文書などにみえる。

○五二三六　道顕書状※　○神奈川県立金沢文庫保管湛稿戒十八紙背文書

「ハぬおとつれうけ給はりて候、悦入候、すこもめかけ候て、いとをしかり候よし申候つる、まつ心やすく候、ゐ中《田舎》へのふ《文》ミした《認》ゝめ候とて、状にて申入候、おそれ《恐》入候よし《由》申給へ、あなかしく《穴賢》、

「（ウハ書）」
（切封墨引）
侍者御中　　道顕《宗忍カ》上」

○本文書は、湛睿が東禅寺住持であった嘉暦元年～暦応二年の間の湛睿宛文書とみられる。なお、道顕房宗忍は、八二三号・一五五〇号・三九四〇号文書などにみえる。

○五二三七　覚聖書状※　○神奈川県立金沢文庫保管湛稿戒三十六紙背文書

□《知カ》足院（武蔵国久良岐郡称名寺）御坐之時、奉読□《起カ》信論充《疏》等候、其御恩于今□《不》令忘却候、深奉憑候処、遠慮之間、乍存常不申案内候事、心外存候、兼又□存旨候間、下向之志候、御□宿候歟、又なにとも能様□

計候哉、其所存難尽紙上候、毎事期後候《(ママ)》、恐々謹言、

□　覚聖

○覚聖は、四九一八号文書にみえる。

○五二三八　某書状※

○神奈川県立金沢文庫保管湛稿戒六十五紙背文書

此状進候はん使ニ、替銭ハ可給候、

れんせいほり《(冷泉堀)》川の大納言殿えひんき《(便宜)》の候しに、状進候き、参着候哉、又若つる《(鶴)》法師下向御状令披覧候了、御挙状付て候へとも、未与奪候、いかさま《(如何様)》にも心のをよひ《(及)》候ハんほと《(程)》ハ、可沙汰仕候、但此間ハ術すつ《(ママ)》きハて《(尽果カ)》候て、一人候し法師もにけ《(逃)》候ぬ、又衣もやふれ《(破)》候て、奉行所へ可出便も候ハて、さすけ《(佐介)》(相模国鎌倉郡)の口ニ松尾と申候所に、∘《山かね》人の持仏堂ニ

○五二三九　某書状※

○神奈川県立金沢文庫保管湛稿戒七十紙背文書

令取納、以此用途買取絹布、可立進∘《此男》関東□荒説候之間、如此令申候、若さ様ニ令参上候□不可有御許容之限候、加様候之間、彼等余手□之所存にて候也、大方ハ不始于今、彼公文□代官御代官同篇候へとも、此仁猛勢物□遠国にてハ加様物ハ、すかしき《ゝゝ》をかれ候ハん□候之間、円林房《(全玄カ)》之時、包安名とて、一名被補任□全分為公方無用仁にて候へとも、毎事以隠便《(穏)》□いしらい申候也、内々如此事を愚身も恨□聞及候歟により候て、懇望申旨、只今申□□如此も候て、百姓も公文も、屈伏之体も候て、□をも令取納候者、早々追可送進之候、委細□可申上候、併仰高察候、

一愚身在郷事、度々可蒙御免之旨、令申□先度御書ニ、或僧可有御下向之由、示賜□□《(候カ)》畏入候、同候者、愚身在国之時、御下向候ハん□地下の故実をも、為得御意可指南申候□百姓等致強訴候、未断之最中退出ハ□為当郷不可然候者、彼等訴訟属一辺候以後□免候ハん事、可為何様候哉、人間我執にて□如此令申候、されハとて、彼等ニ可思当之所存ハ、外聞も不可然候、其も兎角も《も》可罷随仰候、此□即可下賜

候、
一御上洛事御治定、三月末以又三郎男可□□(被カ)蒙仰候之間、存其旨候之処、于今無▨(其)儀候、□夏以前御延引之由相存候、大方御上洛も、此□不可有御専要候歟由、近日思案仕候、其故□寺訴の御ため、一ハ方々為御参賀候歟、寺□(訴)□縦(ママ)以御面謁之時、直御申入候者、少々道行事者□其も早愚の入眼難在候、申長途、申延□
年貢御公事等、只有名無実候、是ハ且被□候てハ、愚身定僻事候によて、被背公人□可有御推量御事候、何様なる深秘者不□彼仁取申〇(事)候ハ、加徴米を五石余拝領す□候を成寺領候、不賜候、可然ハ可免許之旨、申□諸庄園通法として、十一丁ニ一丁の給□五升の加徴ハ、地頭得分之条、無予義候□可被取、有支証者、寺家へ可取申之旨、令□

○円林房全玄は、一一四六号・四八一三号・五〇二三号文書などにみえる。

○五二四〇　某書状※

○神奈川県立金沢文庫保管湛稿戒七十紙背文書

にて候へハ、此様を御はからい候て、御仰下候、一村を御除候て、残所を如先度之〇(用途分)御つ□きにて候哉、亦村を御除候ハて、直銭を先度□一二倍も御増候へきや、能々只御計候ハ、、□(加地景綱カ)近江守心地ハ、明年三明年二ケ年を、如先□銭分ニ給ハり候ハんと申けに候へとも、さのミハ□外なる事かとおほへ候、此間委細尋候へハ、□候ハ、当時不作仕て候へとも、三百貫ニ及候て得□よしうけ給ハり候、後々のためも御心へ候□、返々愚意のおほへ候存知を申入候、能〱御返事ニ仰下され候へく候、只□
時候、おり〱ニしたかい候て、心さしのいたり見へ□□□度の〇(此)便宜ニ、御状に此由を御喜候て、茶三両はかり□□下給ハり候ハ、、いかさま悦申候へしと存候、又石川入□(道カ)方へも、石川三郎か方へも、身か事大事ニ申□御悦候へく候、もし御茶下候ハ、、めん〱ニも付候て、給ハり候へく候、一愚身も在郷、存外いかんと仕候へしとも不□、中山寺纔ニ五六貫得分にて候、下向仕候て□せめ候へハ、適作て候田をも、少々千苅はかり上□力及候ハす、手作も種子も候ハす、食物も候ハ□か仕候へしともおほへす候、凡中山寺ハ、皆ニ五千□(苅)□それを三分一こそ打をこして候へ、あまさい又あ□いかさまも餓死仕候ハんと存候、すさきハ五年□申て、田四五百苅はかり去年つくらせて候、御百姓をすかし候て、用途かつ〳〵百はかり、つ□い候て、まつ〳〵惣別御管領までこそ候へ□と存候、すさきの事、御返事ニうけ給候、

一愚身か当時在郷仕候て、ことさら大事ニ候や□近江守の城ちかく候間、此内ｏ《の》殿原凡不折□候、朝夕当郷(越後国蒲原郡金山郷)の事ｏ《を》思候にも、又御寺の事□も、近江守にも、内之殿原にも、心ニ合候ハんと、□心苦無隙候、給ハりて候し茶も、又私買て□も、此人々ニとらせ候、のませ候、其上大日□近江守殿へも、歳末ニ茶せんｏ《一》、茶一裹つ□、それならす内の人々方へも、心さし候、是偏ニ愚身か《ミ》科ために候ハす候、さな

□

御為にて候、愚身か科にて候ハす候、当時ハかやうに□事ちかい候、まして人ににくまれ候てハ、□の作ｏ《法》なさけなき所にて候間、神仏ニミやつ□、或ハ此等か内者の様ニ、はしりめくり候へ□、惣郷管領も遅々仕候へハ、無面目体ニ□三時勤行、時々の供養法も、さなから身の事□、只偏御寺の事をいのり申、別ハ当郷之ことを□候、相構〳〵縦かやうニ不知行候とも、余之御領□遠所にて候へとも、一二はんの御領かとおほへ□、当郷の御祈禱ハ候へく候、返々何事に□

○加地景綱は三九八号・一〇一四号・一九八四号文書など、石川入道は五一三〇号文書にみえる。

○五二四一　湛睿書状※

○神奈川県立金沢文庫保管湛稿戒七十一紙背文書

東国御化導之儀存候之処、此境御帰住由承候、尤以喜悦無極候、路間程遥候之間、不能参拝候、恐鬱不少候、抑法華玄賛一見候之処、要集同見合之候、上廿巻以極楽寺(相模国鎌倉郡)新写本見合之

候、本書第四

○五二四二　湛睿書状※　○神奈川県立金沢文庫保管湛稿戒七十一紙背文書

逐令啓候、
法淳房雲富寺(下総国香取郡大慈恩寺)居住之体、難義之由承候、今度過法失食入候之間、房主心苦之由承候、今月廿五日禅尼達御事、無別事候者、よひたてまつりたく候、則円御房奄(庵)不心快之体候、又寺中も無心本候之間、御祈禱無退転候、重恐惶謹言、

○法淳は、四八二四号文書にみえる。

○五二四三　湛睿書状※　○神奈川県立金沢文庫保管湛稿戒八十六紙背文書

逐令申入候、
良文房俄逗留申候、愚身承候し趣と三日御状之趣と、すこし相違之体候之間、僧中にも難量之由、被申候、今井土山入道之《と》跡知事被申候ハ、▨《空》日房門ニ松の候所を指被申候、彼所者、余はしちかに候上、又小家一ならてハ不可叶候、僧中よりも如此被申候、重恐惶謹言、

○良文房は、四八一八号文書にみえる。

○五二四四　某書状※　○神奈川県立金沢文庫保管湛稿戒九十七紙背文書

所存不相違□□(候カ)し□のな□よろこひいり候、其間事□
此賢証房令語申候□(者カ)、委細に可有御尋候、愚身□上洛は去四月上旬之比に上候き、母儀の骨を高野□納たく候し間、もち候て罷上候き、さて今夏は大原□用事候間、結夏仕候き、彼等に委細事も、此僧被語申候歟、猶々いか丶し候て、見参に入候はん、なにさまにも今月中は、比田殿

○賢証房は、四九〇二号文書にみえる。

○五二四五　行忍書状※　○神奈川県立金沢文庫保管湛稿戒百二紙背文書

□(御)文候いし、うけ□(給カ)ハり候ぬ、さてハ□(方カ)丈ハ今日覚薗寺(相模国鎌倉郡)□出候、御返之時、可入見参候、恐々謹言、

乃時　　　行忍（花押）

○行忍は、四六七四号・四九一三号文書にみえる。

○五二四六　某書状※　○神奈川県立金沢文庫保管湛稿戒疏見聞集ヵ紙背文書

定禅御房可有御下向之由、義運房（順恵ヵ）雖令申候、御仏事御渡にて候ぬらんと覚

○定禅房は一三四九号・一四二三号・一五五〇号文書など、義運房は一五五〇号文書にみえる。

○五二四七　某書状※　○神奈川県立金沢文庫保管湛稿戒律紙背文書

如何候へきやらん、無心元候、又此所も、富□七郎左衛門尉賜恩賞、三番引付にて□施行之由《候し上》、兼寺領之由存知候、支申候□、長井大膳大夫（広秀）殿、被告仰候《間》、仰天仕□□状調、彼頭人にて御座候間、大膳大夫□□□候き、言語道断式候、□□（一軽ヵ）海（加賀国能美郡）事、八月六日円琳上人代官僧道□房下向候か、無左右候、愚身状委細宗□（禅ヵ）方へ遣候、就是非、忩々、可被上人之□□（由申ヵ）遣候処、一向無音候之間、不審無極□、結句又近日承及候者、当国八院□□那多寺（江沼郡）申候ハ、自始将軍方を申八院□追落候なる▨《軍》忠之物にて候、此等当郷□望申候、数百貫用途持上候《可申恩賞之由》、秘計候之《廻候上》由□及候、若さ様にも候ハヽ、彼等不知始終、一□知行可置候、如此候てハ、又ゆ、しき大事□候、進退極候、心労無申計候、此時分ハ□如此寺社領等、被行恩賞候、此併諸方□沙汰之庭多故候歟、始終落居、皆以雖被□付候、一旦訴人愁歎只此事候哉、一金山郷（越後国蒲原郡）事、以先度奉書、顕智房下向□事、蒙仰候了、先以悦入候、雖然当国□

○長井広秀が三番引付衆となったのは、康永三年三月二十一日である。長井広秀は三九号・四四三号・一八〇四号文書など、円琳は一三〇五号・五〇三八号・五二四七号文書など、顕智房は四六七六号・四八九五号・四九一一号文書などにみえる。

○五二四八　俊才書状※　○神奈川県立金沢文庫保管湛稿教七紙背文書

又自本令□候沙汰人定瞋心地候はんと覚候へは、相構〳〵能々可有御計候歟、此八斎戒も其をいたみ申候也、所承候八斎戒、已ニ知足院（武蔵国久良岐郡称名寺）へ令遣候了、良仙房千万可申付之由被申候上ハ、不可有相違候歟、始終之事者互ニ難定候へハ、定暫時たるへき

○五二四九　俊才書状※　○神奈川県立金沢文庫保管湛稿教七紙背文書

今年寺役事、愚身不寺住候之上、無案内候之間、不弁東西候、雖然知事之一段ハ深奉憑入候、縦雖御指合候、於今度者、相構無御辞退令承取給候、御勤仕候へく候、聊相存旨□(候カ)間、一向奉憑候、其間子細見参之時可申承候、此沙汰

○五二五〇　某書状※　○神奈川県立金沢文庫保管湛稿教九紙背文書

其恐不少候、兼又蓮栄□(房カ)去年十一月廿七日、日中於路次俄被殺害候之由承及候、凡無申限候、定今者被聞食候らん□(と)存候、御心中奉察候、又戒徳法師上洛時御札御報、賢覚□

○賢覚は、四六八〇号・四六八二号・四七二六号文書にみえる。

○五二五一　某書状土代※　○神奈川県立金沢文庫保管湛稿業疏疏決紙背文書

十七貫ハ輪如房替取候了、所残十三貫候らん、愚身又可替取之由、本主令申候了、其内四貫文、田中殿の方へつかハし候へく候、聊中子細候、彼の返事即可給候、又東三室僧衆中鏡智房・証也房、先今月分自食若令闕如之由被申候者、可有御沙汰候、其余人々も、若自□

○輪如房は二三四号・四七一六号・五〇五九号文書など、証也房は六一四号・八一三号・二四四七号文書などにみえる。

○五二五二　湛睿書状※　○神奈川県立金沢文庫保管湛稿華厳・起信論紙背文書

善弘寺領、夢窓(疎石)等被口入候たにも、及斟酌候覧、増して当寺事如何候歟、返々無心本候、雖然飯田定不○(可)有等閑候歟、連々御談合候なれハ、返々御憑敷、□(又カ)恐悦無極候、但○(若)実可為難義候者、不可有御苦労候、凡天下御興隆仏法、別又当寺法命相続、偏仰三宝之冥助、付公私物別令申祈禱候条、真実無縦令候、若不時刻到来者、全不可有所恨候、御意之趣、乍恐令察申候、

一万福寺(下総国葛飾郡)事、行本房の方へ遣愚状候き、又覚爾房上洛候、定令申口入候つらむ、其上可申沙汰之旨、令返答候なれハ、偏可任彼僧之所存候、雖然便宜之時、以御催促之義、御□(音信カ)□候はんハ、尤可宜候、

○五二五三　某書状※　○神奈川県立金沢文庫保管湛稿巻子本華厳・起信論紙背文書

└百貫ニハ不満と覚え候、
└者只今□人申候、▨《若》実□□《(法)》隆寺《(大和国平群郡)》大勧進職として、□恩
寺ニ可居住之由、去年□▨《定》彼国下向候、□□□《(浄ヵ)》教下向
軽海《(加賀国能美郡)》事ハいかにも□　□

○本文書は、墨線で紙面が抹消されている。なお、浄教は、九六四号・五一六三号・五二六一号文書にみえる。

○五二五四　某書状※

○神奈川県立金沢文庫保管湛稿巻子本華厳・起信論紙背文書

候之事、返々非本意候、兼又上代《(下総国海上郡)》事、徳田大弐房着奉行候了、
重可申催促候、不可有更等閑之儀候、

○五二五五　某書状※

○神奈川県立金沢文庫保管湛稿巻子本華厳・起信論紙背文書

□責申候、自使者方も責申候、急
速ニ請文ハ可進取候、
□《(一ヵ)》田中入道之在所之間事、長世保《(陸奥国志太郡)》内千石郷ニ居住之条、勿論
候、千石彦三郎惣領にて候、即彼郷之内ニ、わきやと申在
家ハ、田中入道か給分にて候事、かくれなく候、其上当年
も、彼田畠を作候之条、無其隠候、苅田ハ田中入道定仏子
息総太郎入道奉行として苅て候、子息彦太郎入道も、彦三
郎扶持之条勿論事、又寺領須播飛脚を立候之処、須播之作
人注文如此候、彼使者申候者、彦三郎不扶持令申候はゝ、
注文之人々ニ、可有御尋之由申候、彼人々ニハ○《当年》七月十七日
面々はせめくり候て、皆口□□彦三郎とかく申
□

○五二五六　某書状※

○神奈川県立金沢文庫保管湛稿巻子本華厳・起信論紙背文書

年貢用途五十三貫五百文進沙汰候、連々可進沙汰候、兼又彦
五郎入道之御教書、此便宜可下預候、此仁努々不可有無沙汰
候、能々御したゝめ候て可給候、何事□

○五二五七　某書状※

○神奈川県立金沢文庫保管湛稿巻子本華厳・起信論紙背文書

抑依金沢御寺《(武蔵国久良岐郡称名寺)》領事、中村入道《(性阿ヵ)》可為使節由事、蒙仰候趣、令申
□殊難治事候

○中村入道は、一二七八七号・三四五三号・三四六三号文書などにみえる。

○五二五八　某書状※　○神奈川県立金沢文庫保管湛稿巻子本華厳・起信論紙背文書

「数ケ度御下知候上者、可被処罪科由訴申候、さりとも重度
数候上者、当年の毛こそ候とも、下地ハ年内可沙汰取候也、
大様事ニ候、比興〳〵、
一法花寺照覚御房、去々月よりをこり（瘧）の御所労候し《か》、于今無
御減候、さりなから、少うすくならせ給候、便宜之時者、
可有御訪候也、又義乗房いま彼全分不存知在所□
□
□」

○照覚房は、九六〇号・一一八四号・五二〇四号文書にみえる。

○五二五九　某書状※　○神奈川県立金沢文庫保管湛稿巻子本華厳・起信論紙背文書

「はゝ（憚）かりをかへりミ（顧）（ママ）候て申入候、むすめ（娘）にて候物、かつへし（餓死）
にて候を、なにもも（衍）けうやう（供養）をすへしとも、思やり（遣）たるかた
も候ハて申候、をさなき（幼）物にてたに候ハゝ、ほりもうつミた
く候へとも、をとなしく候あいた、さやうにもしへす候、御
しひ御くたくにおほしめされ候へく候、けうやうすへきも候
ハす候、はわ（母）にて候物あまり（余）になけき（歎）申候あいた（間）」

年月日未詳神奈川県

○五二六〇　物代銭注文※　○神奈川県立金沢文庫保管湛稿巻子本華厳関係紙背文書

「□（三）十文　香箱
廿文　念珠二連
□（二カ）百文　作建盞
□（二カ）百文　水瓶
廿五文　錫杖二
五十文　硯二
百文　香爐
□（六カ）十文　茶桶三
□文　毛佉（抜カ）
□（十カ）文　水引箱
□（三）十文　履
□（十）四文　小刀
五文」　錐
八文　棧（襪カ）二足
廿文　礦
三十文　紙沈

三十文　施カキ
二十文　料紙
十文　仏器
四十文　二律二具
六十文　葛二大小
廿文　扇二本
百廿文　甘草等諸薬
百文　壺二
三十文　薬振」

○五二六一　湛睿書状※　○神奈川県立金沢文庫保管湛稿袋綴華厳・起信論紙背文書

「可有御秘計候、印西事(下総国印旛郡)ハ未道行候、
一軽海(加賀国能美郡)へ差下浄教候、地下事、大小巨□(細カ)奉申合候、一事已上
随御命候、又可申入之旨含候了、覚禅房(寂忍)可被下□□(差)中候、
聊被申所存候、其又□□間、今度ハ先此仁○(許)令差下
候□申候、○(可被尋聞食候、)若円林房(全玄カ)已上洛候□」
「当寺の者無一人候事、無其儀候上ハ、此仁多年所務候、地
下案内□(者カ)にて□間、令差進候、何事にて候とも、(物掃部と泉三郎)一方代官
被仰付候と申て□□▨(此)意可有御口入候、坊主御方□□
候、但此等事、能々御談候て、□□□御計候、遠所に
てハ、一向無案□(内カ)□辺を被申□」
「沙汰候、此法□又卯月廿日御状、五月
十八日到来候、前□亡魂等御追善令行如法写経候、実目出
□候、付其候者、坊主御風気事驚入候、如承候者、数日御
事候覧、返々無心本□(候カ)、雖然今ハ定御平喩(癒)候歟、即捧愚状
□(候カ)、
一久慈西(常陸国)へ替用途事、両度まて遣使□、雖令催促候、于今無ゝ(無)
ゝゝ(沙汰)音信候□、後度之使者ハ不尋逢候事、円順□上洛之便宜令
申候き、但其後彼仁如本在国之由承候之間、今月五日重遣
状□未聞其左右候、如今者、大旨ハ無正体候、但今度ハ大(相)
楽寺(相模国鎌倉郡)僧下向候間、分明ニ可□事体候、若子細候者、重可申
候、
一上代事(下総国海上郡)、本主等さやに(う脱カ)申候覧、今度被弃置横訴候者、不云

是非加対治可打渡之由、厳密御教書可被申成□、又山口事
ハいか□も右馬頭殿之避状

○本文書は三紙が接続されており、一紙・二紙目は、湛稿袋綴華厳・起信論の紙背、三紙目は紙背なしである。

○五二六二　某書状※

○神奈川県立金沢文庫保管湛稿袋綴華厳・起信論紙背文書

大日堂坊主御事付事、可申候也、執事政所御状事、今者
物忩ニ候覧と存候也、□かねさハ（金沢）（武蔵国久良岐郡称名寺）の年貢事、□間の
風なく候て、□出船候事、無□ニ船頭方へ□
人をつかハし候て□申候也、
御札委細承候、兼又動揺事、於今者□如此事□
候、妙見□□□禱□今者随意候、○《無》群集之儀候、元空（恵釼）等ハ
両三日日参仕て候、仰之候外無他候也、又金沢年貢船ニ入て
候か

○元空房恵釼は、一五五〇号・四六七七号・五二一一号文書にみえる。

○五二六三　某書状※

○神奈川県立金沢文庫保管湛稿袋綴華厳・起信論紙背文書

猶々不可有疎略候、御秘計候ハヽ、悦入候、
雖不懸思申状《候》嶋田次□（郎カ）殿許より絵を借用事、貴寺無案内之由
申候間、令申候、六道絵にても候へ、又其外何絵にても候へ、
御口入候て、二日三日之程借□悦入候、御状□

○五二六四　湛睿書状※

○神奈川県立金沢文庫保管湛稿折本真言紙背文書

畏令言上候、
抑灌頂之時者、可令参上之由、深相存候之処、輪如房中陰奉
語僧一両人候、籠菴室候之間、不可参候之条、無申計歎存候、
兼□（又）護摩堂者、親にて候物執申候し所にて候之間、以彼所為
真言之依処候はや□　□

○輪如房は、二三四号・四七一四号・五〇五九号文書などにみえる。

○五二六五　某書状※

○神奈川県立金沢文庫保管湛稿巻子本未詳分紙背文書

唯寂上人帰寂□今日承候、雖世上之習候、哀傷無申□殊
更被聞食候天、御悲歎奉察候也、則可令参申入□、且以便
宜令啓候、

○唯寂は、四六五六号・四七三三号・四九二〇号文書などにみえる。

○五二六六　湛睿書状土代※　○神奈川県立金沢文庫保管湛稿巻子本未詳分紙背文書

畏令啓候、
抑御上之後、何条事等御坐候哉、京都・鎌倉忩々之由、伝承
候、何体候乎、兼又依修心房已下僧達事候、自千葉侍所竹元
三郎左衛門尉、奉行候(衍カ)羽田大弐房、打▨(四月)廿八日早旦、寺中来着候、
知事幷老僧来可入見参候之由申候之間、観真房・輪如房・忍
仙房替知事、被出合候(之処)事子細被申候時(彼)此僧中在不不存知候之(達事委細)
間、相尋候之▨(間)、寺中委尋候之処、先逐電候▨由申候之程ニ、
如法侍所腹立申候、定僧衆皆御同意候歟之由、雖申候、全分
不存(知)候之旨、再三令申候、時(其)已後大方殿へ、侍所参候て、此
僧達可令出給よし、雖申候、同以不知之由、返答候、其後又
申候ハハ(し)、寺中をもさかし申候へく候へとも、(御寺下総殿御寺候)僧中御事無左
右いかゝ(之上)可(致)□□□候ハん、又僧達御中に委細可尋申候へとも、
僧体御事

○修心房は四七九六号文書、観真は四八八四号文書、輪如房は二三二四号・四七八一号・五〇五九号文書など、忍仙房は一五五〇号文書にみえる。

○五二六七　某書状※　○神奈川県立金沢文庫保管湛稿巻子本未詳分紙背文書

追啓
寺領安堵事、行珍(二階堂行朝)信濃入道□(安カ)堵奉行候之間、□寺事ハ

○二階堂行朝は、八六六号・九六四号・一八〇四号文書などにみえ、文和二年九月二十五日に没している。

○五二六八　宗円書状※　○神奈川県立金沢文庫保管仲文章要文紙背文書

又一日の御ちや(茶)にこそ、そんして候へ、
さても何事よりも、一日御見参ニ入まいらせて候し御事、い
まによろこひ入候、又明日ハ是に湯候へく候、御入候てひか
せ給候へく候、猶々委細に申うけ給
□り候し御事、悦入候、何事な□(く)候とも、便宜之時者、
申うけ給ハり候へく候、よろこひ入候、諸事期見参之時候、
恐々謹言、

良印御房(亮順)　　宗円

「(ウハ書)
(切封墨引)
良印御房　　禅如」

○良印房は、一五五〇号・四七〇三号・四七五四号文書などにみえる。

○五二六九　湛睿書状※　○神奈川県立金沢文庫保管注法界観釈文集紙背文書

此間何条御事候哉、御出之後、未承候、恐鬱不少候、
抑雖不思懸申状候、次浦（下総国香取郡）の故修理助入道殿之息女比丘尼、先
年被受衣鉢候ける、師匠ハ、先代甘縄（相模国鎌倉郡）の駿州（金沢顕実）之御息かう首座
とて、世上転変之折節ハ、東勝寺（同郡）長老にて被坐候けるなる、
然自彼比丘尼方挙一人之女性、彼のかう首座ニ、同欲令受衣
鉢、自田舎のほせて候、女性之上、田舎人、凡不弁東西候、
愚身又全分不知案内候、爰自彼比丘尼方、為引導師、常葉（同郡）の

○五二七〇　某書状※　○神奈川県立金沢文庫保管註法界観釈文集紙背文書

逐啓
塙殿事、連々被懸御意候、蒙仰候、難申尽畏入候、了（凡）世間如
此物忩候之上、又田舎者貴賤多病死候之間、存命難知候之様、
不懸御懸（ママ）御目哉候ハん、無心本令存候之由被申候、以此旨可
有御披露候、重恐惶謹言、

年月日未詳神奈川県

○五二七一　慶円書状※　○神奈川県立金沢文庫保管毘尼要抄第二紙背文書

又いつとなき申事にて候へとも、扇候ハヽ、一本給候へく
候、又□りもすき候ハヽ、とくしてこそ御入候ハめ、あ
なかしく、

便宜悦入候て申候、其後久不承候事、無心本思候、兼又先ニ
本智御坊の天名（命カ）へ御下（下野国安蘇郡）候由、被仰候しかハ、定入御候ハんす
らんと相存候へハ、無其儀候事
定て□□之時ハ□□され候、無物たひ候ハんとハし思食候な、
又何事も御見参之時申候へく候、

「（ウハ書）　（切封墨引）
本如御房（湛睿）　慶円」

○本智は、五二三一号文書にみえる。

○五二七二　覚恵書状※　○神奈川県立金沢文庫保管分教開宗章釈残紙背文書

返々をそれ入（畏）存候へとも、すへてはかなき物をうちかり候方
も候ハす候ほとに、思ひ〳〵申候、御ふすま（襖）御よう（用）に入候ハ
んほと、かし（貸）給ハり候へく候、日本国の神仙もさちけく候へ、

けたい（解怠カ）のきあるましく候、返々心つきなき申状、いかにく
ふしき（不思議）におほしめし（思召）候らんと、御心もとなさともかくも申す
ハかりなく存候へとも、
「（ウハ書）（切封墨引）
（本如御房カ）□御侍者　覚恵上」

○覚恵は、五〇二一号・五〇四四号文書にみえる。

○五二七三　恵印書状※ ○神奈川県立金沢文庫保管律宗要義抄常尓一心紙背文書

盆料米二斗（本）・ようとう（用途）一連まいら（進）せ候、いまゝてまち（待）入て候
つる新米見えす候程に、ふるく（古）候へとも、せかき（施餓鬼）盆供に、と
りまいらせさせをハしまし候へく候よしを、申させて候、御
心え候へく候、あなかしく、
侍者御方へ
まいらせ候　恵印（良恵）上

○恵印房良恵は、八二三号・一五五〇号・四九九八文書にみえる。

○五二七四　道乗カ書状※ ○神奈川県立金沢文庫保管律宗要義抄常尓一心紙背文書

謹令啓候、一昨日自三ケ谷（上総国埴生郡永興寺）為向馬被上候、就伊勢使事候て、
難儀出来之由被申候程に、明日十三日罷下候、尤企参上諸事
可申入候之処、向馬□かたなき候之程に、今日ゆ（湯）に候て、明
旦者、不暁罷立度相存候て、乍恐以愚状申入候之条、真実尾
籠之至、恐歎

○本文書は、筆跡より道乗のものと思われる。なお、道乗は、四八五四号・四八六八号文書にみえる。

○五二七五　某書状※ ○神奈川県立金沢文庫保管律宗要義抄常尓一心紙背文書

さきに十くわん（貫）の御返事ハ、きやう（京）へまいりて候ほとに、
いま五ゆい（結）ハ又まいらせ候へく候、
ひたち（常陸）より御なら（奈良）の御かたへまいらせ候御かへようとう（替用途）五ゆ
い給はりをき

○五二七六　湛睿書状※ ○神奈川県立金沢文庫保管律宗要義抄無表惣別紙背文書

為何様候、いつか御見参候は□けにも出仕ハいつともなく□
□やらん、無心本候、いかにもして、今□□中に、事をき

り候様に候ハ、や□□眼被仰合候へ、随其左右可参□□由相
存候、凡愚身か体、往復□□入以外難義候間、不可闕事□
細々の参入可略候、若可肝要□(之カ)時、いくたひも可励微力候、
□れにて折節を御計候て、可随仰□、又雑掌のこゝろさしな
とも、□々あるへく候はゝ、用意した□申にて候へハ、可蒙
仰候、其間事等、□□御計候、又茶一裹令進候、是□□(令カ)進
御□候、余剰可被供養

○五二七七　某書状※

○神奈川県立金沢文庫保管律宗要義抄無表物別紙背文書

「知事状幷茶□令進候、」
今日孫八令進候ハんと仕候之処ニ、此物令来候程止候、真証
御房よりの抄出幷訴陳案文進候、本願寄進ハ□候ハん事如何
と存候て、今度ハ不進候、愚身持参可仕候、一日申候し□(痢カ)病
之気、未得減候間、難治候て即不参候、急御用候者、承候て、
早々可参候、此訴陳者、法眼許候を取出候て進候、是ニ候ハ
落字なんとを入候程、無左右不見□、且をかせ給候て

○孫八は、四八六二号・四八七二号・五一八三号文書にみえる。

年月日未詳神奈川県

○五二七八　某書状土代※

○神奈川県立金沢文庫保管朗海稿本天台関係紙背文書

かしこまり(畏)候て中上候、御ふた(札カ)を給ハり候て、せた(世田)の平六入
道たうちきやうふん(当知行分)にたて候ところに、御ふたを返み(顧)す、さ(作
くた稲)うをかり(刈取)とり、御つかい(使)ふたをたて(立)ぬよし(由)、かうし申候、
御□［　　　　　］せきをとゝめ、それへ御つかいを給ハ
らんとをもう

○世田殿は、三一〇六号文書にみえる。

○五二七九　武蔵国称名寺寺領文書注文※

○神奈川県立金沢文庫保管円了書状懸紙紙背文書

(折紙端裏書)
「文書注文日記」
新方文書一通(下総国葛飾郡下河辺庄)
大倉文書住(注)文(信濃国水内郡)
先代一通幷故将軍(足利尊氏カ)一通
永忍一通　顕時(金沢)一通

合四通

毛呂郷文書(下総国結城郡)

先代安堵一通
山河（暁尊・貞重）寄進状一通
　合二通
以上都合六通

○本文書は、料紙に円了書状の封紙の裏を用いている。永忍は六八八号・九〇八号文書、円了は一五五〇号文書にみえる。

○五二八〇　武蔵国称名寺寺々領百姓等申状※

○神奈川県立金沢文庫保管 金沢貞顕回向文案紙背文書

御てらりやう（寺領）三ケむら（村）ひやくしやうら（百姓等）かしこまて（畏）申上、
たま〳〵うへし（飢死）にをのかれ（逃）、こりやう（御領）にた□し
に御てつくり（手作）三丁五反のしゆし（種子）おをろされまいせ（ら脱カ）候て、かう（耕）
さく（作）つかまつるへく候、二ケねんむそく（無足）にハなたれ、たへは
てゝ候、御てら（寺）の御あわれミ（憐）よりほかわ、たのかた候ハす、
しかるへくハ、御あわれミをかふり（蒙）、あんと（安堵）のおもいをなす
へく候、つゝ（謹）して御しやう

○五二八一　某書状※

○神奈川県立金沢文庫保管 註法界観釈文集紙背文書

候て、時刻到来と存候て、申談信州禅門（二階堂行珍カ）、御判形之一段計ニ
申定候之処、病気殊煩候之時、円琳上人ヲやとい（雇）候て奉出候
之処、評定之終ニ此事申上て候へハ、三条殿（足利直義）此条于今不道行候之
条、無物体候とて、禅門ニ被仰候時約束事候之間、即申御判候了、此
等之子細兼日申定候、

○円琳は、四七八八号・五〇三八号・五二八一号文書などにみえる。

○五二八二　某書状土代※

○神奈川県立金沢文庫保管 灌頂秘裏紙紙背文書

「三岸孫次郎入道」

御在鎌倉（相模国鎌倉郡）之時、細々可申談之由、乍相存候、自然□懈怠、頗
以背本意候、
抑自由之申状、雖恐入候、
抑上乗院宮（益性法親王）御坊人掌（宰カ）相律師御房代官令被参上候、被申入事候者、被
聞召候者、可然候、返々無左右如是事（ママ）令被申候之条、恐鬱無
少、心事期後信候、恐々謹言、

○益性法親王は、一五八号・六一六号・八四四号文書などにみえ、文和元年十一月十三日に没している。

○五二八三　某書状土代※　○神奈川県立金沢文庫保管聞書紙背文書

其後久不啓案之内、積鬱無他事候、抑志筑(常陸国南郡)事、属無為候之
間、御檀方□察申候□
一毛呂(下総国結城郡)事、□申状雖其憚候、自殿御意御聞□□預御口入候
者、恐悦候、同候者、当□□大切存候、当寺疲労至□□(極カ)
□□令申候、貴寺憑之外、又無憑方候、不憚御意、恣
令啓候、涯意

○五二八四　用途下行注文※　○神奈川県立金沢文庫保管実真僧歴紙背文書

□(用)途下行
□替銭分遣
□方遣
五百文　茶採賃
三百文　此内二百文者御陣妙一
六百文　両界衆
四百文　茶採賃
□一陣

□□縄
□　□
四十□四、

○本文書は、二五六八号文書の紙背に書かれている。

○五二八五　某書状※　○神奈川県立金沢文庫保管授法人数紙背文書

其後久書絶、不啓案之内、積鬱無他候之処、此便風悦令啓候、
抑当寺長老御上洛、去月十八日治定候之処、脚気所労ニ、俄
被留候之条、無念

○本文書の紙背に、文和三年より同五年に至る「授法人数」の記事がある。

○五二八六　什尊書状土代※　○神奈川県立金沢文庫保管横帖第一紙背文書

今月十日愚札令進之候、定令参着候乎、抑寺家領百姓等訴訟
仕旨候歟、代管(官、下同ジ)琳鏡房代管職被辞被申

○琳鏡は、三一〇六号文書にみえる。

○五二八七　什尊書状土代※　○神奈川県立金沢文庫保管横帖第一紙背文書

其後不啓案之内、其恐不少候、抑上総守護職事、無子細御安堵□(之カ)由承候

○五二八八　尼某書状※　○神奈川県立金沢文庫保管横帖第五紙背文書

又七郎もまいり(参)てこそうけ給ハり候へく候、殿のわ□□か、くひ(頸)やらんをハら(腫)して四十日はかりはふし(臥)て候ほとに、まいりへす候とて、なけき(歎)申て候、なに(何)事よりも、御てら(寺)のやけ(焼)させをハしまし(衍)候し御事とも、申はかり候ハすなけき入まいらせ候、まいり候てもうけ給ハり候へきにて候、このほと(此程)かせ(風邪)こゝち(心地)にて候へハ、こともおもまいらせへく候、さてハさかミ(相模)よりようとう(用途)の事申て候けるハ、これにてたつね(尋)いたして候、御心くる(苦)しくおほしめさ(思召)るましく候、なを御てらの事、あさまし(浅)く思まいらせ候、あなかしく(穴賢)〳〵、

(ウハ書)
「(切封墨引)　とてより　あま(尼)」
ゆいしやく(唯寂)の御房

○唯寂は、四六五六号・四七三四号・四九二〇号文書などにみえる。

○五二八九　什尊書状土代※　○神奈川県立金沢文庫保管横帖第七紙背文書

其後不啓案之内、其恐不少候、
抑今度入間河(足利基氏)御教書、自御父無御承引候之由承候間、歎存候之処、依御秘計無子細可被成之由□石川方又申遣候之間、恐悦無極存候、愁入申此沙汰事、御劬労返々痛存候、雖然万事深憑入候〳〵、
一越後未静謐候事、返々歎入存候、心事期後信候、恐惶謹言、

○足利基氏の入間川在陣は、文和二年から延文四年までの間である。

○五二九〇　法華経形木目録※　○神奈川県立金沢文庫保管称名寺文書

(見返書)
「法華経分巻」

法華経
一巻五百十行　六把 六把　七本 八本
二巻五百九十四行　七把 七把　八本 七本
三巻五百六十行　七把 七把
四巻四百八十八行　六把 六把　四本 四本
五巻五百五十二行　六把 六把　十四本 十四本

六巻五百二十行　六把　十本　六把　十本
七巻四百七十七行　五把　十九本　五把　十九本
八巻三百九十五行　四把　八本　四把　八本
普賢経四百四十行　五把　十本　五把　十本
無経五百三十行　六把　十三本　六把　十三本
一頭終令離諸着
二末始深着世楽
三頭終世尊悉知意
四末始若欲住仏道
五頭終算数譬喩　或一言
説不能尽
六末始阿提日多伽
七頭終一仏
八末始諸香油灯蘇摩
那華油灯
普賢
無量　振動東方

阿弥陀経百十八行
心経十八行　二経百卅八行
（上脱カ）已百廿六巻

○五二九一　英禅軽重物注文※　○神奈川県立金沢文庫保管称名寺文書

英禅（道空房カ）比丘命過所有軽重物帳
三衣　鉢　坐具　針筒
長衣七條七条　五條二条
褊衫一具　帷一
帽子二□　浅木念珠二連
唐木香箱一　黒柒（漆）香箱三
硯一面箱入　小刀一
錫杖一枝　剃刀一手
同砥一　茶垸四
布二　水瓶一
湯瓶一　布襪二
手巾一　脚布一

□天目二　小壺二
桐茶桶二　水滴一
柄付茶桶一　布子帛三
薄様二帖　檀紙一束
墨少々
扇一本　足駄一足
火箸一前　竺(笠カ)一
上野砥一　指竺(笠カ)一本

○英禅は、一八二三号・一三四九号・二四四七号文書などに見える。

○五二九二　田畠屋敷注文※

○神奈川県立金沢文庫保管称名寺文書

畠　五段たい本畠　五段いの、やつの本畠　猪野本畠
合壱(町)□分麦弐石段別弐斗定升同
三町五段内坪付事
五段門田　五段あふら　弐段□
五段半後田　弐段太郎取作　壱段□
弐段いはさき　半かきの下　四段□
壱反小うまうち　五段大きくまち田　小っ□
合参町伍段分籾参十伍石段別壱石定升十合
屋敷弐ケ所内
一所　宗三郎屋敷　一所弥三郎入道□
一　山野□□残売之、但野畠等□余
一　堀内紅梅田内段(四)内事
弐段小こうはい田うち　大本町田
巳上参段分籾三石
一　畠六段小
分麦壱石三斗
一　三堀籠内壱堀籠栖沽却事
都合田九(十七)町参段分籾九十三石(百七石)段別壱石定升十合
畠壱町六段□□分麦参石参斗段別弐斗定
右、注進如件、

○五二九三　某譲状※

○神奈川県立金沢文庫保管称名寺文書

ゆつり(譲)わたす(渡)所りやう(領)の事

合
一しもつけのくに《下野国》さんかハ《寒河》の□《かうヵ》・かゝみのかう《鏡郷》、たゝし□
□一この《期》ゝちゝきやう《知行》す□　□のゆつり《譲》状ハ、あま《尼》御せん
□　□おほ□ゆつりの状也、
一しもさんかハのかう《下寒河郷》、ミな□　□なかさとのかう《中里郷》□　□に
□　□はさまたのかう《迫間田郷》、□

○五二九四　輪蔵納箱等注文案※ ○神奈川県立金沢文庫保管称名寺文書

（端裏書）
「輪蔵事」
箱
　高八寸三分
　広五寸五分
棚高八寸七分
　広五寸七分
縁広
　三尺一寸五分
□□□与高えん柱間

□四寸
□房箱
長一尺九分
広八寸八分
高八寸四分

（裏書）
「三百十八合
外八方二百八十八合
内　二百十六合
四《五》百四合」

○五二九五　納箱員数注文案※ ○神奈川県立金沢文庫保管称名寺文書

納箱員数
　外二百八十八合　一方別三十六合
　内二百十六合　一方別三合
　　都合五百四合

一枚〻 五郎太郎西町屋
一枚〻 覚善孫《次》三郎
一枚〻 五郎三郎カチ
一枚 又次郎入道 彦次郎教道跡
一枚〻 泉阿弥二枚之内
一枚 了仙 弥次郎浜戸
四番〻 已上八枚半自北中至中嶋前
分銭五百十文加目銭五百廿五文、

○五二九七　某書状※

○神奈川県立金沢文庫保管称名寺文書

かた〳〵とのハら（殿原）の御なかへも、めゝに申候へく候へと
も、とひところも候へ、かミも候わて候うへ、とりあへ
て候て申さす候よし、御ひろう（披露）候へく候、おそめ〳〵を
て申候、
かやうにくり事にて候へとも申候へハ、なにともなきこと申
候と、うしろハなつくへく候へとも、御こゝろへのために申
候、ひらつか（平塚）（相模国大住郡）のハうと申候ハ、よく〳〵たつねきゝ候へハ、
むようのところニて候、おかさわらのとうたうミ（小笠原遠江）（政長）ハ、しやう（将
くん軍）（足利尊氏）にうちあるものにて候なり、そのうへこれハもたて、こ
のハ、御せんかところおとうたうミかおと〳〵（弟）しやうけん（将監）と
申ものか、たうちきやう（当知行）して候とて、す五（守護方カ）ハうへとりいり候
て、つよくさゝへ候て候よしうけ給わり候、このところわう（枉
しやく弱）六十くわん（貫）あるなしのところとうけ給わり候、このか
わりに、さきに申候しかすやのしやう（糟屋庄）（大住郡）のうちに、こいる（小動カ）ハの
かうにても候へ、さ候わすハ、そのならひあいきやうのしやう（愛甲庄）（愛甲郡）
うのうちにて候おかたのかう（岡田郷）ハ、七かうのところにて候、か
うことに、ハんふんつ（半分）ゝ、りやうけふん（領家分）おもちて候、きやう
しやうう（衍カ）にあひる（畔蒜）のとうとのと申人、いなかにさい五く（在国）して
候か、この二三日《ニ》きく候とて、よせおいおとし（寄追落）て候、このあ
とす五□おさへ（押）て候、このりやうけふんお御申候へ、それか
なわて候わハ、おかたのかうハんふん（半分）のりやうけにて候、こ
れにても候へ、おかたお《ち》とう（地頭）りやうけ一ゑん（円）に御申候わんに、

あいかゝり事に候へハ、しさいあらしとおほへ候、御中候て、

めされ候へく候、

○五二九八　益性法親王書状※

○神奈川県立金沢文庫保管称名寺文書

其後□奉待□京□札□心□

□已今年七十二□老病計会□自此表所□大事にて

□滅候、又目□事連々な□

○益性法親王は、一五八号・六一六号・八四四号文書などにみえ、文和元年十一月十三日に没している。

○五二九九　六十六部奉納札所寺社交名※

○神奈川県立金沢文庫保管称名寺文書

下総国　神宮寺(香取郡)

常陸国　鹿嶋(鹿島郡)

東山道八ケ国

近江国　楞厳院

美濃国　南宮(不破郡)

年月日未詳神奈川県

飛驒国　袈裟山(大野郡千光密寺カ)

信濃国　善光寺(水内郡)

上野国　一宮(甘楽郡)

下野国　日光山(都賀郡)

陸奥国　松嶋(宮城郡カ)日(白)河

出羽国　立石寺(最上郡)

北陸道七ケ国

若狭国　霊応寺(遠敷郡)神宮寺

越前国　平泉寺(大野郡)日(白)山

越中国　一宮(射水郡)

越後国　妙高山(頸城郡)関山

能登国　石動山(鹿島郡)

加賀国　那谷山(江沼郡)寺

佐渡国　小比叡山(羽茂郡)

山陰道八ケ国

丹波国　突寺

丹後国　相神宮寺(与謝郡カ)

年月日未詳神奈川県
但馬国　一宮(出石郡)

〇五三〇〇　某印信※　〇神奈川県立金沢文庫保管称名寺文書

伝灯大法師良秀
授印可
金剛界　大率都婆印　普賢一字明
帰命　𑖪𑖽
金剛名号　堅固金剛
胎蔵界　外縛五股(鈷)印　普賢

〇良秀は、八二五号文書にみえる越後房良秀か。

〇五三〇一　某書状※　〇神奈川県立金沢文庫保管称名寺文書

追言上、
性教法橋辞退尤其謂候歟、けにも恩巨の御代官にてこそ、如此六借敷致沙汰候ハんすれ、只よのつねの者にてハ、申候も、其謂候者、筑前(成円)殿方へ可申付候哉、雖然猶々申誘候へく候、縦雖何御代官候、京都へ被替召候用途をハ、御替状別紙にて可被上候、其案文愚身か方へ、京都より可書下候、重恐惶謹言、

〇性教と成円は、二六八八号文書にみえる。

〇五三〇二　某書状※　〇神奈川県立金沢文庫保管称名寺文書

追申候、
寺領等之事、相構〱御意入て可御沙汰候、替物者五貫十貫つゝにても、御存(在カ)京之間ハ替下て可使給候、覚順房、真如(杲照)房之時進状候き、定御覧候乎、重恐々謹言、

〇覚順房は四八六一号文書、真如房杲照は六八八号・一四二七号・二九二六号文書などにみえる。

〇五三〇三　下総国東庄上代郷内金沢分散田注文※　〇神奈川県立金沢文庫保管称名寺文書

(下総国海上郡)東庄上代郷内金沢分散田之目録帳之事(武蔵国久良岐郡称名寺)
合
一反　斗代三百五十　藤次郎カニ

斗代三百五十　一反　同人
斗代三百五十　一反　同人
斗代三百五十　二反　性ほう
斗代三百五十　一反　検けう承（丞ヵ）
斗代三百五十　一反　了仙これハ入道殿手作也、
斗代三百五十　二反小年不　たうほう

〇五三〇四　某書状※　〇神奈川県立金沢文庫保管称名寺文書

無私力事ニ候へハ、此御量モ尤其謂候由存候之間、先度ハ可随仰之由、雖令申候、能々思案仕候へハ、此体事ハ、先師納受も不定と存候、為愚身旁難治子細多候、同朋等不和合之基、又悪名口舌之因縁、益少而譏多事、不可過之候、去年既被打殺之由、巷説東西普（風）聞、此即横災之先兆、法先得之謂候歟、所詮去年既被打殺候と、御観念候て、愚身事をハ、世諦辺綺をハ一向可有御略候、去年御書ニモ歟候し巷説、無勿体之間、加州下向事勧ける子細、御後悔千万候由、蒙仰候之間、甘心御事候、所詮智俊房一円被致沙汰候て、其得分内を何程モ被召候ハむ事、可有何子細候哉、尓者御仏事料足、弥可成就候、五十貫文愚身割分事も今年よりハ不可取候由、智俊房方へも申候了、可有御心得候、去年分ハ四十五貫、今まて上下粮物以下、在京資縁等用候て、無用仕失候了、此即罪障之源、三途苦報難遁候、物ニ綺候へハ、触事候て、罪業多候之間、歎存候、自当年所詮堅名字事も可上表候、強不可承候也、深存子細候之間、申入候、後必々可被思食合候、相構〳〵重不可蒙御定候、

一（加賀国能美郡）金剛仙寺住持職事も、懃京都辺細々被仰旨候之間、下向事も無左右難叶候、所詮誰人にも被仰付候者、可目出候、若ハ彼等老僧西坊了悟上人と申候ハ、自恣布薩以下、衆法モ無子細被致沙汰候之間、究竟事と存候、被仰付候者、可宜存候、菟角可被廻御意候、彼寺式も庄主寄住間、郷内物俗人以下雑居之間、諸局不心閑候、行事も難治子細候、去年政所屋を別可被取立之由、承候之間、其時ハ愚身も意見申候て、後々へも被延□□し、借物以下多候なれハと申候き、今ハ能々存候へハ〔　　　　〕

〇五三〇五　神祇灌頂血脈※

〇神奈川県立金沢文庫保管称名寺文書

(端裏書)『神祇須血脈(灌頂)』

神祇灌頂血脈

地神

『一』天照大神 大日尺迦
『二』天忍ホ耳々尊
『三』ヒコホシヒニヤイ尊
『四』ヒコホシ出見尊
『五』ウノハカフキ不合ノ尊

人代

『六』神ム(武)天皇　『七』スイセイ(綏靖)天皇　『八』安ネイ(寧)天皇　『九』イ(懿)徳天皇
『十』孝照(昭)天皇　『十一』孝安天皇　『十二』孝レイ(霊)天皇　『十三』孝元天皇
『十四』開化天皇　『十五』崇神天皇　『十六』スイ(垂)仁天皇　『十七』ケイ(景)行天皇
『十八』成ム(務)天皇　『十九』仲アイ(哀)天皇　『廿』神宮(功)皇后　『廿一』応神天皇
『廿二』ハム(反)正天皇　『廿三』クキヨウ(允恭カ)天皇　『廿四』安カウ(康)天皇　『廿五』イウリヤク(雄略)天皇

『廿六』清ネイ(寧)天皇　『廿七』ケム(顕)宗天皇　『廿八』仁賢天皇　『廿九』フレツ(武烈)天皇
『卅』ケイタイ(継体)天皇　『卅一』安閑天皇　『卅二』セムクワ(宣化)天皇　『卅三』キム(欽)明天皇
『卅四』ヒンタツ(敏達)天皇　『卅五』用明天皇　『卅六』シウシン(崇峻)天皇　『卅七』スイコ(推古)天皇
『卅八』シヨ(舒)明天皇　『卅九』皇極天皇　『四十』孝徳天皇　『四十一』セイ(斉)明天皇
『四十二』天智天皇　『四十三』天ム(武)天皇　『四十四』持統天皇　『四十五』文ム(武)天皇
『四十六』元明天皇　『四十七』元せイ(正)天皇　『四十八』聖ム(武)天皇　『四十九』孝ケム(謙)天皇
『五十』大井(淳仁)ノ天皇　『五十一』シヨウ(称)徳天皇　『五十二』光仁天皇　『五十三』桓武天皇
『五十四』平城天皇　『五十五』サカ(嵯峨)ノ天皇
『五十六』弘法(空海)大師　『五十七』真雅僧正　『五十八』源仁僧都
『五十九』益信僧正　『六十』寛平法王(宇多法皇)　『六十一』寛空僧正
『六十二』元杲僧都　『六十三』仁海僧正　『六十四』義範僧都
『六十五』勝覚僧正　『六十六』定海僧正　『六十六』七 一海闍梨
『六十七』八 房海　『六十八』九 実印　『六十九』七十 浄真

『七十一』覚賢　『七十二』頼明　『七十三』覚吽

『七十三』四実専　『七十四』五性遍　『七十五』六円海

『七十七』秀範　(明忍房)釼阿　(玄寥房)什尊

貞我

○五三〇六　霊波所有軽重物注文※　○神奈川県立金沢文庫保管称名寺文書

(武蔵国久良岐郡称名寺)
当寺長老霊波大徳(性通房)命過所有軽重物

三衣　　鉢　　座具

針袋　　水嚢

香箱三上中下　　長衣廿五條一条

長衣七條一条　　長衣五條一条

褊衫三具上中下　　手巾一

小袖三上中下　　帷三上中下

袈裟裏面四上中下　　帽子一

脚布一　　帯一

履一足　　襪一足

手覆一　　剃刀一手

小刀一　　茶垸一

建盞一　　装束念珠一連

半装束念珠一連　　念珠三連上中下

檀紙少々　　雑紙少々

尽形薬少々　　茶桶二上下

類挫二上下　　茶垸沙羅二上下

硯箱一　　筆少々　袈裟裏一

鏡一面　　磨茶壺二上下

茶葛一　　白蠟香筥一

絹切少々　　ハヽキ(脛巾カ)一

扇一本　　唐瓶一

衾一　　枕一

扇三本　　火箸一前

唐笠一本　　葛一

布袋二　　箱二

莚一枚　　敷皮一枚

脚駄一足　菅笠一
小打敷一　染皮一枚
草履一足

○霊波は、称名寺六代長老。

○五三〇七　某書状※　○神奈川県立金沢文庫保管称名寺文書

以参、此等之趣雖被令申候、歓楽未絜候間捧愚札候、抑赤岩（下総国葛飾郡）御年貢等豊年候者、涯分可致取沙汰候由存候処、依水損一銭一粒も納申へ（ママ）ましき由、御百姓等同心ニ致訴訟、堅申候者、逃散之支度仕候しを、菟角致調法、米銭共如形寺納仕候、仍申付候し分、未進仕候間、此間も中間を下、致催促候処、御百姓等申事ニ、所を縦退出仕候共、未進なと

○赤岩の水損については、五一四八号・五一四九号文書にみえる。

○五三〇八　下総国ヵ岩口村内河検見取帳※　○神奈川県立金沢文庫保管称名寺文書

注進

（下総国葛飾郡ヵ）岩口村内河御検見取帳事

合二町半廿歩

一里

一坪半卅歩　卅歩ひらき　小六十歩不　せう明
二〻（坪、下同ジ）半廿歩　不　同人
三〻小　不　反内五郎
四〻小　五十歩ひらき　七十歩　不　同人
五〻半　ひらき　せうミやう
六〻半卅〻（歩）　小十歩ひらき　百〻（歩）不　同人
七〻一段　神田
八〻小　不　せうミやう
九〻半　不　反内五郎
十〻小　不　同人
十一〻四十歩ひらき　せうミやう
十二〻廿　ひらき　同人
十三〻半　ひらき　同人
十四〻半　不　同人

十五〻半　百〻（歩）ひらき　八十歩不　反内五郎
十六〻半　ひらき　同人
十七〻三百〻（歩）　不　同人
十八〻一段卅歩　不　同人
十九〻半　不　せうミやう
廿〻半　不　同人
廿一〻　三百〻（歩）　反内五郎
廿二〻半　不　同人
廿三〻一段小　不　同人
廿四〻半十五〻（歩）　不　同人
廿五〻三百〻（歩）　不　せうミやう
廿六〻一段十歩　不　同人
廿七〻二段十五〻（歩）　不　同人
廿八〻小　不　同人
廿九〻小廿歩　不　同人
卅〻半卅歩　不　せうミやう
卅一〻小廿歩　不　同人

卅二〻大　不　同人
卅三〻小　不　反内五郎
卅四〻小　不　せうミやう

一里
一坪大四十歩本田　丞大郎
二〻大四十歩本田　右馬五郎
三〻大四十歩本田　記頭次
四〻大四十歩本田　同人
五〻大四十歩本田　平蔵三郎
六〻大四十歩内　小廿歩本田　道賢
　　　　　　　　小廿歩　　　明空
七〻大四十歩本田　道阿弥陀仏
八〻大四十歩本田　壱岐房跡
九〻大四十歩本田　道覚
十〻大四歩本田　彦大郎
十一〻大四歩二年開　道阿弥陀仏
十二〻大四十歩二年開　平蔵三郎
十三〻大四十歩本田　弥頭次郎

（十六ミ）□□□一反　御□作
十七ミ一反二年開　右馬五郎
十八ミ小新開　同人
十九ミ九十歩新開　丞大郎
廿ミ大三十歩二年開　平蔵三郎
廿一ミ大三十歩小新開 小三十歩ひへ　同人
廿二ミ大卅歩内小十五歩新開 小十五歩新開　右馬五郎 明覚
廿三ミ大　小新開 小ひへ　記頭次
廿四ミ大二年開　同人
廿五ミ大廿歩新開　同人
廿六ミ大新開　性願
廿七ミ大内小 小　二年開　明空 道賢
廿八ミ大卅歩二年開　道覚
廿九ミ大卅歩新開　壱岐房跡
卅ミ小新開　記頭次
卅一ミ大四十歩二年開　道阿弥陀仏
卅二ミ大四十歩二年開　彦大郎

卅三ミ三百歩本田　弥頭次郎
卅四ミ三百歩内　小卅歩二年開 小卅歩　明覚 右馬五郎
卅五ミ三百歩内百五十歩二年開 百五十歩新開　丞大郎
卅六ミ一反新開　右馬五郎

二里

一坪半　九日田　平蔵三郎
二ミ大卅歩新開　同人
三ミ一反半新開 半ひへ　丞大郎
四ミ半十歩新開　同人
五ミ三百歩内小卅歩ひへ 小卅歩新開　明覚 右馬五郎
六ミ三百歩新開　弥頭次ミ三郎
七ミ一反六十歩不　記頭次
八ミ一反不　同人
九ミ大卅歩百卅五歩不 百卅五歩新開　壱岐房跡
十ミ大卅歩新開　道覚
十一ミ大内小新開 小新開　道賢 明空

十二〻大 新開　性願
十三〻半　九日田　道阿弥陀仏
十四〻半卅歩不　彦大郎
十五〻三百卅歩新開　平蔵三郎
十六〻一反新開　道阿弥陀仏
十七〻一反新開　彦大郎
十八〻六十歩　地蔵堂田　記頭次〻〻〻
十九〻一反　御草作
廿〻一反六十歩大ひへ 半新開　道覚
廿一〻一反　不　壱岐房跡
廿二〻六十歩　地蔵堂田　同人
廿三〻一反卅歩　黒子田　香取
廿四〻三百歩　不　記頭次
廿五〻七十歩内三十五歩新開 三十五歩新開　道賢 明空
廿六〻七十歩　ひへ　性願
廿七〻大卅歩　ひへ　弥頭次郎
廿八〻六十歩不　丞大郎

廿九〻小四十歩ひへ　右馬五郎
卅大 小ひへ 小新開　道阿弥陀仏
卅一〻大　不　彦大郎
卅二〻三百四十歩ひへ　平蔵三郎
卅三〻三百四十歩ひへ　同人
卅四〻四十歩不　道覚
卅五〻四十歩不　壱岐房跡
卅六〻小ひへ　彦大郎

三里

一坪小ひへ　道阿弥陀仏
二〻大新開　彦大郎
三〻大ひへ　道阿弥陀仏
四〻一反半ひへ 半不　同人
五〻一反七十歩ひへ　彦大郎
六〻一反大五十歩　不　弥頭次郎
七〻一反大五十歩内 三百三十歩 不 二百二十歩 〻〻　右馬五郎 明覚

八〻大　不　　性願
九〻大内小小不　明空　道賢
十〻半四十歩　不　道阿弥陀仏
十一〻小　不　彦大郎
十二〻半卅歩　百五歩不　道賢　明空
十三〻半卅歩　百五歩不　性願

○四五七九号文書参照。

○五三〇九　某書状※　○神奈川県立金沢文庫保管称名寺文書

逐申候、
上代（下総国海上郡）御年貢、以前拾貫文納申候、相残十貫文、夫銭五貫文、
合拾五貫文、為長老御下向之時、進候ハんニ是ニ置申て候、
若又御留守ニも可進ニて候ハヽ、依御左右可令進納之由、納
所ニ御物語あるへく候、重恐々謹言、

○上代郷の年貢は、四六一六号文書にみえる。

○五三一〇　某書状※　○神奈川県立金沢文庫保管称名寺文書

赤岩（下総国葛飾郡）御茶、毎年十斤納申候哉、当年も拾斤納候処、依此間之
雑説、路次等以外悪党蜂起候間、致菟角了見候て、引付候間、
莫大煩ニて候、結句御茶二斤、於路次被憑者ニ所望せられ候
て出候由申間、様々致折檻候、雖然無為持付候間、上候まゝ、
八斤

○五三一一　湛睿書状※　○神奈川県立金沢文庫保管新収称名寺文書

□（彼）等を内々御扶持候て、御助□相存候、今度ハ貴賤上下無
力事候へ□□年可義絶候乎、可有□優恕候、又馬事ハ当時
ハ□全分不可叶候間不思寄候、□（依カ）長老の馬の候、可申預
之由、令申所望候□無相違候、東へ○近日便宜候者、自彼所
□人令感悦之由承候、□田舎までも□候覧、□目出度
候、又如先度申置□きかや相構□（可カ）有御用意候、又自
食は先度四五駄と申て候へとも、先
次郎右衛門幷四郎方へ□令音信候了、愚身下向□
□亦可案内□□説之風聞候、□付ても□（御）上□不宜候歟、都不
穏候、又無指事候之上、旁不可然候哉、不知内々密儀候、普

通之儀ハ六敷候者、時々の音信可満足候也、猶又可有御計候、又定禅房依上代(下総国海上郡)□□沙汰の事候、自□□被□□候、其間(若)奉申合事候者、可有御合力候、□□心事近□由承候、

上代検見之注進慥給候、年貢間事、定禅房可致沙汰候、□長老方被遣□□下部一人被副下候、以馬可令送彼所給候、□定禅房□□□(侍カ)所立申制法候之上、尤可有斟酌候、随又被差上代之奉行候、暫可付彼□□之間愚身下向可相計候、又行□下部事、千葉沙汰厳密候歟、尤有□□候歟、□孫四郎か分ハ父入道に被仰付候、したゝめさせ、又

○定禅房は、一三四九号・一四二三号・一五五〇号文書にみえる。

○五三一二　湛睿書状※　○神奈川県立金沢文庫保管称名寺文書

御意候者、当時之修造堂舎朽損之最中候、急速送給候者、可為莫大御助成候、又雖乏少候、茶一袋十匁令進之候、毎事期後信候、恐々謹言、

○五三一三　某書状追而書※　○神奈川県立金沢文庫保管称名寺文書

追申候、

御茶一裹、悦以拝領仕候、当寺之茶院にハ無炭竃候之間、不可積取候之間、特以悢入候、重恐々謹言、

神奈川県立金沢文庫所蔵武本為訓氏旧蔵文書

○五三一四　某書状※　○神奈川県立金沢文庫所蔵武本為訓氏旧蔵文書

此間真如房(杲照)方へ被仰下候御書之趣、粗奉拝見候了、

一先代公方御寄進候寺領等、去年同時ニ無御申候之間、於今連々指合事等出来候哉、返々無物体候之由、行珍禅門(二階堂行朝)なとも被申候と承之候、正文具書等御調候て、可令上給候哉、

一大蔵事(信濃国水内郡)、初度御教書之後、不申御請□

○本文書は、四七五五号文書の前半部分か。二階堂行朝は九七一号・一四八五号・二七七三号文書など、真如房は六八八号・九六四号・二九二六号文書などにみえる。

○五三一五　某書状※　○神奈川県立金沢文庫所蔵武本為訓氏旧蔵文書

御札畏承候、兼又唯寂御房御他界事、企参上可承候之処、難

去指合之候し之間、以便宜申入候之条、恐入候、又蒙仰候十門口義、令借進候、未校之本にて候、定落字等候歟、尚々、

○唯寂は、四六五六号・四七三三号・四九二七号文書などにみえる。

○五三一六　某書状※　○神奈川県立金沢文庫所蔵武本為訓氏旧蔵文書

悦入候、かまくら（鎌倉）御はうの御ようの事ハ、うけ給るへく候、いまも定候寺々にをこなひよとて、とかくして時もさうそくして候、悦入候、□々申入候へく候、あなかしく、

御文悦候て、うけ給候（ママ）ハり候ぬ、其後便宜候ハて、御返事ほとへ候ぬる、心もとなく候、さてハあらいの事、百姓かいてゝ候事、思ひもうけたる事にて候、それにつき候てハ、所の事御したいのよし、うけ給ハりて候、ことさら百姓等か所存にて候ハんする程に、いかてわつらハしき事にて候とも、ことしハかりハ、御さた（沙汰）候て、所をもしつけさせをハしまして給ハり候ハん事、本いに思ひまいらせ候て、持円房にも

○持円房は、一八二二号・一八七五号・二五四七号文書などにみえる。

○五三一七　湛睿書状土代※　○神奈川県立金沢文庫所蔵武本為訓氏旧蔵文書

久不啓案内、恐鬱相積候了、抑如是事等、連々細々申入候条、付公私恐憚無極候、難黙止候間、不顧体申入候、可蒙御免候、此土橋（下総国香取郡）東禅寺寺領悉令相違候、不断失食之間、僧衆難止住、多分令退□（出カ）候、□（恒カ）例之布薩ｏ《難相続、又》談義興法令闕如候、▨▨▨▨▨《仏殿已下悉雖破損候》《僧坊》不能修複（復）候□□《間》□、《及》可有御賢察候、本願師慇懃之素懐、《然》如今者、令違《退》失候、一身之愁傷無極□（次カ）第、得御意、《御》無相違令執申給者、可為莫太御利益候、偏奉□（憑カ）入□御義、且者更無他秘計候、

○本文書は、某書状の行間に書かれている。

柳瀬福市氏旧蔵称名寺文書

○五三一八　某書状※　○柳瀬福市氏旧蔵称名寺仏書裏文書

両度御書慥到来、畏令披見候了、抑下尺（安房国北郡）万事、可存其旨候、真如房（杲照）此間連々音信候き、仍其子細雖相隔都鄙候、細々申談候也、寺訴等事、大概子細堯全房（朴慧）方令申遣候、可被尋聞召候哉、

一四室とのに葉茶、浜名禅門可□□也、以此次霜台にも

○真如房杲照は六八八号・一四二八号・二九二六号文書など、堯全房朴慧は堯禅房ともみえ、八二三号・一四二三号・二五一〇号文書など、浜名禅門は一四一七号・四八五一号文書にみえる。

賜蘆文庫文書所収称名寺文書

○五三一九　実勝授与記※　○賜蘆文庫文書十所収称名寺文書

実勝授与記

実勝西薗寺公経息 公相猶子（甥） 正応四年三月十三日於西南院入滅、五十一歳

憲淳報恩院宰相アサリ(阿闍梨)　文治(建)三年十二月十三日於西南院授之、

寂澄重 七十才 照道房　同四年改元弘安元九月廿七日於高野授之、

純円如道房 五十才 天王寺相意房弟子　同日於同所授之、

道憲顕日房 重 卅三才 同弟子　同日於同所授之、

有尊唯願房 重 五十五才 行遍僧正弟子　同十五日於同所授之、

良俊禅定院長老 重 六十四才　同十一月十五日於同所授之、

定聖尊勝院アサリ 松橋房海弟子　同廿三日於同所授之、

実紹大納言法眼 重 四十四才　同卅日於同所具支授之、庭儀、

慈弁心一上人 重　同十二月廿八日於同所授之、

頼瑜甲斐アサリ 重　弘安二年四月廿七日於同所授之具支、堂上、

良恵重 廿六才　同七月廿二日於同所授之、

延澄定智房アサリ　弘安三年庚辰二月十九日於同所授之具支、庭儀、

法爾重　同九月十四日胃宿火曜(水)、於関東无量寿院□

禅意鎌倉極楽寺長老

覚淵　同日於同所授之、

静基妙忍房 重　弘安五年正月廿四日於西南院授之、

乗恵重　弘安八年二月廿二日於遍智院授之、

定聡重　弘安八年四月十三日於遍智院授之具支、職衆十二口、

泰盛(安達) 法爾帰依之故ニ施物送給也、秋田城介　弘安三年於関東□□訖、

御布施、鞍置馬一疋、裸《ハタカ》馬一疋、宿衣二領、小袖三十、

銀剣二腰、沙金六十両、被送訖、□年実勝上洛、

聖雲親王亀山院御子

正応四年三月日、於病床以印可法流宗大事等悉申置訖、於具支灌頂者、随頼瑜法印、可遂其節給之旨被申置、然間依遺命、自根来寺被召上頼瑜、於覚洞院被行之、職衆六口、

親快—実勝—頼瑜
　　　　　—聖雲—定位
　　　　　　　　—定聡
　　　　　　　　—聖尊—弘顕—弘済　已下
　　　　　—法爾

聖尊親王、貞治四年十一月七日、御法流事、以附法状弘顕
法印被仰置、御聖教等同前、

鶴岡八幡宮文書

○五三二〇　某書状※　○相模鶴岡八幡宮文書

いまはなき□おほ□なをこのやうを申て候、あなか
しく、
あしか〻(足利)のまむ(政)所よりこの御事
申へく候、はる□一(条)てう殿より
□三てう殿より

○本文書は、鶴岡社務記録の建武三年六月二十日条より同年十二月二十七日条に至る紙背にある。

宝戒寺文書

○五三二一　三句相承譜※　○相模宝戒寺文書

常寂光土第一義諦
謹案、観普賢経云、時空中声即説是語、尺迦牟尼仏名毗盧遮那遍一切処、其仏住処名常寂光、

霊山浄土久遠実成
又案、法花論云、我浄土不毀而衆見焼尽者、報仏如来真実浄土第一義諦之所摂故、

多宝塔中大牟尼尊
又案、法花経寿量品云、然我実成仏已来久遠若斯也、又云、於阿僧祇却常在霊山、
又案、法花論云、同一塔坐者、示現化仏・法仏・報仏等、皆為成大事故、

南岳恵思大師　天台智者大師(智顗)　章安灌頂大師　縉雲智威大師
東陽恵威大師　左渓玄朗大師　荊渓湛然大師(妙楽)　瑯琊道邃大師
伝教大師(最澄)　慈覚大師(円仁)　慈叡—惟尚
　　　　　　　　　　　　　　　　—承誓—理仙—慈恵大師(慧)(良源)
覚運檀那贈僧正　遍救静慮院僧都　清朝同法橋—隆範同阿闍梨—澄豪恵光院律師
　　　　　　　　　　　　　　　　　　　　—澄豪—永弁恵光院法印
円輔同僧都—祐円覚恩房律師—公性
　　　　　—公性恵光院僧正—尊恵恵光院僧正—恵尋—恵顗
　　　　　—弁長　禅雲定林房　定仙同　経祐肥後房
興円　恵鎮

山家御尺云、

真円
八□(葉カ)境智二面鏡不求而自得、鏡像円融解豈待口決哉云々、

「(異筆カ)三句相承譜　慈威和尚筆(恵鎮)」

○恵鎮は、二一九号・一七九一号・二八四三号文書などにみえる。

新潟県

大見安田文書

○五三二二　大見・小諸両氏所領相伝系図※　○反町氏所蔵 大見安田文書

「(後筆)越後国白河庄(蒲原郡)安田条巳下美乃国蘇原庄(稲葉郡)則友名等相伝次第」

系図

大見肥後守 実景 ― 左衛門尉 時実 法名覚実 ― 平次左衛門尉 頼資 童名若鶴丸 ― 二郎左衛門尉 資家 今者死去 ― 彦平次 資宗　訴人

（頼資）「(後筆)文永九年御下文賜之　延慶二年(外)下題安堵賜之　正中二年(外)下題安堵賜之」

（実景）― 民部大輔 行定 ― 六郎左衛門尉 家綱 ― 弥四郎 家兼 本御下文所帯之

「(後筆)同国大面庄(蒲原郡)内桜森・中村等相伝次第」

小諸四郎左衛門尉 四郎 忠氏 ― 桜森領主 光氏 法名心覚 ― 氏女 ― 氏女 小名姉子 今者死去　「(後筆)延慶三年(外)下題安堵賜之」 ― 彦平次 資宗　訴人

（忠氏）― 中村領主 六郎 兼氏 ― 六郎二郎 兼親 ― 氏女 小名姉子　「(後筆)延慶三年(外)下題安堵賜之」

○もと具書案の一部か。紙継目裏に某の花押がある。

石川県

金沢市立玉川図書館所蔵加越能文庫所収
松雲公採集遺編類纂

○五三二三　武家寄進分注文写※　○松雲公採集遺編類纂六六

武家御寄進分注文

日向国左土原(児湯郡)

播磨国福田保(加東郡)

同国松原庄(飾東郡)公文職

出雲国須佐郷(飯石郡)地頭職

伊与国鴨部(越智郡)庄地頭職
同国吉田郷(周敷郡)地頭職
同井於(新居郡)別名地頭職
遠江国向笠郷(豊田郡)
同国祝田《ハウタ》(引佐郡)御厨
尾張国土崎(丹羽郡)桑原
同国重能(同郡)上杉伊豆守(重能)寄進
信乃国岩尾郷(佐久郡カ)
丹後国田村(熊野郡)三分方
越中国蟹谷庄(礪波郡)
同国姫野(射水郡)跡
加賀国能美庄(能美郡)吉良上総入道(省観・貞義)殿御寄進
摂津国今南庄(菟原郡)
河内国田井庄(丹北・八上・丹南郡)
同国河南(交野郡)牧内 養父□(庄) 市辺庄 白土田
御酒免 俗別当領 各地頭職也、
細川奥州(顕氏)寄進也、

○足利尊氏・義詮・義満からの寄進分には注記がない。現在確認できる限りでは、応安五年十一月の寄進分がもっとも後のものであり、永和五年以降の寄進分は載っていない。

愛知県

名古屋市博物館所蔵文書

○五三二四 某譲状※ ○名古屋市博物館所蔵文書

ニカワチトノ(河内殿)アト□□(ヒキ)トル
一イマクマノ(今熊野)、ハタケ□カ□□□□タイフトノ(大夫殿)ヒキトル
一イマクマノ(若狭国)、スケアサリ(阿闍梨)ノ御ハウセ
一ワカサノクニノコトウエモムトノ、アネイモウトコムセム(姉妹御前)
御一門
一タムコ(丹後)ノクラハシ(倉橋)ノタウエムノ御はうヒキトル
一カウツケノクニ(上野国)トミヲカ(富岡)ノ六ラウトノ
一サヌキノクニ(讃岐国)一エム(円)
一オハリノクニ(尾張国)ニハノコオリ(丹羽郡)イカタノタイフトノ(大夫殿)ヒキトル
一オナシキクニ(同国)トムタ(冨田)ノモリトノ、御一門
一カマクラ(鎌倉)ノ大ミマヤノアマコセム(尼御前)ノ御一門

一オハリノクニ（尾張国）カイツ（萱津）ノセムスタウ（千手堂ヵ）ノチヤウアミタフ（阿弥陀仏）ヒキトル
一オハリノクニクラチノアマコセム御一門
一ヲハリカイトウノコホリ（海東郡）ノキヤウイムハウヒキトル
一オハリ《ヲハリ》ノクニナル（ミ脱ヵ）（鳴海）ノヒセムトノ（肥前殿）、アトヒキトル
一クツカケ（沓掛）ノウコムノニウタウトノ（右近入道殿）御一門
一タムコノクニリヤウシヤウハウサヌキトノ

村手重雄氏所蔵文書

○五三二五　後村上天皇書状※　○村手重雄氏所蔵文書

其後積鬱之処、一位局参候之間為悦候、且散此間鬱陶候き、委旨又期彼下向候、抑世上事、国清法師（畠山）切々申旨候、所詮坂東輩大略内通、但見当方形勢、而南軍不振、国清法師追日無力、為公私何無一策哉之由、懇切数反

○畠山国清は、二九一七号・二九二三号・二九三二号文書にみえ、延文四年から翌年八月頃まで畿内にいる。

三重県

神宮文庫所蔵文書

○五三二六　造伊勢内宮殿舎宛料注文写※　○神宮文庫所蔵文明三年役夫工米之事

（貼紙）「造　内宮屋宛文　延文」
（紙背）「（墨引）」

造　太神宮屋宛

正殿　付荒祭宮

東宝殿	二百貫	尾張	定基
西宝殿	百八十貫	相模	隆季
瑞垣御門	百三十貫	上総	内六禰宜
北《瑞垣》御門	廿貫		作所
番垣御門	三十五貫		作所
玉串御門	百卌貫	上総	内六禰宜
第四御門	百卌貫	上総	内六禰宜
四面玉垣	二百貫	下総	
斎王候殿	四十五貫	安房	浄心

舞姫候殿　四十五貫　安房　浄心
荒垣　百二十貫　下総
鳥居一二三東西北六基　作所
外幣殿　百五十貫　相模〻〻　隆季〻〻
御稲御倉　五十貫　相模　隆季
庸御倉　五十貫　相模　隆季
鋪設御倉　五十貫　若狭　土御門大副殿
調御倉　五十貫　伊勢　作所
忌屋殿（火歟）　百貫　美濃
斎王御膳殿　五十貫　尾張　定基
一殿　百廿貫　美濃
酒殿　百貫　美濃
由貴殿　七十貫　播磨　定勝
主神司殿　七十貫　同　同
九丈殿　百廿貫　同　同
庁舎　四十貫　同　同
御輿宿　六十貫　同　同

子良館　百廿貫　伊勢　作所
内御厩　卅五貫
河原殿　四十五貫〻　尾張　定基
車宿　六十五貫　尾張　定基
月読宮　正殿　北殿（小カ）　瑞垣御門　瑞垣　鳥居　一殿　忌屋敷
伊佐奈岐宮　正殿　北殿（ママ）
滝原並宮
伊雑宮　正殿　御門　瑞垣一重　一殿　忌屋殿〻　鳥居　伊豆　定正
小朝熊宮
田辺社
湯田社
園相社
鴨社
蚊野社

○五三二七　外宮神領目録※　○神宮文庫所蔵文書

（表紙）「外宮神領目録　完」

注進

宮庁御所知諸神領目録

合

伊勢国

度会郡

高羽江御厨三石内六月一石九月一石十二月一石

牛庭御厨　三石内六月一石九月一石十二月一石

丹河御厨（写本此内焼而不見、下同、）四□(石)内六□一□⌈

有滝御厨　⌈

若田井辺御厨五斗　六月　九月五斗十二月

無漏御厨二石二斗内六月七斗三升九月七斗四升十二月七斗三升

大橋御園六斗　六月菓子九月三斗十二月三斗

宮子御園　汁嶋御厨

小栗生御園一斗　六月菓子九月

玉丸御園　五斗　六月菓子九月五斗十二月菓子

中屋御園　三斗　九月三斗

笠服御園　一斗

年月日未詳三重県

飯倉御園　十二月一斗五升

長屋御園内小林村田畠段別五升

村松御厨（通諸国）上分田廿七町段別七升上分十八石九斗　此外麦雑事等在之

土保利御園塩二斗

新開御園塩九斗

矢田檜皮尾御園一石五斗口入人前一禰宜行能歟云々

小俣御園　⌈⌋八斗⌈

沼木郷

上山幡収納使　下山幡収納使口入人行能云々

小中須収納使　積良収納使

宮河々守　浜箒使

岩坂御園上分油三升　此外口入料一斗二升在之

葛原御園麦六斗　口入人前一禰宜行能小口入頼氏神主

佐田御園二斗菓子三籠此外口入料三斗在之歟口入人雅継神主云々

多気郡

四薗生御園六斗　六月菓子九月三斗十二月三斗

斉(斎)宮柑子御園六斗内六月二斗九月二斗十二月二斗

浜田御園六月塩二斗菓子　九月塩二斗十二月米一斗塩一斗
池上御園一石五斗内六月五斗九月五斗十二月五斗
深田御園
片岡御園米一斗十二月御祭之時備進之
石取御園一貫文　新加上分同
熊倉御園□
泉御園五斗□
飯野郡
伊勢庭御園三斗
黒部御厨三石内　六月一石九月一石十二月一石
若菜御厨三石内　六月一石九月一石十二月一石
櫛田河原御厨九斗内六月三斗九月三斗十二月三斗
飯野岡御園　六月菓子九月米二斗菓子等十二月菓子
治田御園九斗内　六月三斗菓子九月米三斗菓子十二月菓子
萩尾御園九斗内　六月三斗菓子九月三斗菓子十二月三斗菓子
鞭書御園三斗　六月一斗九月一斗剛米一斗十二月一斗
佐福御園九斗内　六月三斗九月三斗十二月三斗

二升御園一斗　十二月進之
神山御園新開上分九斗七斗光香申之
堺御園神税麦三斗　其外口入料麦三斗在之歟 口入人前一禰宜行能云々
飯高郡
光用御厨□
勾御厨六石内□
莫太御厨三石内　六月一石九月一石十二月一石
梅田御厨一石五斗内六月五斗九月三升十二月五斗
臼井御厨一石五斗内六月五斗九月五斗十二月五斗
忠近御園三石内　六月一石九月一石十二月一石
粥見御園綿二十両
松山御厨六石　此外新上分三石
五箇山御園綿十両　絹四丈　布等
手丸御園五斗
立野名御園新上分五斗　口入所光香
境御園九斗
松尾御園五斗

深田御園三斗
平生御厨一石
福末神田上分三石　但高宮饗料米十二月十七日勤仕之、田数四町三段云々、口入人常躬神□
位田御園筵□□（七枚カ）□
丹生山内上河原御園□
序江御厨内高宮新神田一町六段但段別一升充上分一斗六升
永用神田一町二段
一志郡
年魚御鮨六十六斤六両祭料米二十五石三斗八合粮料七石在饗料八石分別三斗八升
嶋抜御厨塩五石内六月三石九月一石十二月一石
八太御厨上分田五町所当二十五石此外雑掌二石五斗取之
小社御厨塩三石内六月一石九月一石十二月一石
蘇原御厨米三石塩三石内　六月米一石塩一石九月米一石塩一石十二月米一石塩一石
大阿射賀御厨十三石凡絹十疋於上分三石者
六月一石九月一石十二月一石
小阿射賀御厨十三石凡絹十疋内於上分三石者
六月一石九月一石十二月一石

北黒野御厨十三石内於上分三石者
六月一石九月一石十二月一石
南黒野御厨□
木平御園一石
稲木御園　荷前神田五斗
箱木御園塩三石内六月一石九月一石十二月一石
都御園　六月麦一石二斗九月米一斗
又都御園　六月麦三斗五升九月籾五斗
北高橋御園　六月麦一石九月菓子
八太御園四斗
見長御園三斗
本見長御園　三度御祭菓子勤
一松御厨塩九斗　六月三斗九月三斗十二月三斗
大原御園　六月紙十二帖桶二柄三度御祭有勤
野田御園三石　此外三坪一町料上分米一石在之雑用八斗
拝野御園米一石麦五斗
黒田御園米二斗

下牧御園□
西浜御園塩二駄□
利松名上分二石
西園御厨　四个所神領内　長日御幣紙済所
常富御園

安濃郡

五百野御厨七石五斗内於上分三石者
　六月一石九月一石十二月一石
小稲羽御厨九斗内　六月三斗九月三斗十二月三斗
辰口御厨三石内　六月一石九月一石十二月一石
切田御厨三石内　六月一石九月一石十二月一石
堺御園三石内　六月一石九月一石十二月一石
野田御園三斗　六月飛魚三百六十侯《隻歟》（隻）九月御祭御贄
長屋御園一斗五升　十二月進之
岩田御厨三石内　六月一石九月一石十二月一石
岩坪御厨九斗内　六月三升九月三斗十二月三斗
建部御厨石五斗内□

下内田御厨一石五斗内□
宿奈部御厨三石
下見御園三斗
泉上御園三斗
小野林御園九斗内　六月三斗九月三斗十二月三斗
飯原御園三石内　六月一石九月一石十二月一石
荒倉御園三石内　六月一石九月一石十二月一石
松崎御園九斗五升
垂水御厨塩九斗内　六月三斗九月三斗十二月三斗
焼出御厨塩九斗内　六月三斗九月三斗十二月三斗
藤方御厨塩六荷内　六月二荷九月二荷十二月二荷
豊野御園二斗　此外糀二斗
高志御園一斗　九月
大縄御園三斗
長岡御厨二斗　三度御祭勤之
小松御園一石□
久松御園一石九斗□

久松神田三町五段上分三石五斗段別二斗充勤之
但次久松御園田号久松神田歟、之八有其沙汰為無役康友神主令知行云々、可尋糺也、

極楽寺御園六斗

新永松御厨上分二斗　禰宜維行口入所

平田御園上分米六斗　口入人同禰宜維行

県御園

奄芸郡

大古曾御厨三石内　六月一石九月一石十二月一石

得田御厨五石
朝明郡南富田替被付之

為元御厨卅石

昼生御厨五石

小林御園籾一石

南黒田御厨三石　六月一石九月一石十二月一石

北黒田御厨籾一石　□

若栗御園籾一石　□

成富御園三斗　十二月

豊国野御園三斗

越智御厨二石五斗

広瀬御園油三升菓子

莫太御園上分一石五斗内米一石麦五斗此外口入料同一石五斗彼口入人行宜神主

浜田御園塩二斗

又新浜田御園上分米一斗御贄飛魚五連禰宜維行口入所

鈴鹿郡

原御厨三石内　六月一石九月一石十二月一石

庄野御厨六斗段別三升　六月三〔二乎〕斗九月二斗十二月二斗

那越御園段別三升上分今為高垣神田備進上分五斗

久賀御園五斗

和田御厨三石

菜若御厨壱町　長日御幣紙済所四ケ所神領内

河曲郡

河曲神田三石□近年号柳新御厨

山辺御厨一石三斗内六月白米三斗九月五斗菓子十二月五斗

成高御厨六石

永藤御厨二石

年月日未詳三重県

須可崎御厨六石内　（宮中饗料所）六月二石九月二石十二月二石

若松御厨五石内　六月二石九月一石五斗十二月一石五斗

土師御園三石内　六月一石九月一石十二月一石

箕田永富御厨二石

井戸神田五斗

吉藤光富神田七段上分二石一斗

高垣神田五斗

高富御厨六石　口入料六石

林崎御厨六石

三重郡

河嶋御園三石内　六月一石九月一石十二月一石

高角御厨一石五斗□

飽良河御厨三石内　六月一石□

松本御園三石内　六月一石九月一石十二月一石

日長御厨三石内　六月一石九月一石十二月一石

日長新御厨三石

遠保御厨三石内　六月一石九月一石十二月一石

栗原御厨三石　六月一石九月一石十二月一石

潤田御厨三石内　六月一石九月一石十二月一石

池底御厨三石内　六月一石九月一石十二月一石

采女御厨三石内　六月一石九月一石十二月一石

山田御厨三石内　六月一石九月一石十二月一石

志賀真御厨三石内　六月一石九月一石十二月一石

豊岡御厨三石内　六月一石九月一石十二月一石

庭由（田敷）御厨四石　加進分一石加之定　六月二石九月一石十二月一石

桜御園三石内　六月一石九月一石十二月一石

延貞神田五斗　十二月進

稲田御厨三石内　六□

永松神田三斗

治田御厨三石内　六月一石九月一石十二月一石

多米御厨三石内　六月一石九月一石十二月一石

又多米新御厨六斗　六月二斗九月二斗十二月二斗

衣比原御厨六石内　六月二石九月二石十二月二石

垂水御園七斗内　六月一斗九月三斗十二月三斗

長沢御厨一石八斗内六月六斗九月六斗十二月六斗
吉沢御厨三石内　六月一石九月一石十二月一石
曽井御厨三石内　六月一石九月一石十二月一石
大強原御厨三石内　六月一石九月一石十二月一石
県御園三石
飯倉御園二石内　九月一石十二月一石
高柳御園一石内　六月五斗九月五斗
小山田御厨三石内　六月一石九月一石十二月一石
長尾御厨三石内　六月一石九月一石十二月一石
平田御厨一斗□
佐山御園三石□
高岡御園九斗内　六月三斗九月三斗十二月三斗
深溝御厨一石十二月勤之在御油
寛御厨三石内　六月一石九月一石十二月一石
小泉御厨三石内　六月一石九月一石十二月一石
又小泉御厨一石五斗之御神酒外副米三升内六月五斗九月五斗十二月五斗
小松御園

塩浜御園塩五斗
泉野御園三石
河田納所二斗
朝明郡
長松御厨五石但近年四石済之内六月一石九月二石十二月二石
南富田御厨六石内　六月二石九月二石十二月二石
北富田御厨六石内　六月二石九月二石十二月二石
岩田御園三石内　六月一石九月一石十二月一石
保々御園三石内　六□
長井御厨三石内　六月□
小嶋御〇（厨歟）三石内　六月一石九月一石十二月一石
田口御厨三石内　六月一石九月一石十二月一石
坂合部御厨三石内　六月一石九月一石十二月一石
金綱御園三石三斗内六月一石一斗九月一石一斗十二月一石一斗
山田御厨
富田納所一石
月読神田三斗

末永御厨二石
桑名神戸祭料二石
野田御厨上分一石六斗　但田十八町所歟
小泉御厨上分五斗　元三石上分備進済所也、而□□茂福小泉御厨建長二年□□廿二日以前一﨟宜行能定口入人、件上分三石内以五斗者定上分、以二石五斗者可為口入料云云、
小向御厨一石内牢籠半分同前

員弁郡

高畠御園三石内　六月一石□
松尾御厨三石内　六月一石九月一石十二月一石
萩原御厨三石内　但十石副米一石　六月一石九月一石十二月一石
治田御厨三石内　六月一石九月一石十二月一石
大墓御園一石五斗内六月五斗九月五斗十二月五斗
留番御厨一石五斗内六月五斗九月五斗十二月五斗
和泉御厨三石内　六月一石九月一石十二月一石
河嶋御厨一石五斗内六月五斗九月五斗十二月五斗
穴太御厨三石内　六月一石九月一石十二月一石
星河御厨三石内　六月一石九月一石十二月一石
梅戸御厨三石内　六月一石九月一石十二月一石

深瀬御厨三石内　六月一石九月一石十二月一石
大泉御厨三石内　六月一石九月一石十二月一石
中河御厨一石五斗内六月五斗九月五斗十二月五斗
高柳御厨三石内　六月一石九月一石十二月一石
笠田御厨三石内　六月一□九□
長深御厨三石内　六月一石□
饗庭御厨三石内　六月一石九月一石十二月一石
小中上御厨一石五斗内六月五斗九月五斗十二月五斗
田中御園五斗内　六月一斗九月二斗十二月二斗
平田御園三斗内　六月一斗九月一斗十二月一斗
(菜カ)藁御園三斗内　六月一斗九月二斗
嶋田御厨三石内　六月一石九月一石十二月一石
小田中御園三斗内　六月一斗九月一斗十二月一斗
曾原御厨三石此外新加上分三斗六月一石九月一石十二月一石
嶋富御厨一石五斗内六月五斗九月五斗十二月五斗
大谷御厨一石五斗内六月五斗九月五斗十二月五斗
岡本御園九斗内　六月三斗九月五(三)斗十二月三斗

多度御園一石五斗内六月五斗九月五斗十二月五斗
県御園三石内　六月一石九月一石十二月一石
倉垣御厨三石内　六月一石九月一石十二月一石
麻生田御厨大豆五斗□
阿下喜御厨十石□
茂永御厨五斗
富津御厨六石　此外副米一石在之
宇賀御厨三石
大戸御園六斗
石河御厨六斗
御油御園上分米八斗料田四町段別二升歟 口入人維行神主
桑名郡
富津御厨六石　此外副米一石
桑名郡多度御厨一石五斗
伊賀国
(伊賀郡)阿保神田三石口入料一石近代 以上紙中帖進之内六月一石九月一石 十二月一石
(員弁郡)穴太御園　六月芋　九月栗　十二月菓子

年月日未詳三重県

神戸神田上分白布十二段二丈幷祭料造酒米代白布九段
但此加進上分米一石近年進之
(伊賀郡)若林御園上分米三石　菓子
(同郡)比志岐御園白布六端六月芋□ □
(名張郡)六箇山内上□ 奈□　比奈知　滝原
大和国
(宇陀郡)宇陀神戸白布十八端内六月六端九月六端十二月六端
此外先分三端　新上分五石云々
近江国
(愛智郡)岸下御厨三石　在御上分小鮎鮨六桶此外口入料 鮨六桶
(坂田郡)福永御厨三石　但神馬二疋代米二石 又雑用米二石在之
佐々木御厨六石
(甲賀郡)柏木御厨三石　又新御厨一石
黒丸御厨段別上分　(坂田郡)山室新御厨三石云々
美濃国
(安八郡)中河御厨二十五石　長絹十疋
(可児郡)小泉御厨　長絹二十疋
(石津郡)郡戸御厨御年貢

尾張国
（中島郡）本神戸神酒副布三端各三丈□
（同郡）新神戸絹一疋内柒端等同□
（丹羽郡）瀬辺御厨
（中島郡）治開田絹十疋別領上分米十石宮斗定　糸三十両
酒見御厨
千丸垣内御園漆一筩
（丹羽郡）新溝御厨
（中島郡）御母板倉御厨上分御籾五石　料田二丁口入料二石
新溝神領
立石御厨糸十両
（海西郡）宅美御園
（丹羽郡）生部御園大豆少々　五六斗歟
生栗御園大豆一石
（海東郡）伊福部御厨
草部御園大豆少々
（中島郡）野田御厨（同郡）
秋吉御園油一升
笑生御厨（同郡）
下生栗御園大豆一石

（中島郡）柿御園
海東新上分二貫文
（丹羽郡）高屋御厨　桑代糸廿勾
瀬辺御厨　桑代糸廿勾　赤曳糸御油等
酒見御厨　桑代糸十勾
三河国
（幡豆郡）饗庭御厨九石加後進祈禱一石五斗内於上分一石五斗者
六月二石五斗九月二石五斗十二月二石五斗
（渥美郡）薑御園六石六斗料田六十六丁、段別一升充、但本斗定大器也、
（同郡）吉田御園　三石　菓子　栗六籠
（八名郡）神谷御厨十石　菓子
（幡豆郡）蘇美御厨六石
生栗御園油一斗　栗二石
（渥美郡）伊良胡御厨三石　干鯛三十侯（隻）
（同郡）野依御厨三石
（同郡）保柚・（同郡）浜田両御園一石五斗
又同浜田御園勤月次御幣紙十二帖

遠江国
刑部(引佐郡)御厨三石
祝田(同郡)御厨
小高(佐野郡)御厨六石
美園(長上郡)御厨廿石
大墓(浜名郡カ)御園八丈絹二疋　雑紙十帖　葛布一端
豊永御厨三石
大崎(浜名郡)御園　雑紙九十帖
佐久目(同郡)御園　勤同前
池田(豊田郡)御厨三石
小板御厨三石
山口(佐野郡)御厨六石
駿河国
大津(志太郡)御厨白布三十端　雑紙三百卅帖
大沼(駿東郡)鮎沢御厨布六端
小楊津(益津郡)御厨三石　雑用米十七石云々
伊豆国
蒲屋(賀茂郡)御厨鍬五十勾
武蔵国
七板(幡羅郡カ)御厨布二十五端
大河土(埼西郡・足立郡)御厨国絹卅疋　御幣紙四百六十八帖
上野国
園田(山田郡)御厨布卅端
高山(緑野郡)御厨布十端
下野国
簗(簗)田(梁田郡)御厨絹廿疋布十端
寒河(都賀郡)御厨長日御幣紙三百六十帖雑紙但近年絹進之
安房国
東条(長狭郡)御厨布五端　長日御幣紙三百六十帖口入所行長云々
下総国
相馬(相馬郡)御厨布五十端
甲斐国
石木(和カ)(山梨郡)御厨長日御幣紙□
信濃国

(高井郡ヵ)長田御厨布三百端　神馬一疋
(更級郡)藤長御厨布五十端　長日御幣紙代布日別二丈
矢原御厨
但馬国
(気多郡)太多御厨絹三十疋　上品紙十二帖
田公御厨上品紙五十帖
加賀国
(石川郡)富永御厨米十石名吉五十侯(隻)　領家二条東洞院角懸所
越前国
(丹生北郡・今北東郡)山本御厨絹六疋
(今北西郡ヵ)泉北御厨米卅石　長日御幣紙
越中国
(新川郡)弘田御厨米十五石絹十五疋布十五端
　綿百五十両鮭十五侯(隻)長日御幣紙
摂津国
　中村御厨上分米三石
能登国

(鹿島郡)能登嶋御厨廿五石
備前国
(邑久郡)長沼御厨上分米
一諸郷祭料
(伊勢国度会郡)四石継橋郷 近年有名無実 此外上分米三石　一石二見郷(同郡) 此外御塩四石
一石伊蘇郷(同郡)　一石四斗湯田郷(同郡)
二石田辺郷(同郡)　一石箕曲郷(同郡)
六斗沼木郷(同郡)　一石六斗高向郷(同郡)
二石有爾郷(多気郡)　三石相可郷(同郡)
三石麻績郷(同郡)　一石櫛田郷(同郡)
一石三宅郷(同郡)　一石流田郷(同郡)
二石竹郷(同郡)　二石四斗黒田郷(飯野郡)
一石四斗長田郷(同郡)　二石中万《チウマ》郷(同郡)
一石兄国郷(同郡)　一□
一石神戸里
一諸郡祭料
廿八石飯高郡(伊勢国)　十四石安東郡(同国)

十四石(同国)安西郡　政所　　廿四石(同国)三重郡
廿四石(同国)朝明郡　政所　　廿八石(同国)員弁郡

一諸神戸祭料

六石(伊勢国飯野郡)飯高神戸　政所　　六石(一志郡)一志神戸
四石(安濃郡)安濃神戸　政所　　二石(鈴鹿郡)鈴鹿神戸
四石(河曲郡)河曲神戸　　二石(朝明郡)桑名神戸
六石(伊賀郡)伊賀神戸　　二石(中島郡)尾張本神戸
二石(同郡)同新神戸　　四石(渥美郡)三河本神戸
四石(同郡)同新神戸　　四石(浜名郡)遠江本神戸
四石(同郡)同新神戸　　(同郡)浜名神戸祭料八石政所

一渡神田等

(伊勢国)安濃西郡字内田一町　五斗代定五石
(同国)安東郡片田神田一町　四斗代□
(同国三重郡)楠神田一町　五斗代定□
(飯高郡)山室松山御厨神田一町　三斗代定三石
(同郡)莫太御厨内神田一町　四斗代定四石
(同郡)立野名寮神田一町　所当三石六斗但閏月之年者加進之

(多気郡)丹河御厨内神田一町　二斗代定二石
三重郡豊岡御厨神田一町　五斗代定四石五斗
同郡柴田神田少々
相可井内神田一町　三斗代
朝明郡佐々良井神田二町　上分二斗
一志神戸渡神田一町　二段在蘇原御厨内、但八段神田内三重郡少々在之、
志摩国(答志郡)賀茂庄内字懸力神田一町二段稲四十余束云々
箕曲郷勾庄　料田九段之中大覚寺庄三段蓮台寺庄六段

一諸嶋々

(志摩国答志郡)東船越御厨　　迫御厨
(同郡)大津国崎　　(伊勢国度会郡)二見御厨
(志摩国英虞郡カ)慥柄神戸　　□
(答志郡カ)伊志賀御厨　　□
(志摩国答志郡)大浜御厨　　(答志郡カ)羽畔蛸御厨
(紀伊国牟婁郡カ)木本御厨　　(志摩国)浜(須カ)賀利御厨
(志摩国)比志賀御厨　　笛　御厨
(志摩国)菅嶋御厨　　(紀伊国牟婁郡カ)丹嶋御厨

年月日未詳滋賀県

錦御厨（志摩国答志郡）　泊浦御厨（同国）
土具御厨（伊勢国度会郡）政所　和浜御厨
坂手御厨（答志郡カ）　竈子御厨（答志郡カ）
大吹御厨　南船越御厨（志摩国英虞郡カ）
大久田御厨（志摩国）

右、注進如件、

飯高郡（伊勢国）大苗代御厨〔小松原〕□□
宇田御園〔瓜分一町余也〕両三所一志太郎大夫文清口入□

神領目録旧本出自玉串大内人弘光神主之家、方今為　神恩報
謝、以拙筆写之、謹奉納　于豊宮崎文庫訖、
元禄四年六月十六日　　大内人秦益成

○この目録は年月日未詳であるが、南北朝期の作成と推定されるので、ここに収める。

滋賀県

来迎寺所蔵法流相承両門訴陳記

○五三二八　円昭陳状写※〔○近江来迎寺所蔵法流相承両門訴陳記〕

私云、
連々訴状陳答条々大概記之、

細編已下事披陳言上事旧畢、

一彼昌景（惟賢）大徳奸訴状云、欝訴者被彼大徳陳答者、称其寺僧事、
已令参差、理頗難一決云云、
此段太以不得其意、自者号法勝寺（山城国愛宕郡）衆僧之言上、恣構謀訴而
出挙状、当方者自元為門流和上間、以元応寺（同郡）衆僧之披陳、
被出挙状、何令参差哉、謙下他人、高挙自己之条、僻案之
至、可足上察者哉、而先度付備進陳状、重問状失為方之余、
閣本訴之是非、或可注進交名之由訴申、或返答遅引之由掠
申歟、而先度連々付無理之奸訴、数箇度披陳言上既畢、何
為違背之儀哉、次　勅問事、是又当方所得其理也、（ママ）先彼
状云、有逐電之企、細編以下可被点定　公方之由、申入之
歟、然而執柄家幷勧修寺之亜相被申意見、其趣且者備具書
進覧之、就中去五月十七日、被合御沙汰之時、謀訴既令露

顕之間、被棄捐畢、其趣自上卿洞院家所被仰出也、凡此二問訴状、背被定置之法、送数月令言上之上者、云奏事不実之咎、云自由狼藉之訴、旁可被処于科哉、於当方者、早任道理、可預御裁許者也、

一南岳（慧思）大師三衣事、彼訴状云、随所用渡遣他所云云、

此段又不得其意、此三衣自元毗沙門堂僧正房門室之霊宝也、其段先師和上元徳状明白也、而自本主催促之間、返渡之畢、彼返状已下、又以分明也、其上初度謀訴状、為毗沙門堂僧正房本主之由、乍載之於二問之状略彼注、如此令言上之条、前後参差申状、豈非重畳之奸曲哉、是則元弘以来、為所得之霊宝之由申之、於先師和上与恥辱之段、比興之次第也、於自余聖教等事、不知案内之至、可足上察者也、

一彼奸状云、於戒法之伝受、究第一大事之上者、写瓶無所貽之趣炳焉也云云、

此条荒涼之申状也、伝受究第一大事之由申之、可為今度重受之事歟、而今度人々結縁之上者、不可限彼大徳一人、就中以第三度血脈之伝受、為終極歟、此外猶有重々相承之次第、隔境界之条勿論也、以未得成已得之想、豈非五千上慢之類哉、凡給仕労功之言詞、為其思出之文句、弥当方面目之至也、依如影随形之奉事、得其法被授其源妙者、先賢之常慣、後昆之美嘆也、況以末代浮生之身、受無上之深法、豈非今生之思出哉、師範憐愍之言訓、弟子生前之金句也、而以思出之言、非嫡弟之由、備具書訴申之条、髣髴之至極者哉、

一彼状云、一通者昌景上人、就菩薩戒蔵記、勘録四巻乃至宝（相模国鎌倉郡）戒寺和上所記四巻秘要抄、一見畢云々、

此段又同前、先師和上奥書之遺筆也、以之争定附法之専一、如此奥書等、処々等倫所持之聖教等、表書奥書不可限一身哉、以之、不可備附法之支証歟、次宝戒寺和上之言、是又遣人々書状等、被載之、況宝戒寺和上之言、但可限彼方得度乎、争令毘乱中辺之域、以宝戒寺和上之一句、争可備為門流之和上・衆僧之長老之支証哉、況先師和上、被遣円照上人之状云、両宗伝受如瓶水、三密受持似珠光、又云顕密大戒水流入和尚心云云、是豈非写瓶印可状哉、仍所被載元

応之置文和上之言、一概可得意合者也、

一付元応置文加了簡、彼訴状云、然而其後云天下之安危、云僧侶之去留、不可一准乃至置文条々被棄捐畢云云、(ママ)此条又棄捐条々、何題目哉、彼置文云、雖経後々末代、不可違失、若准之者、以慈眼照之、如影随形之擁護不可疑之、若背之者、以悪眼鑒之、現世後生之障難、可謂勿論云々、可恥可恐者哉、住持者依時、其人者令遷替之条、不可始于今、為和上一人之計略、可管領門流之規式、依何可令点変哉、就中此置文不審之由申之歟、誠是元弘已来末学、於門下故実、隔其境界支証也、為防己分之非、破先師之厳制之条、冥鑒争不恐之、是併不見置文之奥書故也、次彼状又云、背陵夐(ママ)長宿之朝憲云云、此条不得其意、先師入滅之後、任和上之遺命、以円昭(照カ、以下同ジ)上人、可為門流之和上由、衆僧評義已畢、仍其年三月両度、四月上半布薩、於法勝寺遂行之時、門徒宿老数十人昌景、、、其随一也、退臈次、以円昭上人、為説戒之和上、当住衆僧合掌聴受畢、彼大徳定不忘却歟、自爾以降、其義不改之、今更如此申状、上聖憂怒之奸曲哉、

一就貞和三年二月廿九日附属状、訴申謀訴状云、貞和三年二月廿九日置文、非大徳附属証文乃至於状文、無附属之言上者、不可為支証之条、勿論次第也是一、云云

此事不弁子細之故也、先師附属状云、門流伝持弘通事云云、慈恵(良源)大師御尺(釈)云、師跡者、法門聖教也乎、何非住持附法之遺状哉、而曲文加了簡、太不得其意、次又以附属状書載貞和之置文之条、弥奸謀令露顕者也、又同附属状云、先年比中置道光上人畢、今亦無子細云云、先年之言、非指元応置文哉、在文分明也、而元応置文与貞和附属状、不可混乱之由申之歟、太以奸曲之至也、(ママ)次彼訴状云、同年七月十三日附属之意、可亘此二月廿九日置文之由、令会尺(釈)者、又其理弥不相叶云云、(ママ)此事又未没(設カ)会尺(釈)之分書載之、構複難之条、奸曲之至極也、而先師和上、被附属道光上人之状、縦雖為七月十三日、彼上人一期之後、守二月廿九日之附属状、只為道光上人尊宿之間、元応置文之外、重被附属計也、雖然先師在世之間、無住持自専之義者、又常理也、有何不審哉、其上元応置文者、為来際之規式之間、可亘後昆也、貞

和前後之委附者、各可限両上人者哉、剰又道光上人、既先于先師之間、以所遺要附状之正文、重被渡円昭上人之上者、先師和上一概之附属、誰存異義哉、重受者縦雖令前後、自兼日擬附法之正統事、何又無之、不可求例於外、所謂求道上人者(昌景、、所出、具書之状在之)於六人弟子、次第被授之、而素月上人雖為最末之重受、備上足附法之正統畢、不可依前後受法之条勿論也、所詮居辺鄙之遠境、久不伺和上之硯下之間、如此過失多端者也、貞和三年二月廿九日之附属状(先進畢)幷附法状一通、別紙之状、備右之上者、千万重畳繆難可巻舌者哉、彼附法状云、非偉器不許之、非附法無伝之云云、其附法者、三学相須妙法也、誰諍之、次今十五字、自筆歟、他筆歟疑之、結句入筆之由掠之、為訴落謀書之一段歟、此条殊所痛存也、於謀実之論者、先被閣理非之御沙汰、此一段(可)被糺決也、此段者、有限傍例也、然者先師筆跡不可有其隠之上者、可備上覧者也、篇目之肝心在之、当方之得理、何令遅引哉、次今十五字之内、可伝円昭上人云云、如此文体密家之印信等多之、可伝之仁円昭上人之外、別而可有之由、加了簡歟、

分明乍見、挙其名字、曲致不審附法之名字無之旨、掠申之条、忽似諍黒白哉、内存無道、外現不直、既破重禁、豈為僧侶之行儀哉、不饒益之犯罪、可痛可悲者哉、

一(彼条云、)被擬附属道光上人之状者、為無要反古事、

此段先荒涼之中状也、匪啻破先師慇懃之委附、言語道断之悪口也、以一旦之我執、断師範之法命、豈非五逆之種類哉、先師和上、元徳年中、東関下向之刻、先朝被下　鳳綸(非至要之間、不備具書、)可止住法勝寺云云、而先師元弘二年七月上旬歟、自関東帰洛之時、道光上人如元又被帰金山院畢、而今道光上人、於法勝寺、雖為一日、遂不懸住持大勧進之名之由申之、比興之至極也、是則建武已前行事、不知案内之間、如此及中状歟、(ママ)次又道光上人、不備元応寺之住持之由申之哉、是又子細同前、先師元亨比、云関東下向之時、云元徳之進発、其間及両度之止住、門下僧侶等、悉所令存知也、是併為近曾之末弟間、不見古之旧事故也、可足高察哉、

一(彼状云、)道光上人被伝円昭大徳之手継無之間、旁以不足支証之状云云、

道光上人自元先立于先師和上、被円寂之上者何彼手継可在

之哉、不弁無手継之道理、而今如此訴申、姧謀之至極也、
一先師和上状、為追書之間、不可備支証之由申之歟取意、
此段縦彼状雖為追書、同在国時分状之中之文言分明也先師和上状云、凡遺跡事、始而不及申候、道光上人与御辺、能様可被談合候也、一切不可有異儀候哉、定被得意候歟、門流不失墜様、可被相計候云云、結句又故加判候、不普通候歟、比興々々云云、既重被加判形、豈准常追書、称非遺状乎、縦雖為此一通、可事足哉、自元依為無理之姧訴、及種々了簡者也、
一被遣紹観大徳之状了簡事、
是又致黒白之姧訴、没理非之了簡也、状中文言明□(白カ)之上者、必不可尽其力者哉、所詮雖為他之上、為昌景大徳戒和上、可訴(許)重授之由状有之者、早可備　上覧、無其義者、頗難信用歟、就中若令円寂者之言被載之、而無恙令存生、直被授之畢、其理分明也、何被変改之由申之哉、
一伝信和尚、以元応寺、可為門流之本寺之由事、
彼姧状云、開山已来、以元応寺、為門流本寺之条、姧陳之趣乃至伝信和尚、争知未来之御寄附、被定寺院之本末哉云々(ママ)、此事又非被陳之限、先師和上、此一段申下　官符宣畢、其旨炳焉也、今更何致不審、凡以伝信和尚、号当寺開山之故者、去正和五年丙辰十二年籠山果遂之後、被出山之時、後宇多院叡感之余、冬安居九旬之間、被聴止住於北白川之仙居、集僧侶転法輪、可被寄附於門下之旨　勅約畢、而和尚翌年文保元丁巳逝去、歎而有余、同二年戊午十月十五日、遂任　勅約、為円頓戒之浄場、先師和上之止住、既経数廻星霜畢、仍以正和年中之止住、号当寺開山也、而元応者翌年乙未改元也、以御代始之年号、可為寺号之由、兼日之　勅約也、和尚又以当寺、可為門流之本寺之旨、被遣命畢、此等趣、且者被載元亨官符宣、未及拝見歟、況　後宇多院被下　勅筆之題額、本尊者即十二願王薬師如来、被摸根本中堂本仏畢、山家大師自造詞云、刻三時機感之本仏、為一山住持之化主云云、然間以一乗止観院、被定九院之本所者也、慈覚大師相続、被致天下之護持、附遺属於安恵和尚、其後送五百余歳星霜、伝信和尚、又以籠山練行之暇、自彫刻医王善逝之

形体、奉取移之於仙居、遺属于先師和上、誂来際之行事、自爾以降、為興和尚慇重之遺命、以当寺為門流之本寺、奉祈　公家・武家御願、助成先師祖師本意、豈可黙止哉、倩又案事情、先師和上、移北白川之仏閣、申賜安楽心院之勝地、卜居於法勝寺之北畔、是併以元応寺、為三学修練之浄場、祈叡情慇重之御願、於法勝御寺者、司大勧進之顕職、致堂塔修理之興隆、是則真諦俗諦相並而修之、顕教密教同為令弘通也、仍▨▨▨先師和尚朝夕（法勝・元応之咫尺之間、先師和上朝夕）○所往復也、而法勝寺者、四箇寺参会之砌、七妻殿又為十善皇居之間、一期之間、不撥南面格子、不踏寝所御座、然間最後之病床、雖居其傍、終露命事者、於元応寺之草庵閉眼畢、而昌景大徳、先師病患之由、告下之間、忌中三七日之末企上洛、僅加遺跡仏事之席計□（也カ）、云始云終、不知其子細、結句如此悲歎之最中、有謀訴之企歟之間、（閣）○元応寺忌陰之追善、横入法勝寺之御所、号衆僧之吹挙、奉掠　上聞、又於武家者、称先師相続之由、致懇祈之趣、廻縦横之秘計、以偽訴為業、太以不穏便之次第也、

次貞和四年、遂唯授一人之職位等事、四年之言筆者誤也、仍上卿為証誠、被仰出畢、

次唯授一人之正意、専可限正統、不可散在之条勿論也、仍結界書籍幷重授秘要等、人々豈可所持哉、為正統之仁、以元応可為本寺之由、先師遺状分明也、而為結縁、被許重授之、〓少々雖在之、依器用、依久住、可有浅深之条、又以勿論也、而昌景、、尽三学之源底、為法流之独歩之由、雖有自称、限第三度血脈、未知其諸（跡カ）、剰彼妙阿大徳持戒雖日浅、先師和上、聊有所見歟之間、過第三度血脈被授之、若有不審者、従彼大徳可尋之、敢不可授于他之旨、炳誡在之、所詮結界式幷秘要重書、先師和上在生之時、於彼免許者、争（忌中）今度上洛之刻、豈以自筆之状、可令借用哉、借書既分明之上者、不足論面墨哉、次貞和四年壁書、是又先段畢、非法流真諦之置文、俗諦庄務事書也、可足上察哉、

次第二・第三度血脈書札事、

是又不可過先進了簡者也、以之頻称券契事、太比興也、縦雖在譲附之言、既後日一旦之書札也、以自分所得之第三度

血脈、混惣大事所納之聖□□、加了簡、為吾券契之由申之、太不知其拠、況又慇懃附属之先状与髣髴自然之後状、非対論之限者也、

一彼状云、以元応寺常住物、借渡法勝寺、無跡形之虚誕、失為方之姧陳也云事、

此段又比興之申状也、既乍自称、代々相承本尊聖教霊宝等、先師和上、嘉暦已後、始而得潤色之由申之歟、匪啻不知累代伝持霊宝等、還而非誹謗先師和上行事哉、是併真俗共為成己分之利潤、如此及種々謀言者也、自元如載先陳、先師於法勝寺所用之道具等、自始不相綺之、而横入法勝寺時、致無理之自専之間、乞取彼請取、于今所令所持也、所謂金泥大般若幷五部大乗経、天台三大部等数十合、俗諦具足等也、目録在之、

一彼状云、雖為元応寺所在、於先師和上遺物者、円昭大徳□□彼寺寄附之状、□(争カ)可令自専哉云々、

此□(事カ)又以同前、以元応寺、為本寺、被委附住持霊法等幷諸国末寺之上者、雖令自専有何憚、其上代々相伝仏像・経巻幷霊宝・道具等、任元応寺置文幷貞和附属状、悉令執持之、無失墜之儀、依何可有各々分布之受用哉、准常之分己物加繆難、太以綺謀之次第也、又先師若有被寄附法勝寺之証状者、可出之、

一前条事、及数紙雖申入、紕謬之文旨、更不述一之道理、非拠之至、可足上察者哉、雖似事繁、所詮細編相伝之由称之、宝戒寺和上之奥書、思出之状跡等、以之為謀訴之甘心歟、於当方者、貞和之附法附属之両通、幷彼昌景大徳自筆借書等也、雲泥懸隔之対論、曲直不乱之理非也、毎事可足御還迹哉、

抑彼姧状云、去年七月下旬、出元応寺、于今不及帰寺云々取意、此等之条目、雖為枝葉、非今度沙汰之詮要之間、一言所述申之也、凡去年安居已後、時々令経歴山上・坂本、是則於本山為致護持、雖然於元応寺、専結夏安□(居カ)、自恣、布薩等之儀、僧徒之止住、顕密之勤行、更無退転者也、彼寺僅為十余人之止住歟、而於元応寺者、無布薩安居之律儀令訴之条、太比興之次第也、次彼姧状云、先師一周忌之時、

不詣塔頭不臨寺中云云、
此事不知案内之至極也、五旬百箇日者、依為入滅之所、於元応寺致追善畢、一廻又依為先師経行之所、於坂本寺院、七箇日之間、尽顕密勤行、請三塔碩学、専法花八講之儼儀、仍老少之僧徒、悉成群成林、真俗之緇素、皆仰之知之者也、塔中又黒谷、依為戒法相承之本所、任先師祖師之例、分布遺骨、構其墳墓、就中崛一谷之住侶、展一日之供養、元応寺之僧徒、都鄙人々、悉詣山上、同致慇懃之追福畢、何寺其一隅、不知其二、如此謬旨還而不孝之至者哉、何況彼大徳、為黒谷戒法之本寺之間、於彼谷遂重受之由、自称之、乍備美嘆、今度上洛之後、于今不詣黒谷、不拝仏塔之条、不知恩之甚、何事過之哉、

私云
連々挙訴状之題目、粗記陳答之趣、可謂九牛之一毛哉、
凡両門訴陳往復三箇年、所致冥感、終帰本法之道理哉、
於　公庭及対決、最結句、任記録所勘　奏、被任附法於
円昭上人訖、

年月日未詳京都府

○円昭は二七九三号・二八四三号・二八四四号文書、昌景は二七九三号・二八四三号・二八四四号文書などにみえる。

京都府

東福寺海蔵院文書

○五三二九　山城国楞伽寺文書目録※　○山城東福寺海蔵院文書一

(端裏書)「楞伽寺(山城国)文書目録敷地文書記□□」

楞伽寺文書目録此内不学用文書案在勧進之第三箱

一　敷地事

院宣一通承顕僧都跡院宣一通馬場地

本主避状三通南寄寺内畠差図一通

一巻金輪院光澄僧都寄附状幷本券等西寄

二通馬場僧都隆昭表裏状

一　御祈願所事

院宣一通　檀那御文被遣武家案

武家御返報一通

綸旨三通南山

一　志貴庄事（参河国碧海郡）
御寄附状二通　御所役注文一通附行□（相）状二通
院宣案一通御家領役夫工米事　本所御教書一通役夫工米事
郷々取帳案十二通建長公文所進　所済注文一通榎並入道所進
堀内田畠幷預所得分注文三通就尋出註之
百姓注進状一巻土貢事附本解具書案
武家召文奉書一通地頭非法事附本解具書案
雑掌事書一通就寺家不審咎之
一　三池庄事（筑後国三池郡）
御寄附状幷御消息三通附御和韻二首　関東下知状案弘安十一年
北郷延慶三年引田目六　南郷延慶三年検田目録
郷々注文一通　地頭状一通請所所望事
地頭陳状幷御教書等案一巻　百姓返状案一巻
宰府下知状等案一巻　雑掌□（経カ）覚訴状案一通
当寺雑掌本解状具書案附被成武家院宣案
一　諸県庄事（日向国諸県郡）
御寄附状三通本庄綾浦未進　武家下知状三通惣領木脇八代

堀河殿御避状・同雑掌放状二通地頭未進事
地頭代請文三通未進事　地頭年貢支配状四通
地頭代幷雑掌送文・散用状等一巻
寺家請取案五通
一　柳河保（越中国礪波郡カ）
重書一巻
一　泉村事（尾張国葉栗郡）
寄附状一通　長井太郎（貞頼カ）消息一通
一　若槻庄内押田郷事（信濃国水内郡）
寄附状一通　在第三箱
一　信達庄（和泉国日根郡）
御寄附状一通　「檀那」（追筆）御消息二通
一　中条牧事（摂津国島下郡カ）
御寄附状一通
一　芝築地極楽寺敷地事在第三箱
寄附状一通　本巻等一巻
一　室伏殿寄進状一通幷手継証文等入第三箱

一 材木運送関賃免除事
武家免状一通　院宣・国宣等案四通

一 丹波国（船井郡）佐々江村下司職事入第三箱

一 河内国山家郷（讃良郡）南条文書一結但質券也（返渡了、観広元九二）

一 後嵓屋殿御置文一通

「一（追筆カ）　良河文書在第三箱」

○この文書は、四枚の継紙に記されており、紙継目ごとに裏花押がある。

曇華院文書

○五三三〇　山城国通玄寺幷曇華院領目録※　○山城曇華院文書

（山城国愛宕郡カ）通玄寺幷曇華院領目録事

駿河国（富士郡）須津庄　加賀国（石川郡）味智郷
同国（同郡）島田保　摂津国（河辺郡）潮江庄散在
同国（河辺郡）難波村　播磨国（加東郡）福田保西条方
丹波国（船井郡）十世村（勢）　伊勢国（朝明郡）小向庄
参河国（設楽郡）設楽郷　近江国（滋賀郡）和爾庄内願成寺幷正智坊一類跡
同国（滋賀郡）伊香立教林坊一類跡　丹後国（与謝郡）山田郷
已上

年月日未詳京都府

賀茂社古代庄園御厨

○五三三一　山城国賀茂御祖社社領目録※　○賀茂社古代庄園御厨

（山城国愛宕郡、下同ジ）賀茂御祖皇大神宮
諸国庄園
蓼倉郷
上里
槻村里
神坂里
上粟田郷
一乗寺村
下粟田郷
田中村
吉田村

白川村
（宇治郡）栗栖郷
松崎
福枝
幡枝
静原
下戸村
岩倉（蔵）
上村
下村
中村
坂原
長谷
花園
（愛宕郡）出雲郷
一条以北
上里

額田里
木野里
御社田号七之社、
小山村
山城国
（乙訓郡）西岡猪熊庄
（久世郡）久世郷
（相楽郡）賀茂庄
（同郡）瓱原
（乙訓郡カ）小赤目（日カ）庄
摂津国
（有馬郡）小野庄
（島上郡）三島郷
平安庄
近江国
（高島郡カ）音羽庄
（野洲郡）邇保庄

高島庄（高島郡）

美濃国
席田庄（席田郡）
梅原庄（山県郡カ）

遠江国
河村庄（城飼郡）

若狭国
玉置庄（遠敷郡）

越前国
志津庄（丹生北郡）

加賀国
開発庄（能美郡）

越中国
寒江庄（婦負郡）
倉垣庄（射水郡）

越後国
石川庄（蒲原郡）

丹波国
三和庄（氷上郡）
小野庄（多紀郡）
賀茂庄（氷上郡カ）

丹後国
木津庄（竹野郡）
氷室庄

但馬国
土野庄（出石郡）

因幡国
土師庄（八東郡）

出雲国
安来庄（能義郡）
筑陽庄（意宇郡）

播磨国
鞍位庄（赤穂郡カ）
塩岡庄（明石郡カ）

美作国
（英多郡）河合保
備中国
（浅口郡）富田庄
（同郡）戸見保
備後国
（安那郡）勝田庄
安芸国
（沼田郡）竹原庄
（同郡）都宇庄
長門国
厚（厚狭郡）原狭庄
紀伊国
（海部郡）仁儀庄
（日高郡）日高河上御杣
讃岐国
（寒川郡）鴨部庄

（多度郡）葛原庄
伊予国
（桑村郡）吉岡余田
土佐国
（高岡郡）津濃庄
御厨所
山城国
宇治田上網代
近江国
（滋賀郡）堅田浦
（高島郡）安曇河
（蒲生郡）豊浦庄内海
摂津国
（河辺郡）長洲
（同郡）尼崎
若狭国
（三方郡）丹生浦

播磨国
賀茂網代
伊保崎(印南郡)
周防国
佐河牛嶋(熊毛郡)
紀伊国
紀伊浜(海部郡)
讃岐国
内海
伊予国
宇和郡六帖網
内海(宇和郡カ)
豊前国
江島(宇佐郡)
豊後国
水津
木津

年月日未詳京都府

醍醐寺文書

○五三三二 山城国醍醐寺方管領諸門跡等所領目録※ ○山城醍醐寺文書一函

(端裏書)「□□ □七六 □□□」

(押紙)「鹿苑院殿(足利義満)ヨリ御拝領惣目録」

醍醐(山城国宇治郡)寺方管領諸門跡等目録

一三宝院(醍醐寺)
院領尾張国安食庄(春部郡)・同国瀬部(丹羽郡)南郷・丹後国朝来村(加佐郡)・同国鹿(熊野郡)野庄・寺辺田

一宝池院(醍醐寺)
院領筑後国高良庄(御井郡)

一金剛輪院(醍醐寺)
院領伊勢国棚橋太神宮法楽寺(度会郡)幷末寺等寺領

一遍智院(醍醐寺)
院領越中国太海(礪波郡)・院林(同郡)両郷・阿波国金丸庄(三好郡)・伊勢国南黒(奄芸郡)田

一安養院(醍醐寺)

年月日未詳京都府

院領筑前国楠橋庄(遠賀郡)・寺辺屋敷等

一菩提寺律院

寺領宇治郡(山城国)左馬寮并寺辺田

一鳥羽金剛心院(山城国紀伊郡カ)

一大智院(同郡カ)曼荼羅寺「(押紙)小野万荼羅寺事」

方々所職

一醍醐寺座主

寺領伊勢国曾禰庄(一志郡)・越前国牛原四ケ郷(大野郡)丁井野部中夾庄林・近江国

柏原庄(坂田郡)供僧中・河内国五ケ庄(河内郡)・山城国笠取庄(宇治郡)・肥前(後)国山(山

鹿郡)鹿庄・近江国大野木庄(坂田郡)

一伝法院座主(紀伊国伊都郡)

寺領有別

一左女牛若宮(山城国)別当職

社領土左国大野(吾川郡)・仲村両郷(同郡)・尾張国日置庄(海西郡)・筑前国武恒(鞍手郡)

・犬丸方・摂津国山田庄(島下郡)・同国桑津庄(豊島郡)・大和国田殿庄(高市郡)・

美濃国森部郷(安八郡)

一篠村八幡宮(丹波国桑田郡)別当職

社領丹波国篠村庄(同郡)・同国佐伯庄(同郡)地頭方・佐々岐(天田郡)・河口(同郡)・

黒岡(多紀郡)・光久・葛野新郷(氷上郡)・上総国梅左古

一高倉天神(山城国)別当職

社領近江国愛智郡香庄

一仏名院(山城国宇治郡醍醐寺)

院領摂津国野鞍庄(有馬郡)并敷地等

一清閑寺法華堂(山城国宇治郡・愛宕郡)別当職

一清閑寺大勝院・同南池院

一鎌倉二位家(北条政子)・右大臣家(源実朝)両法花堂(相模国鎌倉郡)別当職、寺領讃岐国長尾(寒川郡)・

造太両庄(同郡)・武蔵国高田郷(橘樹郡)

一但馬国朝倉庄(養父郡)福元方

一近江国河毛郷(浅井郡)

已上

○五三三三　足利義詮御内書案※　○山城醍醐寺文書二十一函四函

三宝院僧正御房(光済)

○本文書は、三一七二号文書の前提として出されたものの充所部分と考えられる。

○五三三四　房玄申状土代※　○山城醍醐寺文書四函

（端裏書）
「仏名院□」

法印房玄申

欲早号三宝院僧正賢俊跡闕所、被召置政所料所条、為不便（持合）
次第上者、且任数代相伝道理、且就為本知行領主、如元被
返付仏名院領摂津国野鞍庄（地下□最寺用等）間事
右、仏名院幷同寺領摂津国野鞍庄者、美福門院御願、聖心上（当家者）
人建立之霊場也、於本家職者、為大覚寺之末寺、至于院務職
幷寺領等者、房玄所令数代相伝也、仍代々譲状幷関東御下知
状、大覚寺両代門主之令旨等炳焉也、而去元弘年中、荒河三
河三郎幷武田彦太郎等雖令掠領、房玄申披相伝当知行之子細、
下給度々御奉書等、被却彼濫妨、令全雑掌之所務之処、三宝
院僧正耀権勢、及無理之押領之間、空含理訴歎而送年之処既（畢、而今）
号彼跡闕所、被召置政所料所之条、為不便之次第上者、且任
数代相伝之道理、且就先度御沙汰之旨、如元被返付地下之所
務、欲全雑掌之知行矣、

○本文書は、墨で全文を抹消している。なお、紙背文書は省略した。三宝院賢俊は、延文二年に死去している。

○五三三五　伊豆国密厳院文書目録※　○山城醍醐寺文書十八函

□走湯山（伊豆国田方郡密厳院）□

一通　美作□（久米郡）垪和西郷地頭職事　建長六　十一　十七
一ミ　同覚海□□安堵御下知状　弘安十　十　□
一ミ　同覚海法印譲状　正安□十　二　譲覚実等
同六郎殿（加子基氏）（覚実）安堵下知状有之、元亨四　九　十三
已上
一通　伊豆国丹那郷（田方郡）□寄進状　建武二　九　廿四　等持寺殿（足利尊氏）御判
一ミ　相模国金江郷（淘綾郡）濫妨停止御教書　建武五　五　廿七　武蔵守師直（高）奉
一通　伊豆大立野村（賀茂郡カ）内田地五丁等施行
建武五　五　廿七　武蔵守師直

○五三三六　伊豆国密厳院別当職譲与系図※　○山城醍醐寺文書十八函

年月日未詳京都府

（端裏書）「密厳院管領系図等」（伊豆国田方郡）

譲与系図

覚淵……覚誉……覚意……覚玄……覚海……覚兼……▨▨（覚遍）……▨▨（隆舜カ）……▨▨（経深）

顕潤……具海

○経深は、三一〇八号・三二四七号・三五六二文書などにみえる。

○五三三七　伊豆国密厳院院務次第※　○山城醍醐寺文書十八函

伊豆国（田方郡）密厳院々務次第

覚淵 東寺（山城国） 文養坊阿闍梨 『阿闍梨』『加藤次景門（廉）兄弟』『東寺』

覚誉東 密厳坊法眼 法眼 『東寺』

覚意東 越後『僧都』 『東寺』

覚玄『左馬法印』東 大夫 『左馬頭殿義氏（足利）御孫』 足利少輔入道殿息（泰氏） 『東寺』

覚海東 覚玄舎弟 『左馬頭法印』 『東寺』

覚兼東 阿□ 『大納言』『安野法印四条』□ 『東寺』

覚遍東 本名覚実 『宮内卿法印』 『加子』 足利少輔六郎殿息（基氏） 『東寺』

顕潤山『渋川』二郎入道息 『宰相法印』『火降』 『山門』

具海山 『内大臣内供』『中院』 大納言息 『山門』

隆舜東 『東寺』

乗基寺 『太政法印』『仁証宮僧正真弟子』 『寺』

光済東

○五三三八　隆源置文土代※　○山城醍醐寺文書二十四函

一 伊豆山（伊豆国賀茂郡）号走湯山密厳院別当職号御師職事

右〇（走湯権現ハ〇本地千手観音の垂跡（迹）也、）当山ハ弘法大師（空海）〇当山練行の時、まのあたり権現の御神体を拝見し給ふ間、すなハち秘崛に勧請し奉て、其所を結界せらる、今の御在所と号する是也、（する是也、本地ハ千手観音の▨▨二所まうて）而間寺僧大略東寺の真言の本所也、大師修行の由来によて、を習学云々、爰に鎌倉右大将家（源頼朝）〇（天下を治め給しより、）の御代御崇敬ことに甚し、数箇の神領を寄進し（御ありて、）文養房阿闍梨覚淵を別当として、神事を興行せらる、覚淵すなハち密厳院を建立して、大将家の護持を始め置く、其より以来、東寺門流の人専ら補任し来る者也、依之等持寺殿（足利尊氏）贈左大臣家の御時、建武年中に祖師隆舜僧正被補任之、是則前別当覚遍法印御一家幷竹若御料人（等持寺殿御息）の御遺跡として、殊に興隆を致し、彼御菩提を訪申へきよし、慇懃の仰を承候て、社務十六箇年の間、随分造営の大功を励し、経会等の神事を興行之処、文和の比不慮に他人望み申に付て、恩補せらる（改）ゝ、歎歎申之日度々先御代（あひた、就歎申入）（宝篋）ｏ御吹挙を成下され畢（院殿度々）（進せられ）、隆源先師ｏ法印か譲状を帯する上、（か）（経深）右大将家御自筆の文重ｏ以下、相伝他に異なる者哉、ｏ隆（書）（此重書）源当時奉公の忠すくなく候といふとも、経舜僧正之門流に（以下内々入見参了、）優せられ、一日若其名をかけは、万年いよ〳〵御祈禱の忠を抽へき者也、彼証文等云、但此分さきたちて内々令申定触申さるゝか、しかれとも条々の内に今加之、殊更申入也、

○醍醐寺文書中の本置文案の端裏書に、「至徳年中雖用意、未及進覧之値遇」とある。

大徳寺文書

○五三三九　某注進状※

○山城大徳寺文書

（信濃国佐久郡）伴野庄内申子細所々事

一春日郷高萩山布施弥次郎・同舎弟津布羅田孫三郎等濫妨事
（異筆、下同ジ）「可依左右歟」

年月日未詳京都府

一下県村小笠原六郎入道女子岡田後家跡、吾妻彦六抑留田六町事「任足利式部殿所務例、可被申　綸旨歟、」

一県沢郷内沓沢在家二宇、同田畠、沓沢地頭小笠原彦六（孫二郎）濫妨事「出作シテ不弁年貢由事」

一同郷隣庄日向《ナタ》地頭平賀弥七欲打越堺事

一伴野郷鞍沢村内小笠原六郎入道女子相伝田畠在家、帯関東安堵状之由事「前条同」

一平沢村隣庄甲斐国布施孫（小）次郎擬致押領事「古敵対之仁也」

一当庄内諏方神田三町五段散在内一丁五段、本社祝引持之、其外残所或先給主管領之、或三塚新三郎・有坂左衛門五郎等引持之云々、

「此内或神主管領在之、或給主管領在之、然者給主ｏ（分者）可管領之由、可申　勅裁歟、凡神主管領之地、寺家致沙汰、可弁神物旨、歎申之、」

八坂神社記録

○五三四〇　武田福寿丸申状※

○山城八坂神社記録康永二年十一月八日条紙背文書

目安

武田駿河前司政義今者死去子息福寿丸申活命御計事

右亡父政義雖致随分之忠功、不達理訴之間、在京疲労之余、今年正月一日夜、令下向甲州石和御厨（山梨郡）、致合戦死去訖、就之政義為御敵之由、守護代令注進之旨所承及也、爰福寿丸自本在国之間、政義下向事曾以不存知、如承及者、去年十二月廿六日令出京、正月一日石和御厨下着云々、依無時剋不及音信・向顔、不相綺彼合戦之条、可足賢察、而守護代差向軍勢於福寿丸住所之旨、就令風聞、雖不知子細、為遁当坐之難、令退出在所畢、凡福寿丸幼稚上、都鄙遼遠之間、政義下国之造意一切不存知之上者、非御敵之由、福寿丸強不及陳申、宜仰上裁也、今福寿丸者、被免除罪科、返給本領之条、当御代之善政也、将又尋旧規者、右大将家（源頼朝）御時、一条二郎忠頼為御敵、雖被誅伐、後日被召出彼子孫、為懸命給与甲斐国甘利庄（巨摩郡）訖、如此例証雖繁多、不遑注進、是則為不被絶箕裘之家、被扶眼前之御敵、被給与本領事、古今之例也、況亡父政義者、為御敵哉否、所存更不覚悟、福寿丸又無不忠之儀、争不預御憐愍之御計哉、凡政義者、忠功雖異于他、不預賞翫御沙汰、徒亡愚命訖、福寿丸又無誤而於被失生涯者、一流相承之子孫忽可断絶者也、且可謂軽忠功、被重虚名者歟、福寿丸無知行地之上、政義為御敵之由、依守護代之注進、於国者不論親疎、無寄宿之輩之間、在国更失拠、無可致哀願之縁類之間、在京資縁又以難堪也、為無縁孤独身之上者、急速不預御計者、忽可及餓死者哉、然早預御計、欲抽無二忠勤矣、

大分県

詫摩文書

〇五三四一　着到交名案※　〇大分市歴史資料館寄託豊後詫摩文書

了俊（今川貞世）下向以後同心人々着到

少弐　　麻生筑前（人脱カ）々
千葉（胤泰）　　宗像
菊池両人武朝 貞□　　原田
底井野
勝一揆大村 白石 平井 蒲池 多久　　頓野
橘家人々
三池　　後藤人々

河尻　日田
宇土　松浦人々中
木山　彼杵人々
詫摩　高来人々
筑後国人々　秋月
了俊判
以上
尤神妙也、
御判

佐藤和彦

一九三七年、名古屋市生まれ。早稲田大学大学院文学研究科博士課程単位修得退学。東京学芸大学、帝京大学教授を歴任。二〇〇六年五月十三日没。著書に、『南北朝内乱史論』東京大学出版会、一九七九年、『日本中世の内乱と民衆運動』校倉書房、一九九六年など。

山田邦明

一九五七年、新潟県生まれ。東京大学大学院人文科学研究科博士課程中退。現在、愛知大学文学部教授。著書に、『鎌倉府と関東』校倉書房、一九九五年、『戦国の活力』小学館、二〇〇八年、『室町の平和』吉川弘文館、二〇〇九年、『鎌倉府と地域社会』同成社、二〇一四年など。

伊東和彦

一九五二年、東京都生まれ。早稲田大学大学院文学研究科後期博士課程満期退学。現在、日本医科大学・女子美術大学短期大学部非常勤講師。著書に、『暦を知る事典』（共著）東京堂出版、二〇〇六年など。

角田朋彦

一九六九年、群馬県生まれ。駒澤大学大学院人文科学研究科博士後期課程満期退学。現在、京都造形芸術大学非常勤講師。著書に、『吾妻鏡事典』（共著）東京堂出版、二〇〇七年、『金沢北条氏編年資料集』（共編）八木書店、二〇一三年、『武蔵武士団』（共著）吉川弘文館、二〇一四年など。

清水　亮

一九七四年、神奈川県生まれ。早稲田大学大学院文学研究科博士後期課程単位取得退学。現在、埼玉大学教育学部准教授。著書に、『鎌倉幕府御家人制の政治史的研究』校倉書房、二〇〇七年、『畠山重忠』（編著）戎光祥出版、二〇一二年など。

南北朝遺文　関東編　第七巻

二〇一七年三月二〇日　初版印刷
二〇一七年三月三〇日　初版発行

編　者　佐藤和彦・角田朋彦
　　　　山田邦明・清水　亮
　　　　伊東和彦
発行者　大　橋　信　夫
印刷所　株式会社三秀舎
製本所　渡辺製本株式会社

発行所　株式会社　東京堂出版
東京都千代田区神田神保町一―一七（〒一〇一―〇〇五一）
電話　〇三―三二三三―三七四一　振替〇〇一三〇―七―二七〇

ISBN978-4-490-30749-8 C3321

© 2017
Printed in Japan